BASTEI
LÜBBE

Über den Autor:

Dr. Dudley Seth Danoff ist ein weltweit anerkannter Urologe und urologischer Chirurg. Im Anschluß an sein Studium an der Yale-Universität lehrte er seit 1963 an verschiedenen Instituten und Hochschulen, hielt weltweit Vorträge und veröffentlichte regelmäßig wissenschaftliche Untersuchungen zur männlichen Sexualität und Gesundheit.
Dr. Danoff ist Gründer des CEDARS Sinai Medical Center und praktiziert in Beverly Hills.

Dudley Seth Danoff

PRACHTEXEMPLARE

Die Sexualität des Mannes: Fehlinformationen, Vorurteile und die Fakten

Aus dem Amerikanischen von
Ferdinand Mitura
und Vanessa Scholl

BASTEI LÜBBE

BASTEI-LÜBBE-TASCHENBUCH
Band 60470

Mit Genehmigung der F. A. Herbig Verlagsbuchhandlung GmbH,
München
Titel der deutschen Hardcoverausgabe: SUPERPOTENZ
Lizenzausgabe im
Bastei-Verlag Gustav H. Lübbe GmbH & Co.,
Bergisch Gladbach
Printed in Germany, Oktober 1999
Einbandgestaltung: Gisela Kullowatz
Titelfoto: Superstock (1030-338)
Satz: Textverarbeitung Garbe, Köln
Druck und Bindung: Elsnerdruck, Berlin
ISBN 3-404-60470-9

In Erinnerung an meinen Vater Alfred,
mein lebenslanger Kumpel,
ein liebender Ehemann
und ein Mann von wahrer Penis-Power.

DANKSAGUNG

Ich möchte meine Dankbarkeit all denen gegenüber zum Ausdruck bringen, die mir dabei geholfen haben, dieses Projekt zu verwirklichen: die vielen Patienten die ihre Geschichten und Gedanken mit mir geteilt haben und mir Dinge beigebracht haben, die ich niemals aus Büchern hätte lernen können; mein guter Freund Norman Brokaw, der als erster glaubte, meine irgendwie unorthodoxen Ideen könnten ein lohnendes Buch ergeben; Nanscy Neiman, die den Mut hatte, ihre Ansichten zu ändern und ihren Enthusiasmus und ihre wertvolle Urteilskraft diesem Projekt zugute kommen ließ; Susan Suffes für ihre scharfsinnigen Beiträge; Phil Goldberg, der oftmals die richtigen Worte zu vielen meiner Ideen fand und mir half, das Rohmaterial in eine Buchform zu bringen.

Meine tiefste Dankbarkeit gilt meiner Familie: meinen Kindern Aurele und Doran, die Verständnis dafür hatten, daß ich noch beschäftigter als sonst war und meine Abwesenheit bei Ballettaufführungen und Fußballspielen entschuldigten; meiner Frau Hedva für ihre Geduld und Unterstützung, dafür, daß sie mich überzeugt hat, daß dieses Buch Frauen im gleichen Maß ansprechen wird wie Männer, und daß sie mir dabei geholfen hat, die weibliche Sichtweise zu verstehen.

INHALT

VORWORT

Superpotenz ist die Antwort auf eine beunruhigende Beobachtung, die ich in meiner urologischen Praxis während der letzten zwei Jahrzehnte gemacht habe: eine große Anzahl amerikanischer Männer leidet an einer Schwäche, die ich *Penisschwäche* nennen möchte. Unsicherheit und Ungewißheit bezüglich sexueller Praktiken raubt ihnen und ihren Partnerin den vollkommenen Genuß und Befriedigung. Ich habe dieses Buch geschrieben, um mangelndes Wissen und Legenden durch Fakten, und Selbstzweifel durch Selbstvertrauen zu ersetzen. Mein Ziel ist es, jedem Mann dabei zu helfen, Superpotenz zu erlangen. Anders gesagt möchte ich dabei helfen, die Penis-Power eines jeden zu maximieren– die größte Gabe, mit der die Natur die Männer beschenkt hat.

Als vielbeschäftigter Urologe in Beverly Hills habe ich während meiner Berufsjahre mehr als hunderttausend Penes gesehen. Obwohl jeder einzigartig ist, wie auch Hände und Füße einzigartig sind, sind sie doch anatomisch bemerkenswert ähnlich. Aber die Funktionsweise ihrer sexuellen Leistungsfähigkeit ist deutlich verschieden. Ich habe über die Jahre beobachtet, daß diese Unterschiede sehr wenig mit der Anatomie des Penis, mit der Größe oder dem Aussehen eines Mannes zu tun haben, genausowenig wie mit dem Grad seines Erfolges, seines Wohlstandes und seines gesellschaftlichen Status. Hauptsächlich hat es damit zu tun, wie er seinen Penis *wahrnimmt.* Zusätzlich zu seinen anderen Funktionen ist der Penis ein Organ des Ausdrucks. Seine Kraft erlangt er nicht nur über den Zustand seiner Blutgefäße und Nerven. Peniskraft ist die Kraft positiven Denkens, angewandt auf Ihren Penis.

Ihr Penis ist das, was sie von ihm halten. Er ist so groß, wie sie denken. Er ist so zuverlässig, wie sie denken. Er ist so potent, wie sie denken. Das ist meine grundlegende Botschaft.

Dieses Buch behandelt alles, was Sie wissen müssen – basierend auf meinen medizinischen Beobachtungen –, es hilft Ihnen dabei, Ihr sexuelles Potential voll auszuschöpfen. Obwohl eines meiner Ziele die Erziehung der Öffentlichkeit ist und ich den Penis aus dem Umfeld der Toilettenräume befreien möchte, ist dies kein Leitfaden. Auf diesen Seiten finden Sie nichts Technisches. Eher habe ich die Fakten, die ich für grundlegend für das Wissen über den Penis und die in Verbindung stehenden Organe halte, geradeheraus, in leicht verständlichen Begriffen abgehandelt. Wie wenig sogar gebildete und kultivierte Menschen über den Penis wissen, ist schockierend. Noch schockierender ist, was sie für wahr *halten*, obwohl dem nicht so ist.

Dies ist auch kein psychologisches Buch. Viele Autoren haben uns lange Analysen der männlichen Sexualität und Abhandlungen über die Behandlung sexueller Fehlfunktionen präsentiert. Ich befasse mich mit dem durchschnittlichen Mann, der von seinem Penis verblüfft ist oder sich getäuscht fühlt, und der ihn besser einsetzen möchte. Ich befasse mich mit seiner Einstellung und seinem Glauben, nicht mit seiner Erziehung, seinen Toilettengewohnheiten oder dem Kind im Mann. Dies ist auch kein Leicht-gemacht-Buch oder eine sexuelle Bedienungsanleitung im herkömmlichen Sinn, obwohl Sie eine große Anzahl von praktischen Ratschlägen finden werden, darunter wertvolle Übungen, mit denen Sie Ihre Peniskraft verbessern können.

Zusammengefaßt habe ich ein Buch geschrieben, von dem ich als Mann und als praktizierender Urologe wünschte, ich hätte es schon längst verfaßt. Es hätte viele Männer vor Selbstzweifeln und Demütigung bewahrt, manche Frauen vor sexueller Frustration, und es hätte viele Ehen gerettet.

Während ich dieses Buch geschrieben habe, stellte ich mir vor, direkt mit einem männlichen Leser zu sprechen. Dennoch ist es mein größter Wusch, daß ebenso viele Frauen wie Männer dieses Buch lesen werden. Bisher habe ich noch keine Frau kennengelernt, die nicht gern die Peniskraft ihres Lebenspartners gesteigert hätte. Dieses Buch wird den weiblichen Lesern zu einem größeren Verständnis für Männer im allgemeinen und zu der Möglichkeit, größtmögliche Befriedigung mit ihren Partnerinnen zu erlangen, verhelfen. Besonders Kapitel 12 ist an die Frauen gerichtet. Um Wiederholungen zu vermeiden, habe ich keine Informationen, die Leser beiderlei Geschlechts haben sollten, einfließen lassen, die ich bereits in vorangegangenen Kapiteln behandelt habe. Deshalb bitte ich alle Frauen dringend, das vorliegende Buch zu lesen. Es ist für beide Geschlechter geschrieben. Die behandelten Punkte beziehen sich auf das Leben aller Männer und Frauen. Vieles auf den folgenden Seiten wird Sie überraschen. Manches wird Sie vielleicht sogar schockieren oder aufregen. Da ich voll und ganz hinter meinen Beobachtungen stehe und sie nur aus dem einen Grund darlege, um die Plage der Penisschwäche und den damit verbundenen Zynismus, die Verzweiflung und Frustration zu beenden, heiße ich jedwede Kontroverse willkommen, die sich ergibt.

Superpotenz ist kein Luxus, sie ist das natürliche Recht eines jeden Mannes, das ihm von Geburt an zusteht. Seine volle Ausübung wird uns allen unser Leben wiedergeben – Männern und Frauen, jung und alt –, vitaler, gesünder, in jeder Hinsicht genußvoller als zuvor. Folgen Sie den Ratschlägen in diesem Buch und Sie werden erkennen, daß jeder Aspekt Ihres Lebens – Arbeit, Freizeit, Beziehungen – bereichert wird.

Superpotenz hebt den Verstand, das Herz, den Geist, nicht nur den Penis. Superpotenz ist ein Segen für den Mann, der sie hat – ebenso für die Frau, mit der er sie teilt.

Das Ziel der Medizin ist es, unsere Patienten so spät als möglich jung sterben zu lassen.

Hippokrates

1
PENIS-POWER

Während der letzten dreiundzwanzig Jahre, in denen ich als Urologe gearbeitet habe, habe ich jedes denkbare Problem der männlichen Genitalien und Fortpflanzungsorgane, von leichtem Herpes bis zu schwerer Blaseninfektion, von Nierentransplantation bis zu Prostatakrebs behandelt. Ich habe Männer behandelt, die so reich waren, daß sie das Krankenhaus, in dem ich sie operierte, hätten kaufen können, oder so arm, daß sie sich kein Aspirin leisten konnten und die Operationskosten selbst tragen sollten, Weltstars und die Jungs, die diesen die Schuhe putzen oder ihre Versitzgrube leeren. Ich habe Genies und Dummköpfe, Doktoren und Penner behandelt, Männer, die alles gelesen hatten und solche, die nicht einmal ihren eigenen Namen lesen konnten, Männer jeden Alters; Heteros, Schwule und Bisexuelle; verheiratete und alleinstehende, geschiedene und verwitwete Männer; die Promisken und Monogamen, und nicht zuletzt die Zölibatären. Diese Erfahrung hat mich gelehrt, daß Männer – trotz all der Unterschiede zwischen ihnen – gewisse Dinge gemein haben. Drei meiner Beobachtungen führten geradewegs zu diesem Buch:

1. Männer sind weit mehr Penis-orientiert, als wir dachten. In den Gedanken der Männer regiert hauptsächlich der Penis.
2. Die meisten Männer (und natürlich Frauen noch viel mehr) stehen dem Penis und allgemein den männ-

lichen Geschlechtsorganen jämmerlich ignorant gegenüber.

3. Ein alarmierend hoher Prozentsatz von Männern wird von einer Penisschwäche oder Penisunsicherheit geplagt.

Männer sind Penis-orientierte Wesen

Mit Penis-orientiert will ich sagen, daß die Persönlichkeit, das Benehmen eines Mannes und der Ausblick auf sein Leben zu großen Teilen von dem Bild, das er von seinem Penis hat und den Signalen, die ihm sein Penis sendet, regiert werden. Die Andeutung, ein bestimmter Mann sei Penis-geleitet, ist normalerweise mit Geringschätzung verbunden. Es fallen Sätze, wie »Sein großer Kopf wird regiert von seinem kleinen Kopf« oder »Er hat sein Hirn in seiner Hose«. Aber ich meine es gar nicht herabwürdigend. Ich erkläre hiermit die Dominanz des Penis zu einer Tatsache des Lebens. Don Juans, Exhibitionisten, Sexbesessene stellen Extreme dar, aber sie sind nicht die einzigen, die Penis-geleitet sind. Auch der durchschnittliche Mann ist es, und daran ist nichts falsch. Die Dinge sind einfach so. In vielerlei Hinsicht ist der Penis ein Organ der männlichen Seele. Er ist die Achse, um die Körper und Persönlichkeit eines Mannes kreisen.

Unsere reiche Tradition obszönen Humors spiegelt teilweise die Wahrheit meiner Beobachtung wider. Gibt es einen Körperteil, der Gegenstand von mehr Witzen ist als der Penis? Nicht annähernd. Und viel von diesem Humor weist direkt auf meinen Standpunkt bezüglich der Oberhoheit dieses Organs hin. Beispielsweise sagt ein Mann zu seiner Freundin: »Frauen haben kein Hirn«

– worauf sie antwortet: »Das liegt daran, daß wir keinen Penis haben, um es dort aufzubewahren.« Und dann gibt es da noch das Rätsel, das mir eine Patientin kürzlich stellte: »Wie nennt man die überflüssige Haut um einen Penis? Antwort: Einen Mann.«

Die vielen Kosenamen, die dem Penis gegeben wurden, sind gleichfalls ein Hinweis darauf, von welch zentraler Bedeutung der Penis für die Identität eines Mannes ist. Kennen wir Kosenamen für Arme, Beine und Leber? Nicht einmal Hintern und Brüste erreichen die Anzahl an Kosenamen, die wir dem Penis gegeben haben. Hier eine kleine Auswahl von Begriffen, die ich in meiner Praxis gehört habe: Apparat, Schläger, Rammbock, Knochen, Schwanz, Detektiv, Dingaling, Maschine, Ausrüstung, Dings, Gladius (ein lateinischer Begriff, übersetzt mit ›Schwert‹, die Vagina wurde ›Scheide‹ genannt), Horn, Instrument, Johannes, Joint, Maschine, Männlichkeit, Manneswurzel, Mitglied, Organ, Pipi, Peter, Pistole, Salami, Schlong, Schaft, Ding, drittes Bein, Werkzeug, Waffe … Und jeden Tag erfindet die jüngere Generation neue.

Natürlich belegen individuelle Männer – oder manchmal ihre Liebhaberinnen – ihren Penis mit liebevollen Kosenamen. Ich hatte einen Patienten, dessen Frau seinen Penis ›Helmut‹ nannte, da sein Kopf, die Eichel, sie an einen Helm erinnerte. Ein Studienfreund nennt seinen Penis nach dem berühmten Gewehr ›Winchester‹. Als Flower Power modern wurde, ließ er das aggressive Image fallen – zugunsten von ›Mellow Yellow‹. Unter bekannten Männern mit persönlichen Kosenamen für deren Penis befinden sich Robin Williams mit ›Mr. Happy‹, Lyndon B. Johnson und ›Jumbo‹ sowie der König des Rock 'n' Roll, der seinen liebsten Anhänger ›Little Elvis‹ nannte.

Der Punkt ist, daß in der Psyche eines Mannes sein Penis der König ist. Der Penis regiert seinen Besitzer wie ein König seine Untertanen. Manchmal wie ein Potentat, der den Willen seines Volkes mißachtet, zu anderen Zeiten stellt er seine eigenen Gesetze und Regeln auf, die wir nicht immer verstehen. Ähnlich einem König handelt er oft unvorhersehbar und eigensinnig; er kann despotisch, kapriziös und selbstsüchtig sein, dann wieder großzügig, großmütig und weise. Wenn König Penis einen Befehl gibt, haben Männer kaum die Kraft, aufzubegehren. Er kann Gedanken, Gefühle und Sinne in untertänige Diener verwandeln.

Diese Beziehung zwischen dem Diktat des Penis und dem Benehmen des Mannes – nicht allein sexuell, sondern ganz allgemein – kann gar nicht genug herausgestellt werden. Mein Vater sagte immer: »Wenn er weich ist, bin ich hart, und wenn er hart ist, bin ich weich.« Wenn Sie etwas von einem Mann wollen, ist der schlechteste Zeitpunkt, ihn danach zu fragen, wenn er sexuell frustriert ist. Weitaus besser ist es, ihn zu fragen, wenn er sexuell erregt ist und sein Blut in seine Lenden hinabrauscht, zusammen mit seinem Willen; er würde seine Seele für Befriedigung verkaufen. Der günstigste Zeitpunkt, ihn zu fragen, ist nach einem befriedigenden Orgasmus, wenn er so weich wie sein gesättigtes Teil wird.

Auf einer abstrakteren Ebene gibt es eine kraftvolle Verbindung zwischen der Art und Weise, in der Männer ihren Penis wahrnehmen und folglich sich selbst. Männer, die ihren Penis lieben, habe ich herausgefunden, lieben auch eher sich selbst; trauen und vertrauen sie ihm, tun sie es auch sich selbst gegenüber. Männer, die ihrem Penis nicht vertrauen, oder sich über ihn ärgern, die sich seiner Größe oder Funktionsfähigkeit unsicher sind, verfügen insgesamt über eine geringe Selbstachtung. Ich kann nicht sagen, was an erster Stelle steht, das eigene Image oder das des Penis, genausowenig wie ich das scherzhafte Rätsel über die Henne und das Ei lösen kann. Aber ich kann Ihnen meine Überzeugung mitteilen, daß beides funktioniert: Bei einem Mann, der sich sexuell unsicher ist oder eine verwirrende sexuelle Erfahrung macht – vorzeitige Ejakulation oder mangelnde Erektion –, werden weitere Aspekte seines Lebens von Unsicherheit und Selbstzweifel überschattet; ein Mann, der seine Selbstachtung aus dem Beruf schöpft, trägt diese in sein Schlafzimmer, weil der Penis das, was er von sich hält, verkörpert. Natürlich kann dies auf positive Weise ebenso funktionieren: Befriedigt ein Mann sich und seine Partnerin, geht er am nächsten Morgen seine Arbeit selbstsicher an; kommt er mit der Wertschätzung seiner Kollegen und den Gedanken an gut gemachte Arbeit nach Hause, schreitet er kühn und energiegeladen ins Boudoir.

Der Penis ist die Verlängerung des Egos und formt dieses gleichzeitig. Seinen Marschbefehl erhält der Penis vom Verstand, dem er gleichzeitig diktiert. Diese grundlegende Wahrheit verdient es, offengelegt und gefeiert zu werden. Dennoch leugnen wir dies oder verhalten uns so, als handle es sich um einen Fluch, den uns der Teufel auferlegt hat.

Wir sind auf tragische Weise über den Penis falsch informiert

Bis zu einem gewissen Grad sind die Genitalen (und allgemein die männliche Sexualität) immer noch mit einem Tabu belegt. In einer Zeit, wo man Nacktfotos so leicht finden kann wie Bilder von politischen Führungspersönlichkeiten und man wirbelnde, halbnackte Körper mit einem Tastendruck der Fernbedienung sehen kann, bleibt der Penis hinter einem Vorhang von Prüderie verborgen. Dank der Offenheit der Frauenbewegung und der gesellschaftlichen Bedeutung der Kindererziehung sind wir mit der Sexualität der Frau und der Anatomie ihrer Fortpflanzungsorgane einigermaßen vertraut. Wenn die Reihe aber am Penis und seinen dazugehörigen Bestandteilen ist, sitzen wir ziemlich ratlos in der Patsche. Es verwundert mich jedesmal aufs neue, wie wenig meine Patienten über ihren eigenen Penis wissen – nicht nur von der Physiologie, sondern auch von dem, was ich den Penis-Nimbus nenne. Männer mittleren Alters stellen mir immer wieder Fragen, die sie sich schon als Teenager hätten selbst beantworten müssen. Das Schlimme ist, daß sie nicht nur wenig, sondern *falsch* informiert sind. Die Mythen, die den Penis umranken, sind verwirrend.

Es ist kein Wunder. Die Genitalen zählen nicht nur zu den am seltensten zu sehenden Körperteilen, versteckt, wie sie es hinter Kleidung sind, sondern sie werden sogar bei einer Unterhaltung von Mann zu Mann selten erwähnt, außer wenn *Mann* sich Witze erzählt oder prahlt – sowohl Witzereißen als auch Prahlen sind denkbar ungeeignet, genaue Informationen zu verbreiten. Der Penis wird im Klassenzimmer ein einziges Mal erwähnt, wenn es darum geht, in abgeschwächter Form den Vorgang der Empfängnis zu beschreiben. In diesem Zusammenhang wird das geheimnisvolle und großartige Organ auf einen Samenspender reduziert. Auch die meisten Väter sind keine große Hilfe. Sie schneiden dieses Thema nur dann an, wenn sie dazu gezwungen sind, das obligatorische Tatsachen-des-Lebens-Ritual durchzustehen, das sie so schnell hinter sich bringen, als könnten sie es gar nicht erwarten, das Gespräch auf ein anderes Thema zu lenken. Die Informationen, die ein Vater seinem Sohn weitergibt, können normalerweise mit der Zeile aus dem alten »Hill Street Blues« zusammengefaßt werden: *Paß ja auf da draußen.*

Männer erhalten auch nicht besonders viel Unterstützung von ihren Ärzten. Kinderärzte sprechen mit Heranwachsenden nur dann über den Penis, wenn sie eine physische Anomalie bemerkt haben oder sich verpflichtet fühlen, vor Schwangerschaft oder durch Geschlechtsverkehr übertragenen Krankheiten zu warnen. Nirgends kann ein junger Mann die biologischen Tatsachen lernen, und er bleibt allein mit der Erforschung seiner geistigen und seelischen Beziehung zu seinem Penis. Auch als Erwachsener wird es nicht wesentlicher besser. Ärzte sprechen nur dann über den Penis, wenn der Patient mit einem Problem kommt. Sogar bei der Visite wirft der Arzt nur einen kurzen Blick auf die Genitalen, ob es Anzeichen ungeheurer Abnormitäten gibt und untersucht bei älteren Männern die Prostata. Ein Punkt könnte ja die Frage nach möglichen Problemen mit dem Sexualtrieb sein, aber das ist wohl kein angemessener Ausgangspunkt für ein sinnvolles Gespräch.

Einer der Gründe für all dies ist unser tabuisiertes puritanisches Erbe. Das Wort ›Penis‹ besitzt noch immer einen seltsam schockierenden Beigeschmack. Viele Leute kichern, erröten oder verdrehen die Augen, wenn die Sprache darauf kommt. Als ich daran dachte, dieses Buch ›Penis-Power‹ zu nennen, wiesen mich Patienten, die sich beruflich mit Kommunikation befassen, darauf hin, daß dieses eine Wort auf dem Umschlag für viele Buchhändler inakzeptabel sein würde. Bei diesem Wort richten sich mit Sicherheit einige Ohren auf, und viele Männer werden wachsam, selbst in den Praxisräumen eines Arztes.

Ein weiterer Grund, warum Männer ignorant gegenüber ihrem Penis sind, liegt darin, daß den meisten Ärzten zu wenig über ihn beigebracht wurde. Man unterrichtete uns – wie bei jedem anderen Organ – über seine grundlegenden anatomischen Merkmale und die ablaufenden biochemischen Vorgänge, wenn der Penis eben das tut, was er so tut (bis zu einem gewissen Punkt sind diese Dinge an sich verstanden worden). Über den Nimbus des Penis, jenes seltsame Reich, in dem sich Biologie mit Verstand und Gefühl treffen, hat man den Medizinern ziemlich wenig beigebracht: Warum funktioniert der Penis und warum *nicht*; warum hat man den Eindruck, daß er eigensinnig ist; warum wird er zu gewissen Zeiten steif und zu anderen nicht; warum sind manche sexuelle Erfahrungen befriedigender als andere, obwohl doch bei jedem Orgasmus genau dieselbe Reflexhandlung abläuft; was ist normal und was nicht. Diese Themen gehen Männer an, es ist ihnen aber peinlich, nachzufragen. Und wenn sie ihre Ärzte dann doch fragen, erhalten sie für gewöhnlich unzureichende Antworten. Nach wissenschaftlichen Gesichtspunkten wissen wir zu wenig darüber, und das Reich der Psyche wird in der medizinischen Ausbildung beiseite gelassen – mit Ausnahme der Psychologieseminare, wo sich die Diskussion allerdings auf Pathologisches beschränkt. Wenn Sie nicht Ihren Arzt fragen können, wen dann?

Es ist sehr bedauerlich, daß Männer die hauptsächliche Penis-Erziehung an Straßenecken, getuschelt auf Toiletten, aus pornographischen Erzeugnissen, heißen Geschichten und Bildern, die durch Massenmedien verbreitet werden, erwerben. Dies ist eher eine Karikatur denn eine Erziehung. Das Wissen um den Penis ist für das Leben eines jeden Mannes von zentraler Bedeutung, es ist natürlich, normal, lebendig, und daher gehört es nicht ins Dunkel, sondern ans Tageslicht. Andernfalls wird ein weiterer, von mir beobachteter Trend noch mehr zunehmen – die Epidemie von Selbstzweifeln und Unsicherheit.

Penisschwäche greift um sich

Hierbei handelt es sich um eines der bestgehüteten Geheimnisse in den Vereinigten Staaten. Die letzten zehn Jahre haben, sofern meine Erfahrung als vielbeschäftigter Urologe ein genauer Gradmesser ist, eine bedrohliche Zunahme sowohl bei tatsächlichen sexuellen Fehlfunktionen als auch bei eingebildeten Unzulänglichkeiten mit sich gebracht. Tatsächlich gibt es weit mehr und weit verschiedenere eingebildete Funktionsstörungen: Viele Männer *denken*, daß sie irgendwie unter einem Mangel leiden, *nehmen an*, daß irgend etwas mit ihnen nicht stimmt, oder *haben Angst*, abnorm zu sein. Mich suchen Männer auf, um besonders über ihre sexuellen Sorgen zu sprechen. Noch kommen die meisten Patienten aber aufgrund anderer urologischer Probleme – Nieren- oder Harnblasenfehlfunktionen, Prostatabefindlichkeiten und ähnlichem –, aber sie finden einen Weg, ihre Penis-Sorgen zur Sprache zu bringen. Wenn sie auch nur geringfügige Beschwerden haben, einen Makel, eine Reizung, Juckreiz oder ein Brennen beim Urinieren, so haben sie dennoch etwas anderes im Hinterkopf. Meist kann ich sogar vorhersagen, in welchem Augenblick – beim Anziehen der Hose oder dem Berühren der Türklinke – sie sagen werden »Übrigens, Herr Doktor …« und ihre wahren Sorgen offenbaren, so, als handle es sich nur um einen bloßen Nachgedanken.

Worüber machen sie sich Sorgen? Das läßt sich auf zwei Kategorien zurückführen: Größe und Funktion. Mit allem nötigen Respekt Sigmund Freud gegenüber kennen Frauen meiner Erfahrung nach keinen Penisneid, sie haben eine Penisneugier. *Männer* haben den Penisneid. »Ist dies die normale Größe, Herr Doktor?« – »Sollte er nicht größer sein?« Einige erkundigen sich sogar nach Mitteln und Wegen, den Penis länger oder dicker zu machen. Auf die Frage nach der Größe werden wir in einem späteren Kapitel zurückkommen. Die meisten Fragen werden nach der Funktion gestellt, hier wiederum finden sich drei Kategorien: Sexualtrieb, Erektion und Ejakulation.

Ältere Patienten glauben besorgt, ihr Libido verloren zu haben. Männer mittleren Alters regen sich darüber auf, das Verlangen nach Sex so oft gehabt zu haben, wie sich ihnen die Möglichkeit dazu bot, jetzt aber nur noch einige wenige Male im Monat sexuell aktiv sein wollen. Gelegentlich sind sogar junge Männer über ihren Sexualtrieb bekümmert: »Meine Freunde sind allzeit bereit. Es ist das einzige, woran sie denken. Ist bei mir etwas falsch?« Und dann die Erektion: »Ich bekomme keine«; »Es dauert länger, als es je gedauert hat«; »Ich kann inzwischen nicht öfter als einmal pro Nacht«; »Mitten im Vorspiel war die Erektion vorbei!« Und natürlich noch das Elend mit der Ejakulation: »Ich komme nicht mehr«; »Ich hatte immer eine riesige Ladung, jetzt nur noch ein kleines Tröpfchen«; »Meine Frau beschwert sich, daß es bei mir ewig dauert«; und der größte aller Panikverursacher: »Meine Freundin sagt, ich käme zu früh.«

Natürlich handelt es sich bei einigen der Fragen, die mir meine Patienten stellen, um ernstzunehmende medizinische Umstände, und selbst bei der entferntesten Möglichkeit dessen behandle ich entsprechend. Ein geringer Prozentsatz sexueller Fehlfunktionen wird durch medizinische Probleme verursacht. Meistens rühren sie bei älteren Patienten von organischen Störungen her, die eine zum Sexualverkehr geeignete Erektion nicht mehr zulassen (die klassische Definition der Impotenz). Eine Vielzahl physiologischer Umstände kann Impotenz hervorrufen, darunter Arteriosklerose, Diabetes, hormonelle Fehlfunktionen, Verletzungen, multiple Sklerose, medikamentöse Unverträglichkeitsreaktionen und Pharmakamißbrauch. Es wurden beeindruckende Fortschritte in Diagnostik und Behandlung gemacht, hochentwickelte Testverfahren können heute den Grund eines Problems genau bezeichnen oder, gleichermaßen wichtig, physische Gründe völlig ausschließen. Ein Repertoire exzellenter Behandlungsmethoden physisch bedingter Penisschwäche steht uns außerdem zur Verfügung. Dies alles wird in einem späteren Kapitel beschrieben. Im Augenblick soll es genügen zu sagen, daß nur ein kleiner Teil der Patientenbeschwerden über ihren Penis tatsächlich rein medizinische Ursachen hat.

Die überwältigende Mehrheit der Beschwerden, die mir täglich vorgetragen werden, sind Ausdruck von Unsicherheit, ohne jede medizinische Grundlage. Sie sind Ausdrucksformen einer einzigen fundamentalen Angst: »Bin ich normal, Herr Doktor?« »Bin ich in Ordnung?« Meist lautet meine eindeutige Antwort: »Ja.«

Ich erkläre meinen Patienten, das die Penis-Power zu einem Prozent zwischen den Beinen und zu 99 Prozent zwischen den Ohren stattfindet. Der tatsächliche Prozentsatz mag durchaus ein wenig hiervon abweichen, aber ich stehe zu der Aussage dieses Satzes: Die Sexualorgane fast aller Männer sind absolut normal. Physisch oder anatomisch ist alles in Ordnung. Welches Problem sie auch immer haben mögen oder glauben zu haben, es entstammt ihren Köpfen, selbst wenn es sich durch einen sich widersetzenden Penis äußert. Manche chronische sexuelle Fehlfunktionen geben zu ernsthafter Sorge Anlaß, da sie nicht nur die persönliche Befriedigung und das Selbstbildnis des Mannes, sondern Ehen und das Glück des jeweiligen Partners beeinträchtigen. Liegen diese Probleme in tiefenpsychologischen Bereichen, Depression, sexueller Mißbrauch in der Kindheit, ein anderer schwächender innerer Konflikt, um nur einige zu nennen, ist ein qualifizierter Psychiater oder Psychotherapeut der richtige Ansprechpartner. Dennoch sind diese Fälle nach meiner Erfahrung die Ausnahme. Durch Veränderung der Umstände oder der Einstellung kann den meisten geholfen werden. Aber darüber hinaus sind viele Männer, die sich um ihren Penis sorgen, beunruhigt aufgrund der irrigen Vorstellung, sie könnten einer Art mystischen Standard nicht gerecht werden.

Auch bei der Sexualität liegt das Problem darin, daß die Unwissenheit genauso verheerend wie im Krieg ist. Die Hirn-Penis-Achse ist so heikel, daß fehlendes Vertrauen oder Versagensangst leicht zu einer sich selbst erfüllenden Prophezeiung werden können. Wenn Sie denken, Sie seien abnormal, wenn Sie Angst davor haben, angemessene Leistung zu erbringen, wenn Sie sich vor der möglichen Enttäuschung Ihrer Partnerin fürchten, dann besteht eine große Wahrscheinlichkeit, daß Sie sich bereits in die Probleme, vor denen Sie sich fürchten, hineinmanövriert haben.

Selbstzweifel sind der größte Feind Ihres Penis! Es ist ein Teufelskreis: Zweifel führen zu Penisschwäche, negative Erfahrungen vergrößern dann die Selbstzweifel, und daher wird beim nächsten Mal, wenn Sie Sex haben, Ihre Angstschwelle noch höher liegen, und damit haben sich die Chancen erhöht, daß sich das Problem wiederholt, und so weiter.

Ich versichere Ihnen, daß die überwältigende Mehrheit derer, die Probleme mit dem Penis haben, völlig normal sind und sich ihre eigenen Schwierigkeiten machen, indem sie blindlings in den Treibsand der Zweifel laufen. Es ist schon erstaunlich, wie sehr ihnen eine verbale Injektion und eine starke Dosis Beruhigung hilft – so wie Sie verwundert sein werden, wie hilfreich die folgenden Kapitel für Sie sein werden, indem wir den Penis entmystifizieren und alle Faktoren, die ihn schwächen können, betrachten.

Warum also die Epidemie?

Jeder individuelle Fall muß selbstverständlich unabhängig ausgewertet werden, und ich werde die wichtigsten Ursachen von Penisschwäche in späteren Kapiteln darlegen. Im Augenblick scheint es mir notwendig, die sozialen Umstände, die diese Geißel hervorgebracht haben, zu bedenken. Man könnte argumentieren, daß es immer schon so war, vielleicht auch schlimmer, und daß ich in den letzten zehn Jahren mit mehr Penisschwächen konfrontiert wurde, nur weil Männer heute leichter darüber reden. Meiner Meinung nach ist das nicht der Fall. Mächtige soziale und historische Faktoren sind hier am Werk.

Der zunehmende Streß der Gesellschaft als Ganzem ist einer davon. Männer, die viele Stunden ohne ausreichenden Schlaf, Bewegung oder Erholung arbeiten, sind oftmals psychisch aufgezehrt und physisch ausgelaugt, wenn Sie wieder nach Hause kommen. Fügen Sie die üblichen Verdächtigen dazu – finanzielle Ängste, Zeitdruck durch die blitzschnelle Abfolge von Ereignissen, Verkehrsstaus, Ärger mit den Vorgesetzten, mit Kollegen oder Kunden, Probleme mit den Kindern und all die anderen Plagen unserer Tage – und Sie erhalten das Bild der Bedingungen, die einer gesunden Sexualität nicht dienlich sind. Dem wird das durch die Medien hochgradig romantisierte Bild der Ehe und des Familienlebens entgegengehalten, das nicht erfüllbare Erwartungen weckt. Wenn Sie sich unpäßlich fühlen oder ihre problembeladenen Gedanken woanders weilen, dann ist es auf jedem Gebiet schwierig, volle Leistung zu bringen, besonders beim Sex. Kaum etwas hat eine abkühlendere Wirkung auf die Sexualität als Angst. Und Spannungen fordern einen hohen Tribut von einer intimen Beziehung; sie vergiften die Atmosphäre und füllen das Schlafzimmer mit emotionalen Störungen.

Darüber hinaus bringt Streß genau definierte medizinische Konsequenzen mit sich, die einer normalen sexuellen Funktionsweise entgegenwirken. Das Blut fließt in der Streßreaktion aus den Genitalen, um die großen Muskelgruppen der Arme und Beine zu versorgen. Außerdem erhöht Angst – also auch Leistungsangst – die Aktivität des vegetativen Nervensystems und verstärkt den Fluß des Adrenalins, das die Blutgefäße verengt. Das ist, wie wir sehen werden, das genaue Gegenteil einer Erektion, nämlich eines sanften Blutflusses zum Penis hin.

Dies steht oft in Zusammenhang mit der Einnahme von Alkohol und Drogen zur Streßbewältigung. Schon Shakespeare beobachtete, daß Alkohol »das Verlangen weckt, aber die Fähigkeit nimmt«. Das gleiche gilt für Drogen, auch für Nikotin und viele verschreibungspflichtige Medikamente. Aus gutem Grund zeige ich in einem späteren Kapitel, *daß der übermäßige Drogenkonsum des amerikanischen Mannes eine Hauptursache der abnehmenden Penis-Power ist.*

Die Frauenbewegung hat – bei all ihren Verdiensten – unbeabsichtigt zu diesem Problem ihren Beitrag geleistet. Es war einmal, daß eines Mannes erste Sorge – tatsächlich normalerweise seine *einzige* Sorge – beim Sex seiner eigenen Befriedigung galt. Seine Bemühungen waren ausschließlich darauf gerichtet, einen Orgasmus zu bekommen. Es ging nur darum, eine Frau ins Bett zu verführen und eine für den Geschlechtsverkehr ausreichende Erektion zu bekommen. Hatte man diese beiden Ziele erreicht, war der Druck genommen und man segelte sanft den Rest des Weges; die Natur übernahm. Aber dann entdeckte die Gesellschaft den weiblichen Orgasmus. Frauen erklärten, sie hätten ebenfalls ein Recht auf den Höhepunkt. Es mag immer noch ein sanftes Segeln sein, aber es ist ein Hindernisparcours, auf dem Männer Punkte sowohl für die Technik als auch für das Erreichen der Ziellinie bekommen. Nicht die Ejakulation, sondern die Befriedigung Ihrer Partnerin ist das Ziel. Und viele glauben, der Mann wäre nicht nur dafür verantwortlich, eine Frau zum Orgasmus zu bringen, sondern zu vielen, ekstatischen, erderschütternden Orgasmen. Nun, das ist der Druck!

Unnötig zu sagen, daß Frauen ebensoviel Recht auf sexuelle Befriedigung haben wie Männer. Und ich werde noch darlegen, daß es die Pflicht eines jeden Mannes ist, für das Vergnügen seiner Partnerin zu sorgen, wenigstens aus dem Grund, sein eigenes zu steigern. Wahr ist aber auch, daß beiderlei Geschlechter dem hohen Standard des *Leistungsdrucks*, den die neuen Regeln mit sich gebracht haben, unempfindlich gegenüberstanden. Komplizierter wird diese Angelegenheit noch durch die weitverbreitete Unkenntnis über den weiblichen Orgasmus und dem vielfältigen Reichtum der weiblichen Sexualität gegenüber. In dem Augenblick, in dem Paare einen utopischen Grad der Befriedigung zu erreichen suchen, anstatt auf die Nuancen und Vorlieben der Frau zu achten, werden Millionen von Beziehungen zu ausweglosen Zuständen. Meine klinischen Beobachtungen haben ergeben, daß die hauptsächliche sexuelle Sorge der Männer heutzutage ist, ihren Partnern keine Orgasmen von außergewöhnlicher Quantität und Qualität zu bieten. Hat ein Mann nur eine einzige erniedrigende Begegnung mit einer unbefriedigten Frau, kann er diesem Teufelskreislauf unterliegen, der mit Selbstzweifeln beginnt und mit tatsächlichem Penis-Versagen endet.

Der weitverbreitete Gebrauch von Vibratoren und anderer, sogenannter sinnlicher Hilfsmittel hat dies noch schwieriger gemacht. Bei einigen meiner Patientinnen reizte der Gebrauch von Vibratoren den Blasentrakt, und ich fragte sie, warum sie diese weiterhin benutzten. Die typische Antwort lautete, daß sie aus dem Gebrauch eine sexuelle Erregung erzielten, die ihnen ihr Mann oder Freund nicht geben konnte, sie werden mitunter von ihren Vibratoren so abhängig, daß sie keinen Sex mehr mit Männern haben. Natürlich verfügt kein Vibrator über Lippen, Hände oder eine Zunge, und kein Vibrator ist darauf programmiert, sie zu umarmen, wenn eine Frau danach verlangt. Aber wie kann es ein männlicher Penis je mit einem künstlichen Gerät aufnehmen, das immer hart und allzeit bereit ist, niemals nach Gegenseitigkeit verlangt und vollkommen kontrolliert werden kann? Welcher Penis hat schon die Fähigkeit, sich wie ein batteriegetriebener, surrender Vibrator zu bewegen. Heutzutage mag dies ein untergeordneter Gesichtspunkt der männlichen Unsicherheit sein, aber er darf nicht außer acht gelassen werden. Ich hoffe, daß dieses Buch von möglichst vielen Männern gelesen wird, die ihr Sexualleben zur Superpotenz steigern, damit Vibratoren dann den Weg des Keuschheitsgürtels gehen.

Der Hauptgrund für die zunehmende Penisschwäche hängt meiner Meinung nach vermutlich mit der Art und Weise, auf die Männer etwas über Sexualität erfahren, zusammen, zum Teil ist auch einfach das Fehlen genauen Wissens verantwortlich. Beispielsweise suchte mich ein Jugendlicher wegen einer kleinen Abschürfung an seinem Penis auf. Während ich ihn untersuchte und ihm eine Arznei verschrieb, hatte ich das Gefühl, daß ihm etwas auf der Seele lag, und als er sich sicher genug fühlte, nahm er all seinen Mut zusammen und erzählte mir, daß er am Wochenende Intimverkehr mit einem Mädchen gehabt hatte und nicht ejakulieren konnte. Darüber war er zu Tode erschrocken. Ob wohl etwas Tiefgreifendes bei ihm nicht in Ordnung war? Ich fragte ihn, wann er vor dieser Erfahrung zuletzt Sex gehabt hatte, und er antwortete, etwa eine Woche vorher. Nachdem er sein anfängliches Erstaunen über meine Frage nach seinen Masturbationsgewohnheiten überwunden hatte, gab er zu, daß er am Tag seiner Enttäuschung eine wahre Orgie der Selbstbefriedigung vollzogen hatte. Als ich ihm sagte, daß jeder, der an einem Nachmittag sechsmal ejakuliert hatte, Schwierigkeiten damit hätte, dies zwei Stunden später zu wiederholen, war er so erleichtert, daß ich dachte, er würde mich küssen wollen.

Hätte dieser Junge nicht die Nerven gehabt, nachzufragen, wäre sein irriges Gefühl der Unzulänglichkeit in spätere sexuelle Begegnungen eingeflossen und hätte ihn in einen Strudel der Selbstzweifel hineingezogen. Tragischerweise erleben oft viele junge Männer ähnliches, besonders, wenn es sich um unzureichende Erektionen und vorzeitigen Samenerguß handelt, und sie wissen nicht, daß dies ihresgleichen nur allzu bekannt ist und es unter gewissen Umständen jedem nervösen jungen Mann passieren kann. Da sie aber viel zu verklemmt sind, um darüber zu sprechen, gehen sie davon aus, daß mit ihnen irgend etwas nicht stimmt. Sie bleiben oft über Jahre, wenn nicht Jahrzehnte hinweg gehemmt, versuchen Intimverkehr zu vermeiden oder nähern sich neuen Erfahrungen mit Vorsicht.

In den letzten zwanzig Jahren hat sich dies noch mehr bewahrheitet, da, ungeachtet der Aids-Epidemie, sehr viel mehr Gelegenheitssex stattfand. Geht ein junges Pärchen ohne die altmodische Phase des Vertrauensaufbaus und der Annäherung miteinander ins Heu, entstehen viele Enttäuschungen aus Angst. Nicht, daß ich ein Verfechter des Althergebrachten wäre, ich denke sogar, daß Gelegenheitssex wundervoll sein kann, wenn es sich um verständige, vorsichtige und selbstsichere Menschen handelt. Sind aber die Partner aufgeregt, besorgt und einander völlig fremd, kann es zu einem traumatischen Erlebnis kommen. Ein paar frühe Traumata können für einen jungen Mann einen tiefen Einschnitt in sein Leben bedeuten. Das natürliche, herausfordernde Benehmen von Männern steht unglücklicherweise in Gegensatz zu dem Bedarf an genauen Kenntnissen. Leider hören Heranwachsende in Waschräumen oder der Schulcafeteria keine Kommentare, wie »Hey, Leute, ich war mit Susi zugange und habe mich in meine Unterhose ergossen, bevor ich auch nur ihre Bluse aufgeknöpft hatte«, oder »Mann, ich war gerade drauf und dran, als sich mein Penis wie ein Regenschirm auffaltete«. Nicht einmal die besten Freunde gestehen sich solche Enttäuschungen gegenseitig ein, obwohl sie sich überall auf der Welt, an jedem Wochenende zutragen. Leider hört ein Heranwachsender tatsächlich aber ein völlig übertriebenes oder ganz und gar erfundenes Märchen von den sexuellen Heldentaten anderer Jungs, die dann zu einem Standard werden, an dem er sich selbst mißt.

Sind Männer einmal erwachsen, wird es keinesfalls besser; das Machogehabe findet nun in Bars, auf Golfplätzen, auf der Tribüne, in Fabriken und Büros statt wie zuvor auf der Straße und auf Schulhöfen. Das Ergebnis ist der weitverbreitete Mythos des echten, allzeit bereiten Mannes, der wirklich alles über Sex und Frauen weiß, niemals nur eine Minute an seiner Männlichkeit zweifelt, niemals nervös oder ängstlich ist und jede Frau, die willig ist, befriedigen kann. Dies ist nicht das wahre Gesicht der männlichen Sexualität, es ist deren Maske, die wir sehen. Darum sind meiner Erfahrung nach die meisten Männer im stillen davon überzeugt, daß andere ihre Sexualität mehr genießen als sie selbst – und, darüber hinaus, es viel besser können. Mit der Sportlichkeit verhielte es sich genauso, könnte man nicht die Geschlechtsgenossen auf dem Spielfeld beobachten.

Uninformiertheit und unzureichende, dem Penis nicht angemessene Erziehung sind nicht die einzigen Faktoren, die zu Selbstzweifeln führen; durch die von geschmeidigen, jungen und perfekt geformten Körpern besessenen Massenmedien werden sie noch vergrößert. Für die Unsicherheit von Frauen, die den Vergleich mit den idealisierten Bildern aus Filmen, der Werbung und aus Magazinen nicht halten können, sind wir von den Feministen sensibilisiert worden. Natürlich sind davon ebenso die Männer betroffen. Die vor unseren Augen paradierenden hübschen Hintern mit straffem Bauch und perfektem Brustkorb verkörpern das männliche Ideal, das nur wenige Männer leben können, besonders, wenn sie älter werden. Es geht ja nicht allein um das Gefühl, bei dem adretten Mädchen aus der Bierreklame wohl nicht landen zu können, sondern darum, welchen Einfluß die weitverbreitete Norm jugendlicher Männlichkeit auf das Körperbild eines Mannes insgesamt hat. Beim Blick in den Spiegel entdeckt man weniger als auf dem Fernsehbildschirm oder im Hochglanzmagazin, und das Bild, das man von sich hat, beginnt zu bröckeln. Man glaubt, etwas Minderwertiges, sogar Unnormales im Spiegel zu sehen, wiewohl im Gegenteil die Fernsehbilder unnormal sind. Es geht nicht nur um Eitelkeiten, es geht um Sexualität, da diese Bilder idealisierte Sexualobjekte darstellen, nämlich das Modell, das die Gesellschaft von Männlichkeit entwickelt hat. Das Konzept der Männlichkeit hat – aus Sicht der Männer – mehr mit Sex als mit allem anderen zu tun, weil ein Mann zu sein potent und viril zu sein heißt. Jede kleine Beule in Ihrem männlichen Selbstverständnis addiert sich zu der Summe von Zweifeln, die Sie mit ins Schlafzimmer nehmen. Ihr Penis ist Teil Ihres Körpers, und die Vorstellung, die Sie von Ihrem Penis haben, Ihre Wahrnehmung des Penis, Ihre Einstellung zu ihm und damit Ihre Ansicht über sich selbst als sexuelles Wesen – sind unauflöslich mit Ihrem allgemeinen Körperbewußtsein verbunden.

Ein womöglich noch wichtigerer, ebenfalls in Beziehung auf die Medien zu verstehender Faktor ist die idealisierte Vorstellung des Sexualaktes an sich. Sex gehört zu den wenigen Dingen des Lebens, in denen uns durch andere kein Anschauungsunterricht erteilt wird. Jedenfalls nicht durch *wirkliche* Menschen. Wir können durch das Schlüsselloch von Pornofilmen oder, etwas diskreter, bei Spielfilmen spähen und Pärchen mit Unterstützung unserer Vorstellungskraft auf Buchseiten nachspionieren, aber das ist kaum eine realistische Aufklärung. Bezieht ein Mann seine Informationen über Sex vornehmlich aus

Quellen wie Büchern und Filmen, muß er geradezu den Eindruck gewinnen, daß ›echte Männer‹ über riesige Penes verfügen, die von einem Augenblick zum nächsten steinhart werden und es solange bleiben, pulsierend, drängend, bis er und seine Partnerin – die natürlich jung, wohlproportioniert und unersättlich, eben wie das Mädchen von nebenan, ist – mit dem wunderbaren Gleichklang von Synchronschwimmern einen simultanen, die Erde in ihrem Lauf aufhaltenden, kreischenden Orgasmus erreichen.

Wann ist Ihnen zuletzt im Fernsehen oder schwarz auf weiß ein ganz normaler, fließbandmäßiger Geschlechtsverkehr untergekommen? Ich versichere Ihnen, daß Ihre gemeinsamen Erfahrungen in der Intimität Ihres Schlafzimmers sehr viel typischer sind als die Phantasien der Medien. Sie würden wohl nicht einmal mit Unterstützung von Drehbuchschreibern aus Hollywood, Regisseuren, Requisiteuren und Spezialeffekte-Zauberern oder begleitet von den Londoner Symphonikern wiederholen können, was uns Romane und Filme über Sexualität weismachen wollen. Und was geschieht, wenn die Realität mit der Idealvorstellung nicht übereinstimmt? Die Männer geben sich dafür selbst die Schuld. Sie nehmen an, daß mit ihnen etwas nicht stimmt. Sie denken, sie seien Versager. Und worauf konzentriert sich ihre Enttäuschung? Natürlich auf ihren Penis. Was stimmt damit nicht? Warum kann er nicht größer und steifer sein? Warum kann er nicht leisten, was die stoßenden Böcke in Büchern können?

Vielleicht stellen Ihnen Männer nicht diese Frage, ich aber höre sie fast tagtäglich. Männer glauben, sie sollten sechzig Zentimeter soliden Stahl zwischen den Beinen haben, der stundenlang pumpen und stoßen kann. Das ist aber kein Penis, sondern ein Schlagbohrer.

Letztlich messen sich Männer an Normen, die auf Phantasie, nicht Realität gegründet sind. Normale Alltagserfahrungen halten sie für Zeichen persönlichen Versagens. Tatsächlich gibt es eine große Bandbreite sexuellen Verlangens, der Leistungsfähigkeit, Vorlieben, Befriedigung und so weiter. Aber der Mann geht davon aus, daß es etwas ›Normales‹ gibt. Jede noch so kleine sexuelle oder persönliche Eigenart sieht er mit sorgenvoller Miene als Zeichen des Abnormen. Viel schlimmer noch ist, daß er sofort in Panik gerät, wenn es nicht nach Wunsch läuft, wenn er eine enttäuschende oder peinliche Erfahrung macht. Wie wir gesehen haben, führt dies letztendlich zu Selbstzweifeln, die wiederum Beklemmung, Angst und Hemmungen entstehen lassen, die für ein sexuelles Glücksgefühl größere Hindernisse darstellen als ein Bautrupp in Ihrem Schlafzimmer.

Wahr ist, daß jeder Mann, den ich kenne, irgendwann einmal Erektionsprobleme hatte oder vorzeitig, ungewollt ejakulierte. Zeitweise hat jeder Mann ein sexuelles Desinteresse. Bei der Befriedigung seiner Partnerin hat jeder Mann schon einmal versagt. Männer, die dies akzeptieren, im Bewußtsein, daß sie völlig normal sind, und ohne Zögern an ihre nächste sexuelle Begegnung herangehen, besitzen Penis-Power.

Ein Weckruf

Es ist traurig, daß Millionen von Männern – wie natürlich auch ihre Partnerinnen – einer vollkommenen sexuellen Befriedigung beraubt werden. Es gibt nichts Wunderbareres als das ungehemmte Ausleben der Sexualität, und nichts ist großartiger als das fröhliche Teilen körperlicher Freuden zwischen zwei freigebigen und begeisterten Menschen. Meine Erfahrung läßt mich allerdings zu dem Schluß gelangen, daß die Plage dieser Verwirrung und dieses Selbstbewußtseins viele Männer weniger Sexualkontakte als gewünscht haben läßt – um den Sex, den sie *haben*, genießen zu können, haben sie wiederum viel zuwenig. Sex sollte Spaß, nicht Pflicht bedeuten. Er ist der preiswerteste Luxus im Leben. Für zu viele Männer ist er hingegen quälendes Tagwerk, Ursprung von Spannungen, eine Bürde ähnlich einem Problem, das es zu lösen gilt oder einer Prüfung, der man sich zu unterziehen hat, wo Sex doch eine einfache und natürliche Freude sein sollte, die Sorgen, Spannungen und Bürden *nimmt*.

Als ein Produkt der besten medizinischen Ausbildung, die unser Land zu bieten hat, und als Urologe mit einer prominent und gut besuchten Praxis, möchte ich Ihnen die Botschaft mitgeben, daß es nicht nur eine der großartigsten Freuden, die das Leben bietet, ist, den Penis in der von der Natur vorgesehenen Weise zu nutzen, darüber hinaus ist es auch Ihrem allgemeinen Wohlbefinden zuträglich. Sex ist gut für Ihre Stimmung und Ihre Lebenseinstellung; er ist ein natürliches Beruhigungsmittel ohne Nebenwirkungen. Sexuell frustrierte Männer neigen zu Anspannung und Gereiztheit; sie scheinen mit der Welt zu hadern. Sexuell befriedigte Männer, die mit ihrer Sexualität zufrieden sind, sind positiv gestimmt und strahlen Gesundheit aus. Der Geschlechtsverkehr kann daher als rein physische Übung nicht hoch genug eingeschätzt werden. Er ist ein exzellentes Herzmittel, regt den Kreislauf, das Nervensystem und die Prostata an, er entfernt geistige Spinnweben und belebt den ganzen Körper. Durch sexuelle Aktivität können Sie, entgegen gewisser anderslautender Gerüchte, Ihren Penis nicht abnutzen oder gar Ihre Ration an Orgasmen aufbrauchen. Ich möchte meine Beurteilung lebhafter Penisnutzung gerade auch als Mann der Wissenschaften mit folgendem Kinderreim zusammenfassen: »Benutz ihn, benutz ihn, du kannst ihn nicht mißbrauchen, und wenn du's nicht tust, wirst du ihn verlieren.«

Da ich zahllose Aids-Patienten behandelt und viele habe sterben sehen, bin ich bestimmt der letzte, der irgendjemandem raten würde, die Uhr in sorglose Zeiten zurückzudrehen. Draußen ist es gefährlich. Es gibt aber keinen vernünftigen Grund dafür, daß diese tragische Epidemie verantwortungsvolle Erwachsene, die sich der Risiken verschiedener Praktiken bewußt sind, Einsicht zeigen und die notwendigen Verhütungsmaßnahmen treffen, beeinträchtigen sollte. In späteren Kapiteln ist hierzu noch einiges zu sagen.

Das Ziel dieses Buch ist es, Männern bei der Steigerung ihrer Lebensqualität zu helfen, indem sie ihre Sexualität voll auszuleben lernen – nicht unter Zuhilfenahme esoterischer Techniken, Aphrodisiaka oder neuer Erkenntnisse über erogene Zonen, sondern durch eine einfache Prämisse: Lernen Sie, sich zu hundert Prozent wohl zu fühlen mit Ihrem Penis.

Ich möchte Selbstzweifel und Hemmungen ausmerzen. Jede Art von Penisschwäche, ob chronische oder gelegentliche, tatsächliche oder eingebildete, möchte ich zerstören. Ich möchte den Penis entmystifizieren, die ihn umgebenden Mythen auslöschen, und den Mann in die Lage versetzen, jedes Gramm Lust, das ihm sein wunderbares Organ geben kann, zu genießen.

Dieses Buch hilft Ihnen dabei, superpotent zu werden. Ich meine damit nicht, was Sie möglicherweise erwarten. Ich möchte aus Ihnen keinen stereotypen Hengst machen.

Ich definiere Superpotenz nicht nach willkürlichen Kriterien von Häufigkeit, Ausdauer oder Technik. Damit brächte ich mich selbst zu Fall; es würde die Männer noch mehr einschüchtern, als sie es bereits sind, Selbstzweifel sowie Penisschwäche nähmen weiter zu.

Penis-Power heißt für mich das Erreichen eines Maximums an Genuß und Befriedigung – für Sie und Ihre Partnerin –, ausgehend von Ihren eigenen Wünschen, Gewohnheiten und Vorlieben. Dies bedeutet, die gesamte Kraft Ihres Penis nutzbar zu machen, indem er mit all dem Respekt und Verständnis, den er verdient, behandelt wird. Dies verändert meiner Überzeugung nach mehr im Selbstverständnis eines Mannes als ein Jahr lang für viel Geld Wochenendkrieger zu spielen. Ich glaube daran, daß es mehr für den traurigen Zustand der zwischengeschlechtlichen Beziehungen tun wird als all die Talkshows im Fernsehen.

Meine grundlegenden Botschaften sind dieselben, die ich meinen Patienten mitgebe:

- Ihr Penis ist so groß, wie sie glauben; wenn Sie groß denken, sind Sie groß.
- Ihr Penis verhält sich so, wie Sie es wollen.
- Sie sind so potent, wie sie glauben.
- Sie sind in Ordnung. Ihr Penis ist in Ordnung.

Bei einer Minderheit unter Ihnen liegen medizinische Umstände vor, die die sexuelle Funktionsweise Ihres Penis einschränken. Es ist wichtig, sich diese Umstände, wie auch andere physische Faktoren, die Ihren Penis beeinträchtigen, bewußt zu machen, und wir werden alles, was Sie darüber wissen müssen, in den Kapiteln 6 und 7 besprechen.

Sollten Sie aber nicht zu diesen wenigen Ausnahmen gehören, benötigen Sie keine spezialisierte medizinische Hilfe. Sie benötigen keine intensive Psychotherapie. Sie brauchen Fakten, einen Grundkurs im Penis-Einmaleins, eine Änderung Ihrer Einstellung und eventuell einige Tips, wie Sie die Ausübung Ihrer Sexualität verbessern können.

Wenn Sie dieses Buch durchgelesen haben, wissen Sie alles, um Ihre Penis-Power zu maximieren und den Rest Ihres Lebens als superpotenter Mann zu verbringen.

2

PENIS-PERSÖNLICHKEITEN

»Er hat seine eigene Persönlichkeit.« Bezogen auf ihren Penis, höre ich diesen Satz ständig von meinen Patienten. Einer der Gründe für unsere Faszination von diesem ›Juniorpartner‹, wie einer meiner Patienten, der von Beruf Anwalt ist, ihn nennt, liegt darin, daß er scheinbar selbständig denkt. Welches andere Organ wächst schon auf ein Vielfaches seiner Größe an und schrumpft dann wieder zusammen, manchmal entgegen Ihrer Absicht und ohne Vorwarnung? Welches andere Organ benimmt sich schon so kapriziös und unvorhersehbar? Darum sprechen wir so über ihn – vielleicht ja sogar *mit* ihm – als wäre er eine eigenständige Person. Männer pflegen zu sagen, »mein Penis hat dies und jenes gemacht«, als träfe er seine eigenen Entscheidungen.

Natürlich verhält sich die Realität hierzu genau gegenteilig. Wie oft er auch scheinbar eigenmächtig agiert, Ihr Penis ist dennoch nicht von Ihnen getrennt. Er denkt nicht selbständig; er liest Ihre Gedanken. Und nicht nur Ihre Gedanken, er liest auch in Ihrem Herz und Ihrer Seele, da der Penis Ihr Spiegelbild ist. Er bringt Ihre Gedanken und Gefühle mehr zum Ausdruck als jeder andere Teil Ihres Körpers. Geht es Ihnen gut, dann auch Ihrem Penis. Geht es Ihnen schlecht, geht es auch ihm schlecht. Fühlen Sie sich stark, kraftvoll, kreativ und sicher, ist auch Ihr Penis stark, kraftvoll, kreativ und sicher. Sind Sie müde und apathisch, niedergeschlagen oder ungeduldig, ist Ihr Penis müde und apathisch, niedergeschlagen oder ungeduldig.

Er scheint deshalb einen eigenen Willen zu haben und manchmal entgegen Ihren Wünschen zu handeln, weil Sie sich nicht immer Ihre wahren Gedanken und Gefühle eingestehen. Ihr Penis kennt sie aber, und das ist der Grund. Er ist direkt mit Ihrem Gehirn verbunden. Sie können ihn nicht für dumm verkaufen. Wenn Sie ärgerlich, nervös oder besorgt sind und ihre Gefühle hinter einem glücklichen, erotischen Äußeren verbergen wollen, ist Ihr Penis dennoch im Bilde. Unterdrücken Sie Ihre Erregung aus gesellschaftlichen Gründen, kennt Ihr Penis die Wahrheit. Hat Ihr Partner Sie geärgert oder verletzt, können Sie eine Wette darauf abschließen, daß sich Ihr Penis verärgert oder verletzt benimmt, auch wenn Sie sich noch so sehr bemühen, Ihre Gefühle zu verbergen. Werden Sie von Ihrem Partner bewundert, schmeichelt er Ihnen und begehrt Sie, antwortet Ihr Penis entsprechend, selbst wenn Sie sich nicht in Stimmung fühlen. Auf gewisse Weise ist das Verhalten Ihres Penis in jedem Augenblick ein genaueres Barometer Ihrerselbst, als Ihre vernunftgeprägte Selbsteinschätzung.

Das Verhalten Ihres Penis spiegelt Ihre eigentliche Persönlichkeit genau wider. Ähnlich den Augen ist der Penis ein Organ des Ausdrucks. Er verkörpert Ihre Persönlichkeit. Ich habe aus diesem Grund über Jahre hinweg in meiner Praxis die Beobachtung gemacht, daß es eine deutliche Wechselbeziehung zwischen dem sexuellen und dem allgemeinen Verhalten eines Mannes gibt. Männer mit negativem Penis-Bild neigen zu einem kläglichen Selbstverständnis, wohingegen sich Männer mit positivem Penis-Bild auch in einem positiven Licht sehen.

Größtenteils verhalten wir uns im Schlafzimmer genauso wie im Wohnzimmer, im Büro, in der Fabrik, auf der Autobahn oder überall sonst.

Ich beschreibe nun einige der grundlegenden Penis-Persönlichkeiten, die ich in zwanzig Jahren als praktizierender Mediziner kennengelernt habe. Es handelt sich nicht um wechselseitig sich ausschließende Charakterzüge; Männer können einige von ihnen auf sich vereinen oder, abhängig von äußeren Umständen, zwischen verschiedenen hin und her wechseln. Sie werden wissen wollen, welche auf Sie zutreffen; Frauen werden ihnen bekannte Männer den aufgelisteten Persönlichkeiten zuordnen wollen.

Beginnen wir mit den positiven Penis-Persönlichkeiten. Diese Charakterzüge verdienen Bewunderung. Jeder Mann sollte sie anstreben und alles ihm Mögliche versuchen, gleichzuziehen.

Positive Penis-Persönlichkeiten

Die wahrnehmende Penis-Persönlichkeit

Ein verständnisvoller Mann mit einem verständnisvollen Penis – jemand, der sich in Frauen und ganz besonders in seinen Partner einfühlen kann. Er geht großzügig auf die Bedürfnisse seiner Partnerin ein und nimmt intuitiv ihre geheimen Stimmungen und Sehnsüchte auf. Sein Penis gleicht einem Periskop und steckt seinen Kopf nach draußen ins Licht, von wo aus er die psychologische Atmosphäre einschätzen kann.

Die beharrliche Penis-Persönlichkeit

Dieser Mann akzeptiert keine Niederlage. Begehrt er jemanden, verfolgt er mit Entschlossenheit und hält ein Nein solange für keine Antwort, bis er absolut sicher ist, daß »Nein!« tatsächlich das ist, was gemeint ist. Er verfolgt überzeugend, auf intelligente und diplomatische

Weise, nicht wie ein Quälgeist oder Lustmörder. Im Bett strebt er den Grad von Erfüllung an, den er und seine Partnerin sich ersehnen.

Die köchelnde Penis-Persönlichkeit
Dieser Junge ist immer am Kochen, jederzeit bereit. Ohne Rücksicht auf sein Alter ist er dynamisch, jugendlich und energiegeladen. Er mag Aufmerksamkeit und sucht sie, allerdings auf angenehme, zärtliche Weise, ohne Arroganz oder widerwärtiges, herausforderndes Benehmen. Ich glaube, Frauen haben Männer mit dieser Persönlichkeit gern. Er bedeutet Spaß und Reiz, sein köchelnder Penis erhitzt sich schnell wieder.

Die ernste Penis-Persönlichkeit
Ein Karikaturist würde diesen Penis in ein Tweed-Kondom kleiden und ihm eine Hornbrille aufsetzen. Er denkt Dinge gern zu Ende. Er ist gebildet, gut informiert und sieht all die Dinge klar, die aus ihm einen kenntnisreichen Partner machen, der bemüht ist, möglichst viel über Sex und die Frau, mit der er zusammen ist, zu wissen. Zu seinem eigenen Vergnügen und dem seiner Geliebten sondiert er neue Wege. Trotzdem, ein Einspruch: Wird dieser Typ zu berechnend, geht ihm sehr viel Spaß verloren, da er denkt, wenn er eigentlich fühlen sollte.

Die philanthrope Penis-Persönlichkeit
Für diese warmherzige Seele gibt es nichts Befriedigenderes, als die Partnerin zu erfreuen. Ist er nicht in einer langfristigen Partnerschaft gebunden, fühlt er sich von einsamen Frauen, bei denen er Behaglichkeit oder Trost sucht, oder romantischen Typen, die von herzlosen Männern verletzt wurden und sich nach jemand Großzügigerem und Liebevollerem sehnen, angezogen. Diesen

Frauen gibt er eine gefühlsstarke sexuelle Erfahrung, muß sich aber vor einem in acht nehmen: nicht zu besorgt um die Erfüllung des Partners zu sein und damit die eigenen Bedürfnisse und Wünsche zu vernachlässigen.

Die ruhige Penis-Persönlichkeit
Ein gelassener Mann, dessen Penis nur im psychologischen Sinn entspannt ist. In der Tat geht er hervorragend los, benimmt sich aber mit einer unterkühlten, gefaßten Würde, ist nicht selbstgefällig, apathisch oder gleichgültig. Er fordert einfach nicht viel und ist in der Lage, große Freude aus allem zu ziehen, das ihm das Leben vor die Füße legt. Er möchte ein sanfter und zärtlicher Liebhaber sein, zugleich aber auch ein sehr leidenschaftlicher.

Die bahnbrechende Penis-Persönlichkeit
Vielseitigkeit ist sein Name, Phantasie sein Spiel. Er ist ein Pfadfinder, der mit Abenteuergeist und Spaß alles Neue ausprobieren möchte. Unerwarteten Umständen paßt er sich leicht und eifrig an, ob es sich nun um ein unvorhersehbares Stelldichein, einen unerwartet gierigen (oder zögernden) Partner oder einen ungewöhnlichen Ort handelt, den Waschraum eines Flugzeuges oder eine Besenkammer. Wie einer meiner Patienten einmal sagte: »Sind am Dienstag Orangen gefragt, solltest du lieber welche im Angebot haben. Möchte am Mittwoch jeder Bananen, dann besorge dir eine Wagenladung voll.« Sind Sie eine Frau mit esoterischen Neigungen oder fühlen sich von neuen Dingen angezogen, so ist dies Ihr Mann.

Die spielerische Penis-Persönlichkeit
Ein Partytyp, aufgedreht, dreist, vielleicht ein bißchen mutwillig. Er steckt voller Überraschungen. Er überfällt

seine Geliebte, wenn sie es am wenigsten erwartet, taucht in ihrem Büro auf und entwischt mit ihr den Nachmittag über in ein Hotel. Wäre der Penis ein Auto, dann wäre seiner ein Sportwagen. Immer ein Lachen auf den Lippen, nimmt er weder sich noch seinen Penis allzu ernst. Er könnte mitten im Liebesakt einen Witz reißen und würde dennoch im Takt bleiben. Ein Frau mit Humor hat für ihn den Sex-Appeal eines Pin-ups, und sein Musikantenknochen ist eine einzige erogene Zone.

Die frühreife Penis-Persönlichkeit

Hierbei handelt es sich um einen jungen Mann, der sein sexuelles Bewußtsein sehr früh erreicht; er weiß früher als seine Altersgenossen, was wie zu tun ist. Wenn er reif genug ist, sich der Sexualität verantwortlich zu nähern, ist er vermutlich so aktiv, daß ihn seine Kumpel tief beneiden. An ihm ist kein Gramm Schüchternheit. Ältere Frauen fühlen sich womöglich wegen der Gefühle, die er in ihnen weckt, ein wenig schuldig. Er muß nicht unbedingt gutaussehend sein; er verfügt aber über das gewisse Etwas, das von seinem Penis-Vertrauen herrührt. Frühreife ist nicht allein auf die ganz jungen beschränkt. Ein reifer Mann kann eine frühreife, geradlinige und sehr eigene Penis-Persönlichkeit sein. Er gibt seine Absichten bekannt, ein Charakterzug, der in den falschen Händen widerwärtig sein kann, in seinen Händen jedoch bezaubernd ist. Im ersten Moment sind Frauen vielleicht schockiert, erholen sich aber schnell und schätzen seine erfrischende Direktheit.

Die leidenschaftliche Penis-Persönlichkeit

Rhett Butler und Prinz Charming sind seine Vorbilder. Er liebt die Liebe und hat eine grenzenlose Begeisterung für Leben und Liebe in sich. Gefühlvoll, feurig und lebhaft ist er ein Freund großer Gesten und nobler Worte. Er schickt Blumensträuße, überhäuft mit Komplimenten, er salbadert in Reimen, tanzt Wange an Wange – und meint es auch immer so. Er hat Geburts- und Jahrestage im Kopf, sollte er aber doch einmal einen vergessen haben, macht er es herrlich wieder gut. Wahrscheinlich hat er einen gescheiten Kosenamen für seinen Penis, irgend etwas in der Richtung von Lancelot, betrachtet ihn als zuverlässigen Freund und treuen Verbündeten im Dienste der Liebe. Frauen halten ihn für unwiderstehlich. Er ist empfindsam und stark zugleich.

Die wundersame/erstaunliche/ungeheure Penis-Persönlichkeit
Vielleicht ist sein Penis ungeheuer lang, vielleicht auch nicht, er denkt und handelt aber jedenfalls so. Dieser Mann verfügt nicht nur über eine geschäftige Libido, er hat auch ein weites Herz und eine große Seele. Er hält sich für großzügig und ist freigebig in dem Bewußtsein, alles im Gegenzug wieder zurückzubekommen. Zum Sex ist er jederzeit und an jedem Ort bereit. Als ein Mann von großer Penis-Freigebigkeit ist er in der Lage, aus jeder Situation ein Maximum an Erfüllung zu holen. Frauen fühlen sich zu ihm hingezogen und können es oft nicht einmal erklären. Er ist ein sexy Typ.

Diese positiven Penis-Persönlichkeiten werden alle durch die ultimative Penis-Persönlichkeit, den superpotenten Mann, verkörpert, den ich im folgenden Kapitel beschreiben werde. Zuvor werfen wir noch einen Blick auf die nach meinem ärztlichen Urteil negativen Penis-Persönlichkeiten. Diese gilt es zu vermeiden. Sind Ihnen einige der folgenden Charakterzüge zu eigen, sollten Sie an deren Überwindung arbeiten, da sie den völligen Ausdruck Ihrer Penis-Power hemmen.

Negative Penis-Persönlichkeiten

Die mickrige Penis-Persönlichkeit
Dieser Mann denkt klein. Er nimmt seinen Penis als unterdurchschnittlich klein wahr, und das Bild, das er von sich hat, zeigt, psychologisch gesehen, einen kleinen Mann. Selbst wenn er versucht, dies durch Härte im Beruf oder mit frisierten Autos zu kompensieren, sieht er sich und seinen Penis dennoch durch das falsche Ende des Teleskops. Dabei ist die Wahrscheinlichkeit, daß er tatsächlich einen unnormal kleinen Penis hat, astronomisch gering.

Die pessimistische Penis-Persönlichkeit
Dieser Mann ist niedergeschlagen, und sein Penis bringt das zum Ausdruck. Er gehört zu der Sorte von ›Das-Glas-ist-halb-leer‹-Menschen, die alles mit dem Gefühl angehen, das es sowieso nicht gelingt. Einschließlich Sex. In seinem Innersten ist er davon überzeugt, daß – sollte er es tatsächlich schaffen, eine Frau in sein Bett zu locken – sein Penis nicht groß oder steif genug, und er selbst nicht ausdauernd genug wäre. Müßig zu sagen, daß seine verdrießlichen Prognosen normalerweise eintreffen.

Die launische Penis-Persönlichkeit
Grob und unverschämt, ein streitsüchtiger Typ, der den Penis überall dort hineinstecken möchte, wo er nicht erwünscht oder man noch nicht bereit ist, ihn zu empfangen. Die Dinge müssen so laufen, wie er es will; zögert seine Partnerin, seinen Forderungen nachzugeben, tut er so, als würde er nachgeben. Läuft nichts, ist es immer die Schuld des anderen.

Die promiske Penis-Persönlichkeit
Er ist stets auf der Suche nach neuen Eroberungen. Aufgrund seiner Unsicherheit muß er geradezu zwanghaft

Kerben in seinen Gürtel schneiden, selbst wenn er verheiratet ist. Im Zeitalter von Aids ist dieser wahllose Charakter ein zu gefährlicher Mann, um sich mit ihm einzulassen. Ich bin sehr dafür, sexuell unternehmungslustig zu sein, und sollte die Abwechslung die Würze Ihres Lebens sein, wünsche ich Ihnen die Kraft dazu. Patienten, die bereit sind, sich wie ein Gerät jederzeit einzustöpseln, sage ich, daß ihnen auf längere Sicht Einsicht weniger Probleme und mehr Vergnügen bringt.

Die pathologisch ängstliche Penis-Persönlichkeit

Stellen Sie sich einen Penis vor, der sich ängstlich in der Hose zusammenkauert und durch den Reißverschluß lugt, um sicherzugehen, daß es ungefährlich ist, nach draußen zu kommen. Diese Persönlichkeit hat irrationale Abneigungen. Es handelt sich, auf Sexualität bezogen, zum Beispiel um eine Phobie gegenüber gewissen Gerüchen oder Haarflaum, großen Brüsten, unverschlossenen Schlafzimmern, Dunkelheit und hundert anderen Dingen. Er ist womöglich aus Angst vor Krankheiten wie versteinert – nicht nur vor echten Widersachern wie dem HIV-Virus, sondern jedwedem denkbaren Keim in der Umwelt. Er hat zum Beispiel Angst vor Vaginas und fürchtet sich davor, daß sie ihn wie eine Venusfliegenfalle in einer Schlinge fängt (dies ist keine Übertreibung, da ich einige Patienten mit dieser bizarren Phobie hatte). Jede Art irrationaler Angst hält einen Mann davon ab, Sex selbstverständlich zu genießen, wie ja auch jemand mit Höhenangst vielgeschossige Gebäude meidet.

Die wählerische Penis-Persönlichkeit

Er ist halsstarrig und engherzig, und die Benutzung seines Penis ist sein ganzer Genuß. Alle Umstände müssen stimmen, bevor er funktionieren kann. Seine Partnerin muß eine bestimmte Größe und eine bestimmte Figur haben, sie muß alles auf seine Weise tun. Was sie möchte, spielt keine Rolle. Empfänglich ist er nur für eine geringe Bandbreite von Reizen. Betrachte ich ihn als Patienten, sehe ich einen extremen Dickkopf. »Verwirren Sie mich nicht mit Fakten«, ist seine Einstellung, selbst wenn es um seine Gesundheit geht.

Die rammende Penis-Persönlichkeit

Diese Planierraupe nähert sich einer Vagina in der Art des Bauarbeiters, der um sieben Uhr morgens den Zement vor Ihrem Haus mit einem Preßlufthammer bearbeitet. »Zack, bumm, danke, gnädige Frau«, ist noch eine Untertreibung. Roh und plump wie er ist, hat er für Romantik oder ein Vorspiel keine Zeit. Er stößt, dringt ein und macht seinen Stich, und manchmal verletzt er sogar seine Partnerin. Das heißt nicht, daß er besessen oder sadistisch ist; er könnte in der Tat gar ein Schmusekater sein, aber nehmen Sie sich vor ihm in acht, wenn er erregt ist. Mit ein bißchen Glück angelt er sich jemanden, der diese Annäherung genießt (meiner Erfahrung nach gibt es wirklich für jeden eine passende Ergänzung), aber jede Frau, die sich mit so einer Ramme wiederfindet, ist gut beraten, ihn zu beruhigen, bevor sie mit ihm ins Bett geht, es sei denn, sie genießt es, sich wie ein Trampolin zu fühlen.

Die perverse Penis-Persönlichkeit

Es ist mit Sicherheit nicht meine Aufgabe, irgendeine Form von Sexualität mit dem Etikett der Perversion zu versehen. Meiner Erfahrung nach ist des einen Perversion des anderen Freude; solange niemand dabei verletzt oder mißbraucht wird, habe ich weder weltanschauliche noch medizinische Einwände gegen einen von der Übereinstimmung zwischen zwei Erwachsenen getragenen Sexualakt. Ich habe eine Penis-Persönlichkeit beobachtet, die sich nur zu Liebesakten hingezogen fühlt, die auf der Kippe stehen. Er wird von Dingen erregt, bei denen die meisten zusammenzucken würden und zu deren Genuß sein Partner verführt oder gezwungen wird. Er erinnert mich an die Frau aus Woody Allens »Was Sie schon immer über Sex wissen wollten (aber nie zu fragen wagten)«, die Sex nur in der Öffentlichkeit, also mit dem Risiko, beobachtet zu werden, haben konnte.

Die hochtrabende Penis-Persönlichkeit

»Schau mich an. Bin ich nicht wer?« verkündet dieser Typ. Ich glaube an den Penis-Stolz; jeder Mann sollte ihn haben. Aber dieser spezielle Mann überschreitet die Grenze zum Narzißmus. Er prahlt in Umkleideräumen mit Märchen von seinen Eroberungen und ungeheuren Heldentaten. Selbst wenn es sich um die Wahrheit handeln sollte, was selten genug vorkommt, schließen Zuhörer aus seinem widerlichen Benehmen auf einen Schwindler. Wie es für Millionäre angebracht ist, nicht mit ihrem Wohlstand zu prahlen, prahlen auch Männer von wahrer Penis-Power nicht mit ihren sexuellen Meisterleistungen. Daher stellt sich dieser arrogante, wichtige Typ Frauen gegenüber falsch dar. Als ein Geschenk Gottes stellt er sich vor und verspricht eine wonnige Nacht, kann es aber nicht immer umsetzen. Der Penis ist ein großer Ausgleicher; in der Anatomie des Mannes ist er der ehrlichste Teil.

Die professionelle Penis-Persönlichkeit

Hierbei handelt es sich um eine männliche Prostituierte, um einen Gigolo, wenigstens also um eine sehr ungesunde Lebensweise, wenngleich sie interessante Persönlichkeiten sind. Sie vertrauen bis zur Arroganz auf ihre Sexualität und wissen, wie sie ihre Kraft anwenden können. Unter diese Kategorie fällt für mich auch der Zuhälter. Im Laufe der Jahre habe ich einige Zuhälter behandelt, und viele haben mich fasziniert, obwohl ihr Verhalten tadelnswert ist. Sie besitzen die unheimliche Fähigkeit, Frauen magnetisieren zu können. Trotz hochgradiger Mißhandlung und Ausbeutung erwecken ihre Frauen den Anschein, gern Geld nach Hause zu bringen und nach einer langen Nacht des Dienstes an ihren Kunden mit dem Zuhälter zu schlafen. Im Umgang mit diesen Klienten habe ich mich nicht selten dabei ertappt, daß ich mir wünschte, ihre positive Einstellung dem Penis gegenüber könnte auf Männer übertragen werden, die sie besser einzusetzen wüßten.

Die Ersatz-Penis-Persönlichkeit
Heimlicher Sex mit einer Frau, die ihrem Mann oder Geliebten Hörner aufsetzt, erregt ihn. Er ist abrufbereit, ein Mann, der verstohlene Anrufe und aufreizende Einladungen erhält, wenn der Mann aus der ersten Reihe nicht in der Stadt weilt. Oder er hat kurzlebige Affären mit verlassenen Frauen, die jemanden brauchen, bis die nächste Beziehung des Weges kommt. In den seltensten Fällen führt er eine zufriedene, langdauernde Beziehung, und, während er als Auswechselspieler möglicherweise seinen Spaß hat, wird es ihm auf der Ersatzbank einsam.

Die fromme Penis-Persönlichkeit
Er könnte Pfarrer, Priester, Rabbi oder Mullah sein, oder auch ein devoter Laie, der schriftkonform zu leben versucht. Aus religiösen Gründen enthaltsam lebende Männer neigen meiner Erfahrung nach dazu, von Konflikten zerrissen zu werden. Als Wissenschaftler fällt es mir

schwer, zu begreifen, wie ein Mann dem natürlichen Sexualtrieb widerstehen kann, ohne an schwächenden Folgeerscheinungen zu leiden. Sie haben physiologisch die gleichen Bedürfnisse wie jeder andere auch. Nichtsdestotrotz sind viele fromme Männer in der Lage, ihren Penis unter der Decke zu lassen und ihr Gelübde aufrechtzuerhalten, während sie gleichzeitig Sympathie und Toleranz gegenüber liberaleren Auffassungen zeigen. Diese Männer verdienen und haben meine Hochachtung. Ein Mann aber, der um die Unterdrückung seiner Sexualität ringt und sich durch die Bürde, an der er trägt, quält, ist zu bedauern. Und der fromme Heuchler, der umherspringt, während er ›Sünder‹ mit Feuer und Schwefel bedroht, verdient weder Respekt noch Mitleid.

Die Seifenblasen-Penis-Persönlichkeit

Er lebt in der Traumwelt eines ewigen Jugendlichen, in der er eine Kombination aus James Bond und Long Dong Silver ist, wo makellose Frauen nach ihm gieren und er ihre verborgenen Sehnsüchte befriedigt. Tatsächlich findet sein einziger befriedigender Sex oberhalb seines Nackens statt; seine Gedanken sind jugendgefährdend, sein Penis aber familientaugliches Fernsehprogramm. Begegne ich solchen Männern, versuche ich sie davon zu überzeugen, stolz auf das zu sein, womit Gott sie ausgestattet hat. Gehen sie damit vernünftig um und nehmen dankbar die sich ihnen tatsächlich bietenden sexuellen Gelegenheiten an, haben sie es nicht nötig, Phantasien nachzuhängen, die sich niemals erfüllen werden

Die pharmazeutische Penis-Persönlichkeit

Manche Männer benötigen Medikamente, bevor sie befriedigenden Sex haben können. Es handelt sich meist um einige Drinks, Tranquilizer oder einige Züge Marihuana, die enthemmen. Andere wieder glauben, sie *brauchen* an sich keine Drogen, zögen es aber vor, sie zu nehmen; sie wenden sich ihnen zu, um sich empfindsamer zu machen, ganz gleich, ob die Droge ihrer Wahl nun Kokain, Amphetamine, Amylnitrate oder etwas anderes ist. Dieser Typ wird leicht von Substanzen mit schädlichen Nebenwirkungen abhängig, auf lange Sicht wird die Penis-Kraft geschwächt. Ich versuche sie von dem illusorischen Nutzen von Drogen und Alkohol zu überzeugen und sage ihnen, daß alles wunderbar ohne diese Helfer funktionieren wird.

Die beleidigte Penis-Persönlichkeit
Dieser Mann hat einen Haß auf die Welt oder vielleicht nur auf die halbe Welt: Frauen. Ablehnungen, die er oft erfährt, kann er nicht ertragen, genausowenig wie ehrliche Gefühle. Geht etwas schief, liegt es an allen anderen, nur nicht an ihm selbst. Seine Feindseligkeit drückt sich sexuell auf vielfältige Weise aus. Er befriedigt sich womöglich selbst, ohne Erwiderung gegenüber seiner Partnerin, oder zwingt sie, Dinge gegen ihren Willen zu tun; er verspricht alles, um jemanden ins Bett zu locken, offenbart dann seine Lügen und haut ab; er kann seine Partnerin absichtlich verletzen und so tun, als wäre es ein Unfall. Obwohl Sex innerhalb einer gut funktionierenden Partnerschaft ein Ventil sein kann, seinen Ärger und Frust abzureagieren, rate ich Frauen, Männer zu meiden, für die Sexualität gleichbedeutend mit Feindseligkeit ist.

Die traurige Penis-Persönlichkeit
Ein berechnender Typ, der Nehmen und Geben gegeneinander aufrechnet und die Summe anhand seines Ge-

rechtigkeitsverständnisses auswertet. Beim Sex bin ich sehr für Fair play. Die klagende Penis-Persönlichkeit hat aber ihre eigenen Gesetze. Kommt er zu kurz, prozessiert er: »Ich habe dies und jenes für dich getan. Tue nun X, Y und Z für mich. Zu meiner Verwunderung kann es tatsächlich zum Prozeß kommen: Einer meiner Patienten zitierte seine Frau vor Gericht, da sie ihm das Recht auf mehr und besseren Sex verweigert habe. Sie widersprach mit der Behauptung, er hätte sich nicht unter Kontrolle und würde chronisch vorzeitig ejakulieren.

Die nüchterne Penis-Persönlichkeit

Seine Sache ist die Missionarsstellung. Er ist phantasielos, mechanisch, gänzlich ohne jede Spontanität – die sexuelle Entsprechung eines vollautomatischen Fotoapparates, der all das tut, was ihm einprogrammiert wurde. Ein durch und durch nüchterner Mann würde, schlüge seine Frau vor, einen späteren Zug zu nehmen und dafür noch schnell einen Quicky in der Küche einzuschieben, denken, sie hätte zu viele Romane gelesen. Ich versuche, meistens erfolglos, diese Männer zum Loslassen zu bewegen.

Die politische Penis-Persönlichkeit

Ein Chamäleon mit dem unfehlbaren Dreh, Ihnen das zu erzählen, was sie hören wollen. Seinen Charakter paßt er jedem denkbaren Umstand an. In den seltensten Fällen aber wird er seinem selbst verbreiteten Ruf gerecht. Hat dieser Typ eine Machtposition inne, wird er nicht zögern, sie im Sinn seines Penis auszunutzen oder seinen Penis zur Verbesserung dieser Position zu verwenden. Könnte er sich auf seine Art nach oben schlafen, so wäre er erfreut. Bekäme er eine leichtgläubige, ambitionierte Frau durch das Versprechen eines aussichtsreichen Platzes auf der Karriereleiter – oder, indem er sie zur Küchenhilfe degradierte –, er würde nicht eine Sekunde zögern, dies auch zu tun. Sexuelle Belästigung ist seiner Meinung nach nur ein Absatz im Gesetz des Dschungels.

Die erschöpfte Penis-Persönlichkeit
Zack bumm. Dieser Typ braucht lange Ferien. Er ist so müde, ausgebrannt und hinkt genauso wie sein Penis. Über dieses Syndrom beklagen sich bei mir mehr Frauen als über jedes andere. Diese Ehemänner sind typischerweise von mittlerem Alter, überarbeitete und gestreßte Berufstätige – Richter, leitende Angestellte und auch einige meiner Arztkollegen. Sie arbeiten zuviel, überfrachten ihre Schultern mit zu vielen Bürden, und es bleibt ihnen zuwenig Zeit für die älteste und einfachste Form der Regenerierung. Gäbe es einen Weg, miteinander zu schlafen, während man Drinks mixt, einen Klienten berät oder ein Geschäft abschließt, täten sie es öfter. Wenn sie aber endlich nach Hause kommen, können sie kaum einen Finger rühren, geschweige denn ihren Penis. Diesen Männern sage ich: »Wenn Sie zu beschäftigt für Sex sind, sind sie wirklich zu beschäftigt.«

Die in Gedanken verlorene Penis-Persönlichkeit
Wäre die oben beschriebene Persönlichkeit anders, so wäre sie in Gedanken verloren. Dieser Typus hat Sex per Autopilot; mit seinen Gedanken ist er nie dort, wo er gerade sein sollte. Er sollte auf seinen Penis, seine Lippen, Hände oder wo auch immer er sich auf dem Körper seiner Geliebten gerade befindet, konzentriert sein, statt dessen ist er mit seinen Gedanken im Büro oder beim Fußball und versäumt den besten Sport der Welt, der nicht vom Fernsehen übertragen wird.

Die paranoide Penis-Persönlichkeit

Dieser Mann ist so mißtrauisch, daß er bei einer Frau, die gern mit ihm ins Bett ginge, unterstellt, sie habe Hintergedanken. Was will sie wirklich? Überwindet er diese Hürde, macht er sich Gedanken über ihren Vater, ihre Mitbewohner, ihren Exehemann, ihre Katze oder anderes, was ihm bedrohlich erscheint. Sie könnte ihm namentliche Tests des Gesundheitsamtes vorlegen, und er würde sich immer noch Sorgen über Keime machen, die er bei ihr aufschnappen könnte. Gott hat seiner Ansicht nach Geschlechtskrankheiten nur erschaffen, damit gerade er sich infiziert. Unglücklicherweise lebt niemand, der so ängstlich ist, seine Sexualität voll aus.

Die verzärtelte Penis-Persönlichkeit

Diese Primadonna glaubt auf eine Sonderbehandlung Anspruch zu haben. Sie erwartet von ihrem Penis, daß er sich erhebt und das Lied aus Funny Girl singt: Tu es für mich, hebe mich hoch und trage mich. Nun ja, ich glaube schon, man sollte viel Aufhebens um den Penis machen, er sollte das Zentrum der Aufmerksamkeit sein. Aber Verzärtelung einzufordern ohne etwas zu erwidern oder sich dankbar zu zeigen, das ist beileibe kein Zeichen positiver Penis-Power.

Die zaudernde Penis-Persönlichkeit

Warum an Ort und Stelle Sex haben, wenn man es getrost auf morgen verschieben kann. Das ist der Zauderer. Niemals ist es der richtige Zeitpunkt, Ort oder Partner. Möchte er jemanden wirklich haben, bricht er so lange den Kontakt zu ihr ab, bis sie höchstwahrscheinlich vergessen hat, wer er überhaupt war. Der Zauderer ist eigentlich nicht träge, er ist einfach nur ängstlich. Er fürchtet sich so sehr vor dem Versagen seines Penis, daß er es nicht schafft, sich der Herausforderung zu stellen.

Die liederliche Penis-Persönlichkeit
Es ist nicht möglich, seinen Penis durch Ausübung dessen, was sein Zweck ist, abzunutzen. Aber Sie können durch Zügellosigkeit andere Körperpartien beschädigen. Der liederliche Typ führt ein ausschweifendes Leben, ist extravagant und ziemlich zügellos. Natürlich ist alles relativ: Was für einen älteren liederlich ist, mag für einen jungen und gesunden Menschen ein harmloses Vergnügen sein. Folgen Sie aber ihrem Penis so weit, daß Sie nicht mehr essen oder schlafen, Ihre Familie oder Ihren Beruf aufs Spiel setzen, sind Sie bereits zu weit gegangen.

Die besitzergreifend Penis-Persönlichkeit
»Schläfst du mit mir, so gehörst du mir.« So lautet die Einstellung der besitzergreifenden Persönlichkeit. Er möchte keine Geliebte, sondern eine Sklavin. Ansprüche anzumelden und auf Treue zu bestehen, ist kein Zeichen von Schwäche, er aber versucht, das Leben seiner Partnerin – und jeden Aspekt ihrer Sexualität – zu dominieren und zu kontrollieren.

Die pornographische Penis-Persönlichkeit
Ich habe nichts gegen Pornographie, wenn Ihnen der Sinn danach steht. Sie kann ein nützliches und lustiges Mittel sein, eine Partnerschaft gelegentlich wieder interessant zu machen. Ein pornographischer Penis braucht aber erotisches Material, um zum Leben erweckt zu werden. Ein warmer Körper stimuliert ihn nicht so wie ein bewegtes Bild oder eine erotische Passage aus einem Buch. Eigentlich denke ich, daß – medizinisch und mo-

ralisch – alles, was sie erregt, in Ordnung ist. Meinen Patienten rate ich aber immer, sich möglichst der Realität zuzuwenden und nicht zu sehr der Phantasie nachzuhängen.

Wie ich bereits gesagt habe, ist das Ziel, nach dem Männer sich orientieren sollten, Zahl und Intensität dieser negativen Charakterzüge zugunsten positiver Attribute zu reduzieren. Folgen Sie den Ratschlägen dieses Buches, und sie werden genau das erreichen. Aber ich habe bisher noch nicht die ultimative Bestrebung beschrieben, nämlich die Penis-Persönlichkeit, die alle anderen weit überragt: den superpotenten Mann. Er verdient ein eigenes Kapitel.

3

DER SUPERPOTENTE MANN

Als Urologe bin ich in die intimsten Einzelheiten aus dem Privatleben Tausender von Patienten einbezogen worden, darüber hinaus haben Kollegen, Freunde und Familienmitglieder meine Neugier und meinen Beruf ausgenutzt, ihr Sexualleben zu besprechen. Diese gesammelte Erfahrung versetzt mich in die Lage, das Porträt einer besonderen Penis-Persönlichkeit zu entwerfen: der superpotente Mann. Bei der Beschreibung seiner Attribute werden Sie womöglich denken: »So kann ich nicht sein. Ich werde nie so werden«. Dazu kann ich nur sagen: Unsinn! Denn gerade diese negativen Gedanken halten Sie davon ab, all Ihre Penis-Power auszuleben. Superpotenz ist meiner Ansicht nach ein Geburtsrecht. Man sollte es als Normalität, nicht als eine Ausnahme verstehen, ein jeder Mann kann sich diese Kraft aneignen. Und wenn Sie dieses Buch nach der Lektüre niederlegen, sollten Sie auf dem besten Weg dorthin sein. Superpotenz ist die logische Folge einer positiven Einstellung Ihnen selbst, Ihrem Penis und Ihrer Sexualität gegenüber.

Nach vitalen Männern dreht man sich um, sie wirken anziehend, und starke Männer betrachten sie mit Bewunderung und Achtung, während schwächere Männer womöglich vor Ehrfurcht ergriffen sind oder sich eingeschüchtert fühlen. Von solch einem Mann fühlen sich Frauen erregt, da sie seine Kraft, ob bewußt oder unbewußt, erkennen. Sie fühlen sich körperlich zu ihm hingezogen. Blicken sie sich auf dem Markt der Sexualität und

Romantik um, so gehört er zu den aussichtsreichsten Kandidaten. Er regt Phantasien an. Diese Männer haben das gewisse Etwas. Sie können es nun Präsenz, Sex-Appeal oder eben *Es* nennen – ich nenne es Penis-Power.

Lassen Sie mich anfangs eindeutig feststellen, daß Penis-Power nichts mit Aussehen oder Stand zu tun hat. Superpotente Männer sind nicht notwendigerweise im üblichen Sinn stattlich. Sie müssen beileibe keine Muskelmänner sein. Sie können der klassische, gutaussehende Typ sein, allerdings ist dies keine Voraussetzung. Es gibt stattliche Männer mit und ohne Penis-Power. Es gibt hausbackene Männer mit und ohne Penis-Power. Offensichtlich spricht einiges für einen Mann, der sowohl Aussehen und Superpotenz auf sich vereint, aber zwischen einem stattlichen Mann, der sie nicht hat, und einem hausbackenen Mann, der sie hat, wird letzterer Frauen eher anziehen und ein allgemein befriedigenderes Leben führen.

Betrachten Sie sich einmal bestimmte Filmstars, die für sexy gehalten werden; von diesen sind einige nicht unbedingt fotogen, nehmen Sie zum Beispiel den französischen Schauspieler Gérard Depardieu. Er ist ein fleischiger Typ mit einem großen Bauch, einem teigigen Gesicht und einer Nase in Übergröße. Und dennoch kann man seinen Sex-Appeal nicht von der Hand weisen. Ich kenne ihn nicht persönlich, würde aber wetten, daß er im Besitz von reichlich Penis-Power ist. Oder Jack Nicholson: Er ist beinahe kahlköpfig, hat einen Schmerbauch, unheimliche Augenbrauen und ein Gesicht, das kein griechischer Bildhauer als Modell verwenden würde. Aber er hat etwas an sich, das Frauen unwiderstehlich finden. Dann gibt es noch Carlo Ponti, einen Filmproduzenten, der vor dreißig Jahren ein kleiner, kahler, gewöhnlich aussehender Mann war, der letzte, von dem Sie erwarten würden, ihn mit einer prächtigen, begabten, sinnlichen Frau zu sehen. Ponti aber ehelichte die zu ihrer Zeit vielleicht begehrteste Frau der Welt, Sophia Loren, mit der er bis heute verheiratet ist.

Ebenso gibt es eine Vielzahl von Beispielen prächtiger Muskelmänner, die jedem ästhetischen Kriterium genügen, aber keine Aufmerksamkeit erregen und nicht unbedingt sexy sind. Ich erinnere mich, als eines Tages ein unglaublich gebautes Exemplar in meine Praxis trat. Er war Profiathlet mit einem Körper aus soliden Muskeln und einem Gesicht, das sie eher auf einem Titelbild von ›GQ‹ suchen würden. Da ich annahm, er wäre genau der Typ, dem Frauen zu Füßen lagen, neckte ich meine Sekretärinnen, indem ich fragte, welche ihn gern kennenlernen würde. Keine meldete sich. »Es ist alles äußerlich«, erklärte eine der Frauen. »Er hat *Es* einfach nicht.« Der springende Punkt ist, daß Superpotenz mit Aussehen nichts zu tun hat; jeder Mann, der Penis-Power entwickelt, wird herausfinden, daß er vor seinem inneren Auge besser aussieht und sein Körper auf einmal mehr Appeal hat.

Es hat genausowenig mit Wohlstand oder sozialer Stellung zu tun. Superpotente Männer sind meist auf ihrem Betätigungsfeld recht erfolgreich, da ihre persönlichen Qualitäten ihre Leistung begünstigen. Aber nicht alle sind wohlhabend oder verfügen über Status. Sicher wenden sich viele Frauen nur deshalb Männern zu, weil sie reich und mächtig sind, dieser Appeal ist aber in der Regel oberflächlich und wird nicht in tatsächliche Penis-Power umgesetzt. Parkt erst einmal das tolle Auto in der Garage in Beverly Hills, hängt der Zweitausenddollaranzug im Wandschrank und hat man die seidene Unterwäsche abgelegt, so kann durchaus der reiche Mann weniger potent erscheinen als der sich in einer Dachstube mühende Künstler oder der Fließbandarbeiter in seinem Reihenhaus. Penis-Reichtum kommt von innen. Die einzige, tatsächlich ins Gewicht fallende Art Vermögen ist eine Haltung zum eigenen Reichtum und dem der eigenen Sexualität.

Zu meinen Patienten und Bekannten zähle ich einige der wohlhabendsten und einflußreichsten Leute der Gesellschaft. Viele von ihnen haben Penis-Power im Überfluß, manche aber haben Kraft nur in ihrem Büro und werden zu Hause von Penisschwäche und persönlichen Unsicherheiten heimgesucht. Gleichzeitig kenne ich ganz durchschnittliche Männer, die ein bescheidenes Leben führen, aber von Kopf bis Fuß superpotent sind. Penis-Power leitet sich nicht von Villen, Yachten und Juwelen ab, sie kommt vom Herzen und aus der Seele eines Mannes. Sie ist bei weitem wertvoller als der kostbarste Luxus.

Penis-Power handelt von den inneren Qualitäten. Es folgen nun die hauptsächlichen Charaktereigenschaften superpotenter Männer. Sie liegen innerhalb der Möglichkeiten jedes Mannes. Ich schlage Ihnen vor, daß Sie sich bei der Lektüre fragen, inwieweit sie diese Charakterzüge bereits besitzen. Entdecken Sie einen Mangel, so machen Sie es sich doch zur Aufgabe, diese Züge an Ihnen als Teil Ihrer Bemühung um Penis-Power zu entwickeln.

Der superpotente Mann strahlt Selbstvertrauen aus

Wahrscheinlich handelt es sich hierbei um das wichtigste Attribut. Sie müssen an sich selbst glauben, um Penis-Power zu haben. Sie müssen das Gefühl haben, all das zustande zu bringen, was Sie sich vornehmen. Superpotente Männer wissen, wer sie sind, akzeptieren, wer sie sind, und mögen sich so, wie sie sind. Sie sind mit sich und ihrem Platz in der Welt zufrieden. Sie verfügen über diese gewisse Zufriedenheit, die Sie bei Männern, die in Selbstzweifel verstrickt sind, nicht finden werden. Gleichzeitig ruhen sie sich nicht auf ihren Lorbeeren aus und sind auf das Leben neugierig. Sie lieben neue Herausforderungen und Abenteuer und verfolgen ihre Interessen und Ambitionen mit Leidenschaft und Überzeugung.

Der superpotente Mann bringt sein Potential voll zum Ausdruck

»Was haben Sie noch nie getan, würden es aber gern einmal?« frage ich oftmals Männer. Dabei habe ich festgestellt, daß superpotente Männer meist zuerst eine Weile nachdenken müssen, bevor sie eine Antwort finden. Vielleicht erwähnen sie dann einige wenige Dinge, allerdings fehlt ihnen dabei deutlich jene Unruhe, die im Gegensatz dazu Männer mit wichtigen unerfüllten Sehnsüchten an sich haben. Superpotente Männer haben nicht den Wunsch, andere Dinge getan zu haben als die, die sie bereits verwirklicht haben. Im großen und ganzen haben sie an einem gewissen Punkt ihres Lebens ihre selbstgesteckten Ziele erreicht, da sie ihr Potential in jeder Hinsicht voll ausleben.

Ein Kollege von mir, meiner Einschätzung nach von enormer Penis-Power, hat diese Einstellung sehr gut verkörpert. Eines Morgens fuhren wir mit einem Schlepplift, als ich ihn nach Dingen fragte, die er nie getan hätte, aber gern nachholen würde. Die Luft war kristallklar, und der Himmel hatte die Farbe eines blauen Eichelhähers. Goldene Sonnenstrahlen tanzten auf dem weißen Hang.

Während mein Freund nachdachte, schweifte sein Blick über diese herrliche Szenerie. Endlich antwortete er. »Natürlich würde ich gern noch einiges tun. Müßte ich aber heute sterben, ich würde nichts bedauern.« Der springende Punkt dabei ist, daß es superpotenten Männern gelingt, alles zu sein, was sie sein können.

Der superpotente Mann verfügt über ein gesundes Selbstwertgefühl

Ganz im Gegenteil zu Männern, die selbstsicher scheinen, tatsächlich aber ein zerbrechliches Ego haben, benötigen superpotente Männer nicht die ständige Bestätigung durch ihre Umgebung. Sie sind sich ihrer sicher und müssen nicht beständig ihren Wert beweisen oder ihre Penis-Power an den Tag legen. Sie sind stolz, aber keineswegs narzißtisch oder arrogant, was aber nicht bedeutet, den eigenen Schwächen gegenüber blind zu sein. Männer mit Penis-Power sind sicher genug, um sich selbst ehrlich zu sehen. Ist Ihnen diese grundlegende Selbstakzeptanz zu eigen, können Sie sich ihren Makeln und Schwächen anpassen, ohne sie zu leugnen oder überzukompensieren, und Sie werden keinem Minderwertigkeitsgefühl unterliegen.

Der superpotente Mann denkt positiv

Ihr Glas ist halb voll, nicht halb leer. Jede Situation kann verschiedenartig interpretiert werden: Sie können sich dafür entscheiden, im trüben Wasser ihrer Gedanken zu waten oder sich im Strom der Gedanken, die zu einem schöneren Platz fließen, freischwimmen. Dies bedeutet nicht, daß Sie gute Miene zum bösen Spiel machen sollten, es bedeutet keinen Rückzug in Zynismus oder Verzweiflung. Männer mit Penis-Power nehmen, egal was geschieht, die Dinge so, wie sie sind, erkennen in jeder Situation das für sie Nützliche und Hoffnungsvolle und versuchen, es zu ihrem Vorteil umzumünzen. Seien Sie kühn in Ihrem Streben und ungeduldig mit Neinsagern.

Der superpotente Mann ist ein Gewinner

Legen Sie Ihr Herz und Ihre Seele in all Ihr Streben. Männer mit Penis-Power genießen Herausforderungen auf eine gesunde Weise. Sie sind gern der erste, aber im Sport sind sie beim Verlieren groß, da sie wissen, daß sie ihr Bestes gegeben haben. Ihr Selbstwert hängt nicht davon ab, jedesmal die Nummer eins zu sein. Sie lernen, Herausforderungen nicht um des Ergebnisses willen anzunehmen, sondern wegen der puren Erheiterung des Strebens an sich; eine befriedigende Erfahrung kann ebenso wichtig sein wie ein günstiges Ergebnis. Es geht darum, sein Bestes zu versuchen. Geht es daneben, springen superpotente Männer schnell zurück; sie denken nicht an Rückschläge oder Versagen. Sie beurteilen ihr Handeln ehrlich und klar, lernen aus ihren Fehlern und fügen die Teile mit neuer Entschlossenheit wieder zusammen.

Der superpotente Mann ist mutig

Kommt es hart auf hart, ist der superpotente Mann derjenige, den Sie sich an Ihrer Seite wünschen. Sie können großartig mit Druck umgehen. Sie bewahren ihre Besonnenheit und zögern nicht, die Verantwortung in einer

Krisensituation zu übernehmen. Ob sie nun ein Führer im normalen Wortsinn sind oder nicht, ist unwichtig, vielleicht sind Sie nicht in einer Position der Autorität. Kommt es aber hart auf hart, möchten Sie der sein, der das Rezept kennt, Angst und Anspannung in positive Motivation und effektives Handeln zu verwandeln.

Der superpotente Mann ist emotional ausgeglichen

Sie haben wenig Angst, sind selten nervös und leiden nicht an Schlafstörungen, sind nicht anfällig für irrationale Ängste oder kleinliche Animositäten oder leiden an der Bürde von Schuld- oder Schamgefühlen. Sie sind selten depressiv. Sicher, wenn Ihnen das Leben einmal so richtig zusetzt, ist es angemessen, traurig zu sein. Es ist vollkommen in Ordnung, verwundbar und von Verlusten und Trauer betroffen zu sein. Sind Sie aber ein Mann mit Penis-Power, gehen Sie nicht an sich selbst zugrunde und lassen es nicht zu, sich als Opfer zu fühlen.

Der superpotente Mann ist glücklich

Sie genießen das Leben in vollen Zügen. Was auch immer Sie tun, wo auch immer Sie sind, seien Sie ganz und gar dort. Genießen Sie den ganzen Wert des Augenblicks. Normalerweise führt Penis-Power zu einem wunderbaren Sinn für Humor. Sie brauchen nicht lustig oder ein funkelnder Witzbold zu sein, Sie können genausogut still und zurückhaltend sein. Ein gewisses Aufblitzen bei einem superpotenten Mann verrät aber: »Ich nehme mich oder das Leben nicht zu ernst.« Wenn Sie lernen, die Ironie und Absurdität des Lebens richtig einzuschätzen, können Sie über Ihre eigenen Schwächen so überschwenglich lachen wie über einen guten Witz.

Der superpotente Mann ist stimmig

Anders als eindimensionalen Männern bieten ihnen alle Aspekte des Lebens Freude. Sie gehen jede Aktivität mit Erregung, Begeisterung und Wertschätzung an.

Der superpotente Mann hat wertvolle Beziehungen

Dies gilt zugleich für Beruf und Privatleben. Männer mit Penis-Power wissen wie alle Gewinner, daß sie andere Menschen brauchen, während Verlierer, wie mir ein befreundeter Psychologe einmal sagte, andere Menschen benutzen. Meiner Erfahrung nach behandeln superpotente Männer andere Leute mit Respekt und verlangen deshalb im Gegenzug dasselbe von ihren Mitmenschen. Sie verfügen typischerweise über gewissen Charme und Leichtigkeit in gesellschaftlichen Situationen, und gegenüber den Gefühlen anderer verhalten sie sich empfindsam.

Diese generellen Qualitäten superpotenter Männer sind jederzeit erreichbar, wenn Sie Ihre Meinung über sich und ihre Einstellung anpassen. Lassen Sie uns nun die Haltung und das Verhalten des superpotenten Mannes betrachten, soweit sie die Sexualität betreffen. Wie ich zuvor bereits sagte, kann man nicht genau definieren, was an erster Stelle steht, die Gesamtpersönlichkeit oder die

Charakterzüge des Penis. Aber ich stelle unmißverständlich fest, daß zwischen beidem eine kraftvolle Verbindung besteht.

Der superpotente Mann unterhält eine symbiotische Beziehung zu seinem Penis

Betrachten Sie Ihren Penis unbedingt als einen Ihrer wesentlichen Bestandteile. Auf gewisse Weise ist er tatsächlich ihr lebenswichtigstes Organ. Lebenswichtig nicht im selben Sinn wie es Ihr Herz, Ihre Lungen oder Nieren sind – da sie höchstwahrscheinlich sterben, wenn diese nicht mehr funktionieren –, aber lebenswichtig in dem Sinn, daß Ihr Penis der Ausdruck Ihres Temperaments und Ihrer Individualität ist. Das positive Penis-Bild des superpotenten Mannes stimmt mit dem positiven Bild, das er ganz allgemein von sich hat, überein. Er liebt und respektiert seinen Penis und behandelt ihn gut. Er weiß, daß sein Penis für sich selbst sorgen kann und macht sich daher nie Sorgen um ihn. Seien Sie stolz auf Ihren Penis. Er ist Ihr Freund.

Lassen Sie mich den Mann mit Penis-Power von anderen abgrenzen, die nur scheinbar diese Charakteristika erfüllen. Der superpotente Mann ist von seinem Penis nicht besessen und wird nicht von ihm dominiert. Besessenheit ist ein Zeichen von Penisschwäche. Lassen Sie es mich so sagen: Treffen Sie auf einen offensichtlich penisbesessenen Mann, der von seinem Penis wie ein Sklave herumgeführt wird, ist er in aller Regel nicht superpotent. Wahrscheinlich ist die Verbindung zwischen ihm und seinem Penis gekappt, oder er steht in Konflikt mit ihm. Er ist zu bedauern, nicht zu bewundern. Männer auf dem Höhepunkt ihres Lebens und ihrer Sexualität – Männer mit Penis-Power – wirken normalerweise nicht penisorientiert. Tragen Sie Ihren Penisstolz mit Würde. Sie müssen nichts beweisen, wie Sie auch nichts zu verstecken haben.

Es ist also wichtig zu erkennen, daß Superpotenz nichts mit der Größe oder der Erscheinung Ihres Penis zu tun hat. Einem Mann mit Penis-Power hängt weder eine goldene Rute noch ein magischer Zauberstab zwischen seinen Beinen, und als Urologe kann ich Ihnen versichern, daß der Penis eines superpotenten Mannes keine besonderen Eigenschaften aufweist, die ihn von den Penissen aller anderen unterscheiden. Die Unterschiede liegen allein im Kopf – und im Herzen.

Der superpotente Mann besitzt ein hochgradiges Penisbewußtsein

Wer sich kennt, versteht seinen Penis. Eignen Sie sich Wissen über die Anatomie und Physiologie des Penis an. Lernen Sie die Vorlieben und Abneigungen, die Kniffe und Schwächen Ihres einzigartigen Penis kennen. Ihr Wille bestimmt Ihren Penis. Er verhält sich anders, wenn Sie müde oder verärgert sind, als er sich verhält, wenn Sie energiegeladen und unternehmungslustig sind. Der Penis bringt Ihre Wut auf Ihren Partner zum Ausdruck, wie er als Ihr Gesandter, ›Mr. Happy‹, andererseits Bewunderung überbringt. Penisbewußtsein bringt eine reibungslose und harmonische Wechselwirkung zwischen Verstand und Penis zustande. Generell tut der superpotente Penis das, was sein Besitzer von ihm erwartet, er verhält sich so, wie Sie sich sein Benehmen wünschen. Er ähnelt einem verläßlichen Geschäftspartner, und es ist sehr unwahrscheinlich, daß er Sie enttäuschen oder unangenehm überraschen wird.

Der superpotente Mann führt ein außerordentlich befriedigendes Sexualleben

In Statistiken würden superpotente Männer in den Kategorien ›Häufigkeit des Geschlechtsverkehrs‹ und ›Erfüllung‹ als überdurchschnittlich aufscheinen – nicht, weil sie über begabte Penes verfügen, sondern, weil sie eine positive Einstellung zum Penis haben. Dies gilt für Singles mit verschiedenen Sexualpartnern und ebenso für monogam lebende Männer mit einem einzigen Lebenspartner. Egal, ob Sie jung und gutaussehend oder älter und durchschnittlich sind.

Jedoch ist die Feststellung wichtig, daß Penis-Power nichts mit sexuellen olympischen Heldentaten zu tun hat. Superpotente Männer treten nicht notwendigerweise an, um Häufigkeitsrekorde zu brechen oder neue Rekorde für die Anzahl von Orgasmen, die die Partnerin hat, beziehungsweise wie oft der Mann in einer Nacht kann, aufzustellen. Dies sind keine Kriterien für Penis-Power. Wären sie es, stünden Pornofilmdarsteller als Sinnbild für Penis-Power, weil sie unglaubliche Dinge vollführen, auf Befehl eine Erektion haben oder genau dann ejakulieren, wenn der Regisseur das Kommando gibt. Meiner Meinung nach sind aber Pornostars auf gar keinen Fall Männer mit Penis-Power.

Messen Sie Ihr sexuelles Selbstwertgefühl nicht nach Leistungsgesichtspunkten. Ein Mann, dessen Selbstverständnis von der Häufigkeit, mit der er punktet, oder der Großartigkeit seiner Leistung abhängt, wird mit höchster Wahrscheinlichkeit niemals den Grad wahrer Penis-Power erreichen. Sie müssen Sex als Vergnügen und nicht als sportliche Betätigung betrachten. Sex ist nicht Showbusineß. Sie brauchen nichts zu beweisen oder eine Leistung für jemand anderen zu erbringen. Sie brauchen nicht den ›Hengst‹ zu spielen und ganz sicher auch kein Don Juan oder Prahler sein. Es sollte Ihnen darum gehen, Ihren Penis so oft und auf die Weise zu benutzen, wie es für Sie und Ihre Partnerin am befriedigendsten ist. Wichtig ist, daß Ihr Penis genau dann, wenn Sie ihn zum Zuge kommen lassen wollen, gemäß Ihren eigenen Regeln funktioniert und nicht wie irgendein eingebildeter Zollstock. Ein Mann mit Penis-Power zu sein heißt, mit sich und seinem Penis zufrieden zu sein. Dies ist das beste und einzige Kriterium der Befriedigung.

Dies heißt auch nicht, daß der Penis eines superpotenten Mannes immer Höchstleistungen vollbringt. Er funktioniert einfach nur innerhalb einer ganzheitlichen Harmonie, und seine Erfolgsquote ist höher als bei den meisten Männern. Wird, wie es gelegentlich der Fall ist, ein Mann mit Penis-Power von seinem Penis im Stich gelassen, nimmt er es als Herausforderung an. Sie sollten verstehen, daß dies von Zeit zu Zeit erwartet werden muß; die Gründe dafür sind von den Umständen abhängig und nicht im Organismus begründet. Sie können als superpotenter Mann romantisch und idealistisch sein, weise ist es aber auch, ein Realist zu sein.

Erleben Sie eine Enttäuschung, so betrachten Sie diese nicht als Katastrophe, als persönliches Versagen oder pathologisches Zeichen. Sie sollten nicht an Ihrer Zuversicht oder Ihrer Selbstsicherheit kratzen. Ein Mann mit Penis-Power sieht Probleme eher als Witz, er findet es womöglich recht belustigend, daß er und sein Penis zeitweilig nicht übereinstimmen. Oder er betrachtet es als eine Gelegenheit, da er darauf bedacht ist, allen Herausforderungen seines Penis entgegenzutreten. Lernen Sie aus Erfahrung und gehen sie so, ohne Zögern oder Besorgnis, die nächste sexuelle Möglichkeit an.

Der superpotente Mann geht ungezwungen mit seiner Sexualität um

Er liebt Sex, denkt darüber nach. Sex ist für ihn wichtig, und er genießt ihn in vollen Zügen. Aber er macht kein großes Aufhebens darum. In dieser Hinsicht verhält sich Superpotenz wie altes Geld im Gegensatz zu den ›nouveau riche‹. Man muß nicht prahlen oder Aufmerksamkeit auf sich ziehen, da meiner Erfahrung nach Männer mit wirklicher Begabung Ihre Erfolge für sich sprechen lassen, wohingegen andere ihre empfundenen Schwächen mit Angeberei kompensieren. Sprechen Männer viel über ihr Sexualleben, denke ich an die Pointe des folgenden Witzes: Nach der Untersuchung rät der Arzt dem Patienten, die Hälfte seines Sexuallebens aufzugeben. Zu Hause fragt ihn seine Frau: »Welche Hälfte? Darüber reden oder darüber nachdenken?«

Der superpotente Mann genießt das Geben und Empfangen von Freunden

Tatsächlich genießt er es ungeheuer. Darum hat er Sex. Sie können nicht nur oft Sex haben, sondern jede einzelne Erfahrung auskosten. Nehmen Sie Sex ernst, aber sehen sie ihn nicht verkniffen. Seien Sie währenddessen leidenschaftlich und intensiv – oder frivol, schrullig und witzig, wenn die Situation danach verlangt. Es ist vollkommen in Ordnung, beim Sex zu lachen, auch über sich selbst. Der superpotente Mann genießt Spontanität und Unvorhersehbarkeit und schätzt einfallsreiche Partner.

Die meisten Männer mit Penis-Power haben einen gesunden Appetit auf neue Erfahrungen. In der Abwechslung blühen sie auf, ob das nun häufige Begegnungen mit einer Auswahl von Frauen oder vielfältige und verschiedene Abenteuer mit einer einzigen bedeutet. Die Penis-Power-Haltung wird auszugsweise von dem Mann wiedergegeben, der mir folgendes Rätsel stellte: Wo liegt der Unterschied zwischen Sex und Ringen? Seine Antwort: »Beim Ringen sind *einige* Griffe nicht erlaubt.«

Wenn von der Vielfalt die Rede ist, muß ich hinzufügen, daß superpotente Männer keine Sexisten im herabwürdigenden Sinn des Wortes sind. Auch jene, die langfristige Beziehungen scheuen und von Bett zu Bett wechseln, gehen ihrem Vergnügen *verantwortungsbewußt* nach. Penis-Power birgt, wie jede andere Form von Macht, moralische Verpflichtungen in sich; sie kann ausbeuterisch und mißbräuchlich angewendet oder auch mit Großmut und Empfindsamkeit gebraucht werden. Superpotente Männer genießen Sex, wann und wo sie ihn finden, sind aber nicht wahllos promisk. Sie müssen Ihrem Vergnügen nicht auf Kosten des Gleichgewichts in Ihrem Leben oder der Gefühle anderer nachgehen. Ihr Ziel sollte gegenseitiger Genuß, nicht Eroberung sein.

Unterliegen Sie nicht dem euphemistisch genannten ›Hard-Dick-Syndrom‹. Darum sollten Sie alle fünf Sinne beisammen haben, selbst wenn Ihr Penis erregt ist und droht, Amok zu laufen. Setzen Sie auf gar keinen Fall wichtige Werte um eines Orgasmus willen aufs Spiel. Seien Sie selbstbewußt genug in dem Wissen, daß es immer ein Morgen gibt – wie ja auch ein erfahrener Pendler nicht sein Leben riskiert und wie wild auf den Schienen einem verpaßten Zug hinterherrennt, da er weiß, daß bald der nächste kommt. Männer mit Penis-Power sind ungehemmt und suchen das Abenteuer, aber Sie müssen sich Ihrer Handlungen bewußt sein.

Das führt, besonders in letzter Zeit, zu einem weiteren Charakterzug: *Superpotente Männer gehen nicht leichtfertig ein Risiko ein.* Ich sehe Patienten an Aids zugrunde gehen und sterben, und deshalb muß ich Sie dringend bitten, sich mit durch Geschlechtsverkehr übertragenen Krankheiten zu befassen und Ihr Leben hoch genug zu schätzen, um Ihre Penis-Power bewußt auszuüben. Sie brauchen nicht übervorsichtig zu sein oder sich bis hin zur Paranoia zu terrorisieren (wie ich es unter heterosexuellen Männern öfter bemerkt habe), aber die Fakten müssen Sie kennen und gleichzeitig wissen, wie man ein aktives Sexualleben ohne Furcht genießt. Zu diesem wichtigen Punkt später mehr. (Siehe Kapitel 11)

Der superpotente Mann liebt die Frauen

Sie lieben es sehr, mit Frauen zusammenzusein. Sie lieben es, sie anzusehen. Sie finden Gefallen an der weiblichen Silhouette in all ihrer Verschiedenheit der Formen und Größen. Die Gestalt eines Beines, der Schwung einer Hüfte, der elegante Bogen eines Busens – der Mann mit Penis-Power kostet diese als Gaben der Natur aus. Ist daran irgend etwas falsch? Ist es sexistisch? Ist es ausbeuterisch? Nein, es ist naturgemäß. Trotz der Theorien von Extremisten verstehen die meisten Frauen dies und finden Gefallen daran. Darum tragen Frauen kurze Röcke und enge Hosen, machen soviel Aufhebens um ihr Haar und Make-up, begutachten kritisch die Umrisse ihre Brüste und kaufen sich BHs, die sie verführerisch heben. Frauen denken umgekehrt genauso, sie betrachten gern attraktive Männer und ziehen sie sogar im Geiste aus. Das alles ist Teil des Naturplans, der dafür sorgt, daß die Art erhalten wird, und wir sollten uns dies eingestehen, es feiern und genießen. Lassen Sie uns die sexuelle Anziehungskraft von Schuldgefühlen befreien. Lassen Sie uns die Tatsache akzeptieren, daß Männer Voyeure und sexuelle Räuber sind.

Nachdem dies nun gesagt ist, lassen Sie mich einen wichtigen Punkt anführen: superpotente Männer betrachten Frauen als Sexualobjekte, aber nicht nur als Sexualobjekte. Seien wir ehrlich: Auch Frauen sehen Männer als Sexualobjekte, und Frauen sind gern Sexualobjekte für Männer. Probleme tauchen auf, wenn Männer Frauen so behandeln, als wären diese nur gut zum liebäugeln und befingern oder um einen feuchten, warmen Platz für den Penis bereitzustellen. Probleme tauchen auf, wenn Männer keine gleichberechtigte Beziehung zu Frauen aufbauen können. Superpotente Männer haben diese Probleme nicht. Sie schätzen alle Dimensionen an einer Frau. Sie sind in der Lage, gleichberechtigt mit Frauen umzugehen. Sie haben nicht das Bedürfnis, sich überlegen zu fühlen. In Gegenwart von Frauen sind sie ungezwungen, und dieses Gefühl basiert auf Gegenseitigkeit.

Natürlich verfolgt mitunter auch ein superpotenter Mann eine Liaison mit Beharrlichkeit. Aber er tut dies auf integre Art und kennt die Grenzen. Er weiß, wann ein Nein tatsächlich »Nein!« bedeutet und wann es die Aufforderung ist: »Bitte, versuche es noch einmal.« Sie begreifen, daß Zurückweisung ein Ausdruck der Umstände ist und vom individuellen Geschmack abhängt, daher also keine persönliche Beleidigung bedeutet. Daher sehen sie auch keine Notwendigkeit, sich zu jemandem zu zwingen und haben nicht das Verlangen, jemanden zu verletzen.

Mit einem Wort, sie verfügen über Urteilskraft. Als Chirurg sage ich manchmal, man könne einem Gorilla beibringen, einen Blinddarm zu entfernen, aber ihm nie klarmachen, wann er dies tun solle. Dies verlangt nach Urteilskraft, und beim Sex trennt meiner Meinung nach das Urteilsvermögen die Männer von den Jungs. Männer mit wahrer Penis-Power lügen oder betrügen nicht, um Frauen ins Bett zu manipulieren, und ganz sicher wenden sie keine körperliche Gewalt an. Sie spielen keine Spiele, die jemandem Schmerz oder Seelenqual verursachen können.

Der superpotente Mann gibt offenherzig und ohne Vorbehalt

Um das sexuelle Vergnügen Ihres Partners sollten Sie sich so kümmern wie um Ihr eigenes, nicht um des Machostolzes willen und nicht, weil sie ein heiliger Märtyrer sind, sondern weil Ihnen die Befriedigung einer Frau wichtig ist und Sie wissen, je mehr Sie geben, um so mehr erhalten Sie im Gegenzug zurück. Superpotente Männer lernen, auf die Bedürfnisse und Wünsche ihrer Sexualpartner einzugehen, da es ihnen ein Anliegen ist. Sie haben für Gefühle Verständnis, und die Bedeutung offener und ehrlicher Kommunikation ist ihnen bewußt. Hören Sie einer Frau zu, die Ihnen sagt, daß Sie es gern hat, wenn Sie in ihrer Vagina dies oder mit ihren Brüsten jenes machen, und geben Sie Ihr Bestes, sich ihren Vorlieben anzupassen. Im Gegenzug gilt dasselbe für sie. Halten Sie sich nicht zurück, eine Frau um Dinge zu bitten, die Sie erregend finden.

Der superpotente Mann kennt keine Leistungsangst

Dies ist vermutlich der Hauptunterschied zwischen Männern mit Penis-Power und Männern mit Penisschwäche.

Verschiedene Studien untersuchten Sexualpartner in einem sehr erregten Zustand, der für gewöhnlich durch das Betrachten eines Pornovideos hervorgerufen worden war. Männer, die zuvor angegeben hatten, mit ihrer eigenen Sexualität zufrieden zu sein, zeigten im Anschluß an den erotischen Film eine bemerkbare Zunahme der Erregung. Dies stand in krassem Gegensatz zu den Männern, die zuvor eine bestimmte sexuelle Fehlfunktion zugegeben hatten. Diese Gruppe wies nach dem Film eine merkliche Abnahme der Erregung auf. Warum? Da sie, als sie die Reaktion ihrer Partner bemerkten, sich auf die Leistungsmerkmale konzentrierten. Sie fragten sich besorgt, ob sie funktionieren würden, während die zuversichtlicheren Männer ihr Augenmerk auf die erotischen Aspekte ihrer erregten Partner richteten und dabei mehr und mehr erregt wurden.

Genau aus diesem Grund werden Sie als superpotenter Mann in der Lage sein, Ihrem Partner eine größere Befriedigung zu geben, da Sie nicht von Selbstzweifeln gehemmt werden. Auf die Erregung Ihres Partners werden Sie mit der vollen Zuversicht, der Situation gewachsen zu sein, antworten. Anders gesagt: Männer mit Penis-Power entwickeln einen positiven Rückkopplungsmechanismus. Es beginnt mit einem erregten Partner oder einer Einladung zum Geschlechtsverkehr, die im selben Moment eine positive Erwartung der folgenden Erfahrung anzeigt. Als nächstes schätzen Sie die gestellte sexuelle Forderung genau ein und konzentrieren sich darauf, dieser Forderung mit der radarähnlichen Fähigkeit, auf den Partner einzugehen, zu entsprechen. Darauf sollte Ihr Augenmerk liegen und nicht auf Ihrer eigenen Erfüllung. Dies führt automatisch zu größerer Peniserregung, die wiederum die Aufmerksamkeit für sexuelle Reize erhöht, und diese erhöht die Erregung und so weiter. Daraus ergibt sich schließlich eine wechselseitig befriedigende Erfahrung.

Im Gegensatz dazu haben Männer mit Penisschwäche einen negativen Rückkoppelungsmechanismus. Ein sexueller Antrag lockt eine negative Erwartung hervor, die dann Unfähigkeit bedingt, auf den Partner einzugehen, dadurch nimmt die Erregung ab und bestätigt die negativen Erwartungen, erhöht die Versagensangst, verhindert jede Möglichkeit des Gelingens, und daraus folgt in Zukunft die Vermeidung einer solchen Situation.

Um ein Mann mit Penis-Power zu werden, sollten Sie versuchen, ein Meister des positiven sexuellen Rückkopplungsmechanismus zu werden.

Der superpotente Mann kann Streß bewältigen

Dies bezieht sich auf jede Form von Streß; superpotente Männer unterliegen unter keinen Umständen Ängsten oder Depressionen, besonders nicht in sexuellen Situationen. Sie sind nämlich offen für Abenteuer, daher begeben sich superpotente Männer in Situationen, in denen andere Männer gehemmt sind, beispielsweise bei aggressiven Partnern, die ungewöhnliche Sexualpraktiken bevorzugen. Bei einem Mann mit Penisschwäche können diese Streßsituationen Angst und Selbstzweifel hervorrufen. Der superpotente Mann geht diese wie ein Athlet an, der gegen einen würdigen Gegner antritt oder sich mit einem besseren Partner zusammenspannt – er holt das Beste aus sich heraus. Ihre Einstellung sollte lauten: »Mein Penis ist mein Freund. Was gut für ihn ist, das ist auch gut für mich. Er läßt mich nie im Stich.« Steigt in Ihnen Angst auf, verwandeln Sie dieses Gefühl in positive

Energie; Sie können diese Angst und Nervosität in Stimulation überführen und eher noch erregter werden.

Nichts schwächt sexuelle Befriedigung mehr als Angst und Niedergeschlagenheit. Obwohl Depressionen dafür bekannt sind, sexuelles Verlangen und Empfänglichkeit für sexuelle Reize zu vermindern, ist ein derartiges Ergebnis nicht unter allen Umständen unvermeidlich. Die unvermeidlichen Täler auf dem Lebensweg eines Mannes müssen nicht notwendigerweise seine Sexualität stören. Selbst ein superpotenter Mann ist für gelegentlich auftretende ›situationsbedingte Depressionen‹ und für die Sorgen und Ängste, die jeden Menschen zu gewissen Zeiten befallen, angreifbar. Glauben Sie aber an sich und lernen, das Positive aus jeder Erfahrung für sich herauszufiltern, gehen Sie schnell aus Depressionen hervor und verwandeln Ihre Sorgen in effektive Taten. Um ein Mann mit Penis-Power zu werden, *müssen* Sie die Fähigkeit, eine Erektion trotz negativer Emotionen bekommen zu können, entwickeln. Lassen Sie den Alltagsstreß nicht in Ihr Schlafzimmer eindringen. Fühlen Sie sich erledigt, dann ruhen Sie sich in der Gewißheit aus, daß auch Ihr Penis darniederliegt.

Dies sind die Hauptmerkmale, die ich an superpotenten Männern beobachtet habe. Aber man kann Sie nicht alle über einen Kamm scheren. Unter den Männern mit Penis-Power herrscht eine variantenreiche Vielfalt. Sie sind groß und klein, unscheinbar und gutaussehend, jung und alt, reich und arm. Ihre Penes sind groß, klein oder durchschnittlich. Sie haben unentwegt Sex, oft oder nur gelegentlich. Sie sind dreist und aggressiv oder schüchtern und bescheiden. Sie mögen Blondinen, Brünette oder Rothaarige, dunkelhäutige oder blasse Frauen, großgewachsene oder kleine, dralle oder schlanke. Sie bevorzugen es in der Missionarsstellung, im Sitzen, von hinten oder mit der Frau oben auf – oder ganz anders. Sie machen es morgens, in der Nacht, am Nachmittag oder zu jeder Tageszeit. Es gibt unendliche viele Wege, Penis-Power zu leben. Wichtig ist, die Kraft zu haben und sie anzunehmen.

Jeder Mann kann die Superpotenz erwerben. Sie ist kein übermenschlicher Zustand, sondern normal und natürlich, und Sie werden überrascht sein, wie leicht man sie erreichen kann. Ich habe in meiner Praxis Männer beobachtet, die, nachdem sie einige Tatsachen gelernt hatten und ich sie im Gespräch aufgemuntert habe, superpotent wurden. Sie überprüften und änderten ihre Einstellung zu sich und ihrem Penis und waren auf und davon. Andere Männer müssen einige Zeit daran arbeiten oder müssen sich der speziellen Verfahren bedienen, die Sie in späteren Kapiteln dieses Buches finden. Diese Tips halfen ihnen, ihr sexuelles Verhalten zu ändern, damit erhielten sie zusätzliche Penis-Power, und sie versetzten sie bewiesenermaßen in die Lage, superpotent zu werden.

Fast alle Männer jedoch benötigen die Peniserziehung, die sie im richtigen Alter hätten erhalten sollen. Das ist jetzt das Ziel der nächsten Kapitel.

4

DIE STÜTZE DES LEBENS

Unablässig entsetzt mich das Wissen, das der durchschnittliche Erwachsene über den Penis hat und letztendlich doch *nicht* hat. Sehr viele Menschen haben eine ziemlich genaue Vorstellung von der Funktionsweise des Herzens, wie Lungen und Nieren aussehen, was mit dem Essen auf seinem Weg durch den Verdauungstrakt geschieht und sogar von der Geburt. Aber die Hälfte der menschlichen Körper auf unserer Welt haben dieses seltsam aussehende Anhängsel, das zwischen den Beinen baumelt – ein Organ, auf das wir zählen, wenn es um den Fortbestand unserer Art geht und das eine der sublimsten Freuden, die die Natur zugesteht, bereitstellt – und dann weiß ein durchschnittlicher Mensch so gut wie nichts darüber. Meine Patienten, sowohl Männer als auch Frauen, stellen mir so viele grundlegende Fragen über die Anatomie und Funktionsweise des Penis, daß ich oft an ihrer Statt verlegen bin.

Seltsamerweise sind die meisten Menschen, besonders was den Penis betrifft, neugierig, und zwar seit der Zeit, da sie in dem Alter waren, in dem man bemerkt, daß einige Kinder einen haben und andere nicht. Aber diese natürliche Neugierde wurde unterdrückt. Man sagte uns, es sei unschicklich, Fragen über die Geschlechtsorgane zu stellen, vor allem über den Penis. Unsere Fragen, hieß es, würden beantwortet werden, wenn wir älter seien. Das war aber nur selten der Fall, und viele Erwachsene sind zu sehr von sich überzeugt, um auf eigene Faust Informationen einzuholen. Lassen Sie mich Ihnen daher kurz und bündig einen Führer durch die Penissorgen vieler Menschen liefern.

Aussehen ist nicht alles

Ich muß zugeben, daß der Penis mit all seinen Runzeln und Falten und dem verschlungenen Netzwerk roter und blauer Äderchen wirklich ein seltsam aussehendes Organ ist. Aus ästhetischen Gesichtspunkten halten ihn die meisten Leute, ungeachtet ihres Geschlechts, nicht für sonderlich attraktiv. Manche finden ihn sogar seltsam häßlich. Ich erinnere mich an eine Bemerkung, die die Gattin eines Urologenkollegen machte. Wir hatten uns eines Tages über einen Fall von Hypospadie unterhalten, eine seltene Abnormität, bei der der Urinausgang nicht an der gewohnten Stelle an der Spitze des Penis liegt, sondern statt dessen irgendwo am Penisschaft. Diese Deformierung wird oft von einem faserigen Gewebeband zusammengehalten, einem sogenannten Strang, der dem Penis eine Krümmung nach unten verleiht. Ich fragte die Frau meines Kollegen, ob sie wisse, was ein Hypospadias sei. Sie antwortete darauf: »Ja, ein Penis, der noch häßlicher ist als sonst.«

Eine sehr kultivierte Frau, die, wie sie selbst zugibt, eine beträchtliche Anzahl Penes gesehen zu haben, bevor sie einen Urologen geheiratet hat, sagt also damit: »Der normale Penis ist häßlich.« Unglücklicherweise ist dies eine weitverbreitete Auffassung. Könnten Sie eine intime Unterhaltung unter Frauen belauschen, würden Sie selbst da nur sehr selten hören, welch prächtigen Penis ein Mann hat. Sie unterhalten sich darüber, wie gutaussehend der Mann sei, loben möglicherweise sein starkes, muskulöses Äußeres oder sehnen sich nach seinem Bizeps, seufzen über seine Beine oder seinen Hintern. Aber nur sehr selten stellen sie seinen Penis als besonders attraktiv heraus, wie auch Männer ebenso nicht über schöne Vaginas, statt dessen aber über Brüste, Beine oder Haare reden. Frauen, die bei männlichen Strippern johlen und aufschreien, reagieren auf jeden Aspekt, *außer* dem Penis. Sie sind erregt durch die wunderbaren Körper dieser wirbelnden Geizhälse und die Art, mit der die Tänzer sie mit ihren *verhüllten* Penes necken. Die Erregung rührt von der *Möglichkeit* der Enthüllung und der Neugier, wie er wohl aussehen könnte. Müßte ein Stripper tatsächlich einmal sein bestes Stück entblößen, würde die Spannung schnell verfliegen ..., es sei denn, es bestünde die Möglichkeit, daß der Penis eregiert wäre.

Das ist eine Schande. Als Urologe und Mann wünsche ich mir, der Penis würde in einem positiveren Licht gesehen werden. Es gibt keinen Grund, daß dem nicht so sein sollte. An ihm ist nichts wirklich Häßliches, oder, was dies betrifft, auch an der Vagina nicht. Ich glaube, unsere Wahrnehmung ist ein kulturelles Kunstprodukt, das in derselben Tradition wurzelt, die Sexualität – und damit auch die Organe, die sie ausüben – für schmutzig und schlecht hält. Der Penis sollte als etwas Schönes angesehen werden, und wenn Sie sich nicht in der Lage fühlen, *alle* Genitalien so zu betrachten, so tun Sie es zumindest bei Ihren eigenen – oder, als Frau, denen Ihres Geliebten. Es ist alles eine Frage der Einstellung. Eltern halten ihre eigenen Kinder für schön, ungeachtet der tatsächlichen Reizlosigkeit ihres Äußeren, und wir können ebenso dieses sogenannte reizlose Organ betrachten und es wundervoll finden.

Aus welchem Grund ist das wichtig? Da Kinder, denen man sagt, daß sie schön sind, mehr von sich halten, käme auch ein Mann besser mit sich – und seiner Sexualität – zurecht, wenn man ihm sagte, wie schön sein Penis sei. Je größere Schönheit eine Frau am Penis ihres Mannes entdeckt, desto mehr wird er das, was er im Spiegel sieht, annehmen und gern haben. Als Ergebnis dessen wird er seinem Penis positive Eigenschaften zugestehen und mehr Zuversicht mit ins Schlafzimmer nehmen. Es ist eine Frage der positiven Verstärkung, und ich versichere Ihnen, die meisten Männer brauchen, was ihr gesegnetes Organ betrifft, so viel davon, wie sie bekommen können. Es gibt keinen Grund dafür, daß dies nicht zustande gebracht werden könnte. Alle Dinge des Lebens betrachten wir mit drei Augen: die beiden, die unsere Nase flankieren und uns mitteilen, daß das Gras grün und die Sonne rund ist; und unser inneres Auge, das mit Vorstellungskraft und Gefühl sieht. Dieses innere Auge kann etwas weniger Schönes in etwas Großartiges und Einmaliges verwandeln.

Wäre der Penis weniger verborgen, offener in Kunst und Film dargestellt, könnte er leichter als Objekt ästhetischen Vergnügens gewürdigt werden, und wir würden die vorhandenen Unterschiede zwischen einzelnen Penes respektieren lernen. Nach zwanzig Jahren als Mediziner habe ich mehr männliche Organe gesehen, als Sie jemals sehen könnten, selbst wenn Sie ein Stadion mit nackten Männer füllen würden, und ohne Vorbehalt kann ich sagen, daß mir nie zwei gänzlich gleich aussehende begegnet sind. Wenn sonst schon nichts, so könnte dies möglicherweise den Penis entmystifizieren und Männer selbstsicherer werden lassen. Und dies wiederum könnte entscheidend die Penis-Power erhöhen.

Eine Größe für alle

Männer machen sich natürlich nicht so sehr über das Aussehen des Penis Sorgen, als vielmehr über seine Größe. Unzählige Männer haben mich gefragt – als wäre ihnen gerade eben in diesem Moment diese beiläufige Frage eingefallen –, ob denn die Größe ihres Penis ›normal‹ wäre. Darüber, daß er zu groß sein könnte, waren sie nicht beunruhigt.

Dieses Vorurteil über die Penisgröße gehört zu den tragischsten und ironischsten Dingen, die mir begegnen. Männer kompensieren ihre Unsicherheit mit Humor, daher erzählen sie mir beispielsweise mehr Witze über die *Größe* des Penis als über etwas anderes, das Thema ›Frauen‹ ist wohl die einzige Ausnahme. Einer der Besten handelt von einem Mann, der Golf spielt: Er schlägt den Ball ins Rough, und während er ihn sucht, erblickt er hinter einem Brombeerstrauch ein Paar dünner Füße. Er drückt das Gestrüpp beiseite, und dahinter steht ein Kobold, der ihm einen Wunsch gewährt. »Ich möchte den größten Schwanz, den du mir geben kannst«, sagt der Mann. Nun, der Wunsch wird ihm erfüllt, aber der Penis ist so groß, daß er unten aus der Hose herausschaut, auf dem Boden schleift und in die Socken gesteckt werden muß. Er wird schnell zu einem Ärgernis.

Beim nächsten Golfspiel trifft der Mann wieder auf den Kobold, der ihn fragt: »Wie geht's?« Der Mann beschreibt seine mißliche Lage, und der Kobold, der Mitleid hat, gewährt ihm einen weiteren Wunsch.

»Großartig«, sagt der Mann. »Kannst du meine Beine um ungefähr zehn Zentimeter verlängern?«

Dieser Witz sagt Ihnen alles, was sie über die Bedeutung der Penisgröße, die sie tief im Inneren eines Mannes hat, wissen müssen. Der *Mythos* von der Wichtigkeit der

Größe ist eine der grausamsten Betrügereien, die an der Menschheit je begangen wurden. Aber im kollektiven Bewußtsein hat er sich so festgesetzt, daß Männer äußerst empfindlich bezüglich der Länge ihres Penis sind. Lassen Sie mich daher unmißverständlich feststellen: Es gibt keinen Anlaß zur Besorgnis, da eine Größe auf alle paßt.

Ihr Penis ist nicht zu klein

Mit allergrößter Bestimmtheit kann ich dies sagen. Ich versichere Ihnen, daß die Größenvielfalt menschlicher Penes geringer ist als bei Händen, Fingern oder Nasen. Statistisch gesehen kann ein Penis sogar nur drei Zentimeter oder bis zu zwanzig Zentimeter groß sein, aber außerordentlich wenige Penes fallen unter diese Extreme. Die durchschnittliche Länge eines Penis beträgt in vollkommen entspanntem Zustand ungefähr acht Zentimeter, was auf die überwältigende Mehrheit der Männer mehr oder weniger zutrifft. Der Penisumfang weicht weniger ab, in entspanntem Zustand beträgt er zweieinhalb bis vier Zentimeter im Durchmesser.

Ein sehr großer Mann hat möglicherweise einen längeren Penis als ein sehr kleiner Mann, genauso wie er wahrscheinlich auch größere Füße und Hände hat, aber der Unterschied in der Penisgröße zwischen diesen beiden Männern ist weitaus geringer als bei ihren anderen Gliedmaßen. Mit anderen Worten: Die Hand eines kleinen Mannes mag durchaus sechs Zentimeter kürzer sein als die eines großgewachsenen, seine Schuhgröße wäre Nummer vierzig im Gegensatz zu Nummer achtundvierzig, aber sein Penis könnte vergleichsweise nur einen Bruchteil kürzer sein. In der Tat habe ich bei kleinen

Männer oft Penes gesehen, die so groß oder gar noch größer als die der meisten Basketballspieler waren.

Weitaus sachdienlicher, folgt man den Sorgen vieler Männer, ist die Größe des *erigierten* Penis. Im Durchschnitt beträgt sie in der Länge etwa fünfzehn Zentimeter. Viel wichtiger ist, daß die Länge des erigierten Penis weniger variiert als die des entspannten Penis. Mit anderen Worten, der weiche Penis ist bei einem Mann zwölf Zentimeter und bei einem anderen fünf Zentimeter lang, doch geht dieser Unterschied in erigiertem Zustand nahezu vollkommen verloren. Es ist sogar möglich, daß der vorher kleinere und nun erigierte Penis größer ist.

Es geht also darum, daß der Größenbereich bei erigierten Penes deutlich kleiner ist als in entspanntem Zustand. Es scheint, die Natur war sehr an der Fortpflanzung der Menschheit interessiert und ermöglichte es deshalb so gut wie jedem Mann, ungeachtet seiner Körpergröße, sich mit jeder Frau zu paaren. Hören Sie Männer mit ihrem fünfundzwanzig Zentimeter langen Penis prahlen, dann nehmen Sie es gelassen, denn entweder handelt es sich um seltene Ausnahmen oder um Lügner (außer sie addieren zu ihrer Messung den Teil des Penis hinzu, den wir normalerweise nicht berücksichtigen, da er im Inneren des Körpers liegt; wie der an einem Abfluß im Inneren eines Hauses befestigte Schlauch beginnt auch der Penis eigentlich mehrere Zentimeter weit im Unterleib).

Werde ich (was weit häufiger vorkommt, als Sie sich vorstellen können) nach dem größten Penis gefragt, den ich je gesehen habe, antworte ich, daß er nicht einem der ausufernden Berufsathleten oder irgendeinem Hollywoodhengst, den ich untersuchte, gehörte. Es war bei einem kleinen, schmächtig gebauten, alten Mann, der sich einer Prostata-Operation unterzog. Ein sanfter, gesitteter, frommer Mann in den Achtzigern, der sein ganzes Leben lang mit derselben Frau verheiratet war, und beide hatten keine Ahnung, wie vergleichsweise groß der Penis, der ihre neun Kinder gezeugt hatte, war. Ich hatte wirklich noch nie so viele Helfer im Operationssaal; die Hälfte aller Schwestern im Gebäude wollten gern assistieren, nur um den Patienten zu sehen. Es geht nicht darum, daß wir nicht an der Größe interessiert wären, sondern darum, daß die meisten Frauen und Geliebten nicht so sehr darauf achten. Krankenschwestern würden große Brüste oder Füße mit gleicher Ehrfurcht betrachten.

Penisgröße steht in keinem Zusammenhang mit Penis-Power

Nachdem ich erst einmal meinen Patienten versichert habe, daß ihr Penis normal ist, mache ich ihnen den folgenden wichtigen Punkt klar: *Superpotenz hat nichts mit der Größe des Penis zu tun.* Beim Geschlechtsverkehr ist der superpotente Mann völlig in die erotischen Sinneseindrücke und die Gefühle von Intimität und Zärtlichkeit vertieft, und daher denkt er oder seine Partnerin zuallerletzt an die *Größe* des Penis. Ich kenne Männer mit überdurchschnittlich großem Penis, die von sexuellen Fehlfunktionen geplagt sind, und Männer, die mit ihrem verhältnismäßig kleinen Penis die Quintessenz von Superpotenz darstellen.

In all den Jahren kam nie eine Frau in meine Praxis, die sich beschwert hätte, der Penis ihres Mannes sei zu klein. Es ist denkbar, daß einige Frauen solche Beschwerden ihren Gynäkologen oder weiblichen Ärzten vortragen, aber meiner Erfahrung nach stellt ein ungeheurer Penis für die allermeisten Frauen keine Priorität dar. Dem stimmen weibliche Kollegen, mit denen ich diesen Punkt diskutiert habe, zu. Eine häufigere Beschwerde lautet, der Penis des Liebhabers sei zu *groß*. Intimverkehr kann bei einer Frau schmerzhaft verlaufen, deren Vagina sich einem großen Penis nicht anpassen kann. Frauen baten mich sogar darum, den Penis ihres Ehemanns operativ zu verkleinern. Das geht nicht – da es auch kein Verfahren gibt, ihn zu vergrößern. Penisprothesen, die manchmal operativ implantiert werden, um organische Impotenz zu behandeln, verlängern den Penis nicht; sie füllen nur Platz in einem Organ aus, dessen Größe durch Vererbung vorherbestimmt ist.

Die alte Lehre »Es geht nicht darum, wie groß er ist, sondern wie du ihn benutzt« gehört zu den Klischees, die sich auch bei genauem Nachforschen halten können. Viele meiner weiblichen Patienten klagen, daß ihr Mann nicht oft genug erregt, nicht einfallsreich genug ist, sein Penis nicht *steif* genug wird oder es beim Intimverkehr nicht ausreichend lange bleibt. Aber über ungenügende Länge oder Dicke des Penis beschweren sie sich niemals. Ich möchte hier eine wirklich weise Patientin zitieren: »Es ist mir egal, wie lang oder dick er ist oder ob er gut aussieht. Mir ist wichtig, wie *steif* er ist!« Und das ist von Belang – Frauen kümmern sich nicht um die Größe des Penis, ihnen geht es um die Größe des Herzens und der Seele. Sie möchten einen guten, sorgenden, einfühlsamen Liebhaber, dessen Empfindsamkeit auf ihre Bedürfnisse und Sehnsüchte gerichtet ist.

In der Tat diskutieren viele Frauen Penisgrößen ausgiebig mit ihren Freundinnen, manch eine mag auch von Männern mit enormen Penes phantasieren. Schlafen sie mit einem gut bestückten Mann, *denken* sie womöglich gar, sie würden es mehr genießen. Dies rechne ich der Vorstellungskraft zu. Wir glauben, ›größer‹ sei gleichbedeutend mit ›besser‹, und den Phallus assoziieren wir symbolhaft mit Potenz. Die Faszination einiger Frauen für große Penes ähnelt der Anziehungskraft, die große Brüste oder ein wohlgeformter Hintern auf Männer mitunter ausüben. Jemanden mit diesen Eigenschaften zu finden, kann die sexuelle Erfahrung allein schon aus dem Grund steigern, daß eine Phantasie erfüllt wurde, oder weil es ungewöhnlich ist. Nicht jedoch, weil Frauen mit großen Brüsten besser im Bett sind oder gastfreundlichere Vaginas haben. Physiologisch und anatomisch haben die Vorgänge beim Intimverkehr überhaupt nichts mit der Größe irgendeines Körperteils zu tun. Der Orgasmus bleibt genau derselbe, ungeachtet der physischen Attribute des Partners. Auftretende Unterschiede beruhen ausschließlich auf Gefühlen und Vorstellungskraft.

Eine Frau mit außerordentlich weiter Vagina und ein Mann mit einem sehr kleinen Penis können natürlich aufgrund des Größenverhältnisses ihrer Genitalien sexuell nicht zusammenpassen. Aber die Möglichkeit eines größeren Fehlschlages ist eher unwahrscheinlich. Liebhaber neigen wie das Wasser dazu, nach ihrer eigenen Ebene zu suchen. Trotzdem sind mir auch solche Paare bekannt: Die Frau war beinahe dreißig Zentimeter größer als der Mann, und beide waren hoffnungslos ineinander verliebt, sexuell aber unbefriedigt, da, so glaubten sie wenigstens, sein Penis nicht die richtige Größe für ihre Vagina hatte. Durch wiederholtes Probieren fanden sie entsprechende Positionen und variierten ihre sexuellen Praktiken, und so waren letztlich beide mehr als zufrieden.

Es gibt gültige physiologische Gründe, warum Größe nicht viel zur Befriedigung beiträgt. Die Natur hat in ihrer Weisheit die wichtigen Nervenenden, die sexuelles Vergnügen und Orgasmen hervorbringen, ganz vorn plaziert, wo sie ungeachtet der Größe stimuliert werden können. Die des Mannes befinden sich auf dem Kopf des Penis, die der Frau an der Klitoris, von jedem Penis, ob klein oder groß, leicht zu erreichen. Die Bewegungen des Penis während des Geschlechtsaktes bringt ihn bei den meisten Positionen unausweichlich in Kontakt mit den Nerven der Klitoris.

Sie sind so groß, wie Sie denken

Womöglich ist der einzige Vorteil, den ein Mann mit einem großen Penis hat, der, daß er denkt, er habe einen Vorteil. Die Kraft des Geistes ist so potent, daß sie die Sexualität beeinflußt, und der Mythos von der Bedeutung der Penisgröße ist so stark, daß sich ein Mann, der glaubt, sein Penis wäre besonders groß, beginnt, sich auch groß zu *verhalten.* Er könnte früh ein starkes Selbstvertrauen und einen Penisstolz entwickeln, daß allein dies und nicht die tatsächliche Größe seines Penis ihn mit außergewöhnlicher Penis-Power ausstattet.

Unglücklicherweise glauben weit mehr Männer, sie hätten einen zu kleinen Penis, und die genau entgegengesetzte, sich selbst erfüllende Prophezeiung tritt ein. Es beginnt in der Regel schon in der Pubertät, wenn Jungs bei allem mit Männlichkeit in Zusammenhang stehendem befangen werden: Bin ich groß genug? Bin ich stark genug? Habe ich Scham- und Achselhaare? Ist mein Penis groß genug? Die meisten männlichen Jugendlichen sind so unsicher, daß sie jedes Anzeichen von Unzulänglichkeit, das sie glauben wahrzunehmen, überbewerten. Sie vergleichen sich mit älteren Jungs oder Erwachsenen oder mit Gleichaltrigen, die zufälligerweise schneller reifen, und kommen dann zu der Überzeugung, nicht mithalten zu können. Sie sehen nach unten auf eine winzige, geschrumpfte Gewürzgurke, blicken durch den Waschraum auf die baumelnde Zucchini eines anderen und fühlen sich minderwertig.

Mit dem Erwachsensein hört es nicht auf. Manchmal wird es sogar noch schlimmer. Vor allem, wenn man mit Männern zusammen ist, die mit ihren Erektionen angeben – oder, wahrscheinlicher, lügen –, Witze zum Besten geben, die den Eindruck vermitteln, ein kleiner Penis sei gleichbedeutend mit Verweichlichung. Das Betrachten pornographischer Filme macht die Sache nur noch schlimmer. Wer immer diese Filme besetzt, muß wohl die ganze Welt nach Männern mit ausnehmend großen Gliedern absuchen. Dann wenden sie zusätzlich alle erdenklichen Beleuchtungs- und Kameratricks an, damit sie noch größer wirken.

Viele Männer fühlen sich im Alter mit der Größe ihres Penis unwohl, da sie glauben, er würde schrumpfen. Tatsächlich aber nehmen sie an Gewicht zu, und Ablagerungen von Bauchfett verdecken den Fuß des Penis, der vorher sichtbar war. Daher sieht es bei dicklichen Männern so aus, als hätten sie kleine Penes – besonders mit ihren eigenen Augen, wenn sie sich über ihren Schmerbauch beugen –, während schlanke Männer große Penes haben. Tatsächlich gibt es aber keinen bedeutenden Größenunterschied, besonders bei einem erigierten Penis, aber bei fettleibigen Männern muß der Penis fünf bis acht Zentimeter Fett über dem Schambein überwinden, bevor er sichtbar wird.

Kennt ein Mann nicht die Wahrheit über die Penisgröße, kann sich der Gedanke, sein Penis sei zu klein, nachteilig auf ihn auswirken. Der Gedanke der Unzulänglichkeit kann ein ganzes Erwachsenenleben lang andauern und wird wahrscheinlich sein Verhältnis zu seinem Penis mit Selbstzweifeln belasten. Er hält sich für anatomisch unzulänglich und ist daher zwangsläufig in seiner Leistung ebenfalls unzulänglich; und diese besondere Unzulänglichkeit wird sich natürlich in seinem Verhalten niederschlagen. Denken Sie klein, sind Sie klein.

Glücklicherweise ist der Umkehrschluß gleichfalls wahr: *Denken Sie groß, und Sie sind groß.* Dies ist das wichtigste, das ein Mann über Größe wissen muß. Es geht um die Größe Ihrer Selbstachtung und ihres Herzens, nicht um die Größe Ihres Penis. Selbst wenn es darauf ankäme, könnten Sie doch nichts daran ändern. Die Größe eines Penis wird ausschließlich durch Erbgut bestimmt. Sie können Tag und Nacht an ihm ziehen und zerren, und er wird doch nicht länger werden. Sie können Gewichte an ihn hängen, wie es Männer eines bestimmten Stammes in Uganda tun, möglicherweise werden einige Bänder erfolgreich gedehnt, so daß er länger wirkt, aber in eregiertem Zustand wird er keineswegs länger sein. Warum also sollten Sie eine bleibende Schädigung riskieren? Die beste Antwort auf die Frage »Wie groß ist Ihr Penis?« ist also ein klares, unzweideutiges »Es reicht allemal!«

5

WIE MAN EINEN GANZEN MANN FINDET

Wie eine gewisse Hindu-Gottheit mit zwei Köpfen, so erschafft der Penis auf der einen Seite Leben, indem er Spermien in Richtung fruchtbarer Eizellen befördert, und bewahrt auf der anderen Seite Leben, indem er toxische Substanzen aus dem Körper ausscheidet. Beides (dank eines ausgeklügelten Bauplans kann es nicht zeitgleich stattfinden) erfolgt durch den Harnleiter (urethra). Diese beiden Funktionen des Penis sind offensichtlich lebenswichtig, aber, es mag ironisch klingen, aus medizinischer Sicht kann ein Mann, der – was Gott verhüten möge – seinen Penis verliert, weiterhin urinieren, aber nicht mehr kopulieren.

Lassen Sie mich noch schnell zwei Mißverständnisse ausräumen. Zum einen ist der Penis kein Muskel. Er hat keine Muskeln, außer den zarten Muskeln um die Blutgefäße herum. Zum zweiten gibt es keine Knochen im Penis, wie der umgangssprachliche Ausdruck ›Liebesknochen‹ suggerieren könnte. Unter der äußerst empfindlichen Haut, vor allem an der Eichel, ist der Penis aus drei Zylindern zusammengesetzt, die aus schwammartigem Gewebe bestehen.

Einer dieser Zylinder, der *corpus spongiosam*, der auf der Unterseite des Penis liegt, umfaßt den Harnleiter. Der Harnleiter ist ein langer Kanal, der von den Nieren durch den Penis zum *meatus* führt, dem Loch (manchmal humorvoll das »Auge« genannt) an der Spitze des Organs. Durch den Harnleiter hindurch und aus dem Meatus hinaus liefert der Penis die Produkte seiner beiden Aufgabenbereiche, der Ausscheidung und Fortpflanzung.

Die anderen beiden Zylinder verlaufen nebeneinander im oberen Teil des Penis und nehmen den meisten Raum im Organ ein. Diese beiden röhrenförmigen Abteilungen, *corpora cavernosa*, bestehen aus schwammartigem Gewebe mit Blutgefäßen und kleinen Kammern (sinusoid). Betrachtet man diese Körper durch ein Mikroskop, glaubt man, das Luftbild eines Delta vor sich zu haben, mit Flüssen, Nebenarmen, Teichen, Sümpfen und Seen. Jede Röhre ist von einer starken, faserigen Hülle (*tunica*) umgeben, die zusammen mit den inneren Blutgefäßen die Kräfte aufbringt, eine Erektion hervorzurufen. In der Tat bestimmt allein das absolute innere Volumen, begrenzt von dem festen Häutchen oder Überzug, die Größe des erigierten Penis.

Was auch immer Sie anmacht

Erektionen sind das Ergebnis eines komplexen Vorgangs, der die endokrinen, muskulären, vaskulären und neurologischen Systeme einbezieht – die alle durch psychologische und emotionale Faktoren beeinflußt werden. Bis heute kennen wir nicht alle komplizierten Kräfte, *wie* Erektionen auf- und abgebaut werden, und besonders bezüglich der überaus wichtigen Gehirn-Penis-Achse tappen wir im Dunkeln, verstehen aber dennoch viele Grundlagen dieser Vorgänge. In der Abfolge bestimmter Schritte wird der Penis letztlich steif. Zu Anfang werden Nerven stimuliert, worauf sich mikroskopische Blutgefäße im Schwellkörper weiten. Dies nennen wir normalerweise ›Erregung‹. Die Umstände, die im Zweifelsfall einen Mann erregen, sind sehr verschiedenartig und hängen von seiner persönlichen Eigenart ab. Der Pionier der Sexualforschung, Alfred Kinsey, schrieb: »Nichts ist kennzeichnender für sexuelle Reaktionen als die Tatsache, daß sie bei zwei Individuen nie gleich sind.«

Das Gehirn bestimmt den Grad der Erregung, egal ob die Stimulation durch etwas hervorgerufen wird, das ein Mann sieht, hört, riecht, fühlt oder sich vorstellt. Die komplexen neurologischen Verbindungen zwischen Gehirn und Penis können nur sehr schwer definiert und gemessen werden, aber es ist eine so enge, unmittelbare und ›kommunikative‹ Verbindung, als hätte der Penis einen eigenen Willen. Jedenfalls hat ein erregter Mann diesen Eindruck.

Offensichtlich reagiert der Penis auf *Berührung.* Er ist ein besonders empfindliches Organ – speziell die Eichel, aber auch entlang des Penisschaftes. Welche Art von Berührung tatsächlich welchen Penis erregt, das ist eine Frage persönlicher Vorlieben, Gewohnheiten und Umstände. Manche Männer mögen zarte und sanfte, andere wieder wollen kräftige bis grobe Berührungen; manche sind für die Reibung eines trockenen Kontaktes empfänglich, andere bevorzugen es feucht; einige fühlen sich durch langsame und rhythmische Bewegungen angemacht, während andere wiederum bei schneller, unregelmäßiger Gangart wild werden. Und selbstverständlich mögen manche alles davon, in unterschiedlichen Dosierungen und zu verschiedenen Zeiten.

Mit Ausnahme von Männern mit moralischen oder religiösen Vorbehalten und irrationalen Phobien, habe ich niemals einen Mann getroffen, der nicht auf orale Kontakte reagiert hätte. Nicht allein das Gefühl der Lippen und Zunge auf dem Penis und der psychologische Eindruck, daß eine Frau so intim und großzügig handelt – es ist die tatsächliche physische Wirkung des Saugens. Saugen schafft ein Vakuum, einen negativen Druck im Schwellkörper, der das Blut buchstäblich in das Organ zieht, und genau dieser Blutstrom führt zu einer Erektion.

Natürlich reagiert der Penis nicht nur, wenn er selbst berührt wird, er richtet sich auch auf, wenn andere Stellen des Körpers auf erotische Weise berührt werden: Schenkel, Hintern, Bauch, Nacken, Lippen und so weiter. Genauso kann Ihr Penis dadurch erregt werden, daß er die entsprechenden Stellen eines anderen Körpers berührt. Die Berührungsempfindlichkeit des Penis ist ausschlaggebend für die Erregung.

Der Penis hat, um es einmal so auszudrücken, auch einen Geruchssinn – was Ihnen jeder Parfümhersteller bestätigen kann. Ich erinnere mich besonders an eine sexuelle Begegnung, die ich als junger Mann mit einem Mädchen hatte, die immer einen bestimmten, aparten Duft an sich hatte. Selbst heute noch muß ich aufpassen, daß nicht die Nähte meiner Hose platzen, wenn dieser Duft an mir vorbeiweht. Der Penis spricht nicht nur auf künstliche Düfte an, sondern ebenso auf die in der Natur vorkommenden Wohlgerüche. Jede Frühlingsblüte regt die Phantasie eines jungen Mannes an. Viele Forscher glauben, daß Lockstoffe, sogenannte Pheromone, die eine erregte Frau ausscheidet, einen Mann über seinen Geruchssinn stimulieren. Wir wissen, daß es sich bei den meisten Tierarten so verhält, und es könnte auch für die Menschen gelten.

Was die übrigen Sinne betrifft, so denken Sie doch einmal an die Wirkung bestimmter *Klänge* – romantische Melodien, erotische Rhythmen, eine sanfte Brandung, eine Brise, die durch die Wipfel der Bäume vor dem Schlafzimmerfenster streicht – ganz zu schweigen von süßen, erotischen Worten, die ins Ohr geflüstert werden: »Ich muß dich haben«; »Du bist so sexy wie keiner zuvor«; »Besorg's mir.« Darauf reagiert der Penis, als hätte er selbst Ohren.

Stellen Sie sich vor, wie erotisch ein bestimmter Geschmack sein kann: saftige tropische Früchte, Eiswürfel, und natürlich Schweiß, Speichel und das Scheidensekret ihrer Geliebten.

Was die *visuellen Reize* angeht, so brauche ich Sie wohl nicht daran zu erinnern, wie sich Ihr Penis beim Anblick der richtigen Frau, unter den richtigen Umständen, mit der richtigen Kleidung (oder auch ohne diese) verhält? Die einäugige Kreatur zwischen Ihren Beinen reagiert auf das, was Sie sehen, ob es nun eine enge Jeans, ein durchsichtiger Rock, ein knapper Bikini oder ein Strandtuch um ein Geheimnis herum ist.

Natürlich schließt so eine Erregung mehr ein als nur Ihre Sinne; Kopf und Bauch spielen eine entscheidende Rolle. Was einmal magisch wirkt, läßt Sie ein andermal kalt, abhängig von Ihrer Stimmung und dem Unterbewußtsein. Der Anblick, die Berührungen und Gerüche der Frau, die Sie lieben oder auf die Sie scharf sind, haben eine völlig andere Wirkung auf Sie als jene einer Frau, die Sie nicht ausstehen können. Es muß nicht extra betont werden, daß eine Erregung ohne jede Mithilfe der Sinne vor sich gehen kann; allein die *Vorstellung* reicht oft schon aus. Fragen Sie einfach mal jemanden mit einem Penis, der nicht erwachsen werden wollte; diese übersensiblen Teufel machen sich liebend gern schon bei der kleinsten Provokation bereit, ähnlich Autoalarmanlagen, die anschlagen, wenn nur jemand dem Wagen zu nahe kommt.

Aufstehen und loslegen

Welchen Ursprungs auch eine Erregung ist, es läuft jedesmal eine komplexe physiologische Reaktion ab, unter Mitwirkung von Nerven, Muskeln, Blutgefäßen und Hormonen. Entscheidet das Gehirn, daß es nun für den Penis Zeit ist, sich zu erheben und loszulegen, werden Signale an die Lendengegend des Rückenmarks gesendet. Von dort aus werden Botschaften über die Nervenstränge an den Penis geschickt. Die winzigen Muskeln an den Wänden der Penisarterien werden angewiesen, sich zu entspannen, diese Kanäle zu öffnen und mehr Blut hineinfließen zu lassen. Bedenken Sie, daß *ständig* Blut aus dem Rest des Körpers in den Penis fließt, jedoch nur in relativ kleinen Mengen, und durch die Venen gelangt es in einem mehr oder weniger gleichmäßigen Tempo zurück. Daher ist der Penis die meiste Zeit über weich. Wenn Sie aber erregt sind, wird das Blut dorthin gepumpt, wo es notwendig ist, es schießt mit einer um das sechs- bis achtfache erhöhten Geschwindigkeit in den Penis. Der Penis wird gefüllt, die Arterien weiten sich, die kleinen Sinusoiden füllen sich, die Corpora vergrößern sich wie Ballone und pressen sich gegen die Tunica, von der sie umschlossen werden. Als Ergebnis dieses Vorgangs wird der Penis nicht nur größer, sondern auch steifer und eregiert, ähnlich einem Feuerwehrschlauch, der zuerst schlaff und biegsam ist, dann aber durch das Wasser, mit dem er gefüllt ist, hart und starr wird. Größe und Härte eines eregierten Penis hängen sowohl vom *potentiellen*, ererbten Volumen des Schwellkörpers als auch dem Grad an Blutfüllung, der von komplexen psychischen und physischen Faktoren bestimmt wird, ab.

Daß der Penis eregiert *bleibt*, weil das Blut, das hineingeflossen ist und die *Tumeszenz* bewirkt hat, nicht wieder hinausfließt, gehört zu den wunderbarsten und anmutigsten Vorkehrungen der Natur. Solange diese Vorkehrung nicht durch eine körperliche Anomalie oder psychische Hemmungen außer Kraft gesetzt wird, wird der Rückfluß des Blutes durch das Venensystem von einem ventilähnlichen Mechanismus verhindert, damit der Penis lange genug hart bleibt, um seine Arbeit zu tun. Man kann diesen Vorgang mit Straßen vergleichen, die zu einem Parkhaus führen und erweitert werden, um mehr Autos die Zufahrt zu ermöglichen; sind diese aber erst einmal auf dem Parkplatz, werden die Straßen gesperrt, um den Verkehr an der erneuten Ausfahrt zu hindern.

Nach dem Samenerguß oder bei einer Unterbrechung der Erregung, aus welchem Grund auch immer, z.B. das Telephon klingelt, Sie werden nervös, Ihre Partnerin beschwert sich, daß Sie sie an den Haaren ziehen, folgt die *Detumeszenz*. Die zarten Muskeln um die *Sinusoide* und die kleinen Arterien ziehen sich zusammen. Die Straßensperre im Venensystem wird geöffnet und lassen das Blut zurückfließen. Der Penis erschlafft schnell und nachhaltig.

Die Erektion ist das größte Symbol der Männlichkeit; sie ist das anatomische Gegenstück von Wohlhabenheit, Kraft und Stärke. Sie rettet ein junges Mädchen aus Bedrängnis, gewinnt das Spiel, schützt die Stadt rechtzeitig vor dem bösen Buben, alles verpackt in einen zwölf bis achtzehn Zentimeter langen Schaft aus Fleisch und Blut. Daher sorgt nichts für größere Erniedrigung oder heftigere Selbstanklage als eine unzureichende Erektionsfähigkeit. Die Gründe, aus denen eine Erektion nicht wie gewünscht stattfindet, sind sogar noch komplexer und vielfältiger als die Gründe für eine erfolgreiche Erektion. Im folgenden Kapitel werde ich mich damit beschäftigen.

Noch einmal kommen

Die Natur hat die Erektion natürlich um der Zeugung willen geschaffen, in Verbindung mit dem Reflex des Samenergusses, der Ejakulation, der nicht mit dem Orgasmus vermengt werden sollte (obwohl beides normalerweise, jedoch nicht immer, zusammengehören wie Pferd und Wagen). Orgasmus ist das Ergebnis eines intensiven Gefühls von Freude und Erlösung, das Männer und Frauen auf dem Höhepunkt der sexuellen Lust empfinden. In Wirklichkeit steht ein neurologisches Prinzip dahinter, ein elektrochemisches Ereignis, das in dem Bereich des Gehirns stattfindet, der das Lustzentrum beherbergt. Im Labor kann man bei Tieren einen Orgasmus hervorrufen, indem man ihr Gehirn stimuliert. Meist haben Männer einen Orgasmus, wenn sie ejakulieren, oder – wie man sagt – ›kommen‹. Jedoch machen Männer mitunter auch die Erfahrung eines Samenergusses ohne die freudige Erregung eines Orgasmus, die sie aus der Fassung bringt. Vielleicht als Jugendliche, als sie vor Erregung und Angst so überwältigt waren, daß sie sich in ihre Unterhose ergossen haben. Auch haben einige Männer einen Orgasmus ohne Ejakulation erlebt, also das genaue Gegenteil. Es ist belegt, das Männer, die gewissen esoterisch orientalischen Sexualpraktiken anhängen, dies zustande bringen können, jedoch haben es bereits auch viele meiner älteren Patienten erlebt – ohne es versucht zu haben, und verständlicherweise zu ihrem Ärger –, bis sie erkennen, daß es absolut normal ist.

Mit Ejakulation ist der Ausfluß von Samen aus dem Penis gemeint. An diesem Reflex sind viele Teile des Körpers beteiligt. Lassen Sie uns mit der Herstellung der Substanz an sich, dem Samen, beginnen.

Woher er kommt

Im Widerspruch zu der weitverbreiteten Annahme wird die zähe, milchig-weiße Flüssigkeit nicht ausschließlich in den Hoden, den *Testikeln* produziert. Tatsächlich ist sie das Produkt von drei verschiedenen Organen, den *Hoden*, den *Samenbläschen* und der *Prostata*. Der Beitrag, den die Hoden leisten, ist bei weitem der geringste, obgleich es sich um den wichtigsten handelt: das Spermium. Bei einem normalen Mann begeben sich beim Samenerguß zwischen 100 bis 600 Millionen Spermien auf die Suche nach einer fruchtbaren Eizelle, um diese zu befruchten. Diese Millionen von Zellen bilden nur einen Bruchteil des Ejakulationsvolumen.

Die Spermien bahnen sich ihren Weg durch zwei Röhren, die *vas deferens*, von jedem Hoden aus, und werden in den Samenbläschen gelagert. Diese Vesikel sind zwei Beutel, die hinter der Prostata und nahe der Stelle, an der die Harnröhre aus der Harnblase kommt, liegen, wie Fahnen in einer steifen Brise. Dort werden die Spermien mit der übrigen Samenflüssigkeit vermengt, die eigentlich ein Transportmedium für das Sperma ist. Ein Teil dieser Flüssigkeit entsteht in den Samenbläschen selbst, der Rest wird in der Vorsteherdrüse produziert, einem ovalen Organ von der Größe einer kleinen Pflaume, an der Seite der Harnblase gelegen, das die Harnröhre umgibt. Die Prostata leistet nicht nur ihren Beitrag zur Samenflüssigkeit, sondern erleichtert den Vorgang der Ejakulation an sich. Sie verhindert bei einem erregten Mann den Urinfluß aus der Blase, damit allein der Samen in den Penis gelangt.

Auf diese Weise bildet das komplexe Produkt der Hoden, der Prostata und der Samenbläschen die Samenflüssigkeit, die auf dem Höhepunkt des Geschlechtsaktes ejakuliert wird. Wir sollten jedoch noch ein weiteres Sekret erwähnen, das eigentlich zuerst abgesondert wird. Diese Ehre gebührt einer klaren, klebrigen Flüssigkeit, die in den *Comper'schen Drüsen* entsteht, die in etwa die Größe von Erbsen haben und genau unterhalb der Prostata sitzen. Während der Phase der Erregung erscheinen typischerweise kleine Tropfen der Comper'schen Flüssigkeit auf der Spitze des Penis. Manche Männer verwechseln dies mit dem Samenerguß und geraten in Panik, da sie glauben, zu schnell zu kommen. Andere wieder glauben aber fälschlicherweise, daß diese Flüssigkeit keine Spermazellen enthält. In der Tat kann sie solche enthalten – und eine einzige reicht aus, ein Ei zu befruchten. Man nimmt an, daß diese Flüssigkeit zur Befeuchtung der Vagina beitragen soll. Die Natur läßt keinen Kniff aus.

Der Punkt ohne Umkehr

Durch die ausreichende Stimulation eines eregierten Penis wird der Ejakulationsreflex ausgelöst. Wie Sie ohne jeden Zweifel bereits festgestellt haben werden, hängt die Zeitspanne, die bis zum erfolgten Reflex vergeht, vom einzelnen und den Umständen ab. Die begleitenden Sinneseindrücke sind ebenso verschieden; der eine Mann erlebt ein Feuerwerk, ein anderer fühlt womöglich nur ein ›Soso, lala‹. Die Unterschiede in der Intensität und Freude, die ein Orgasmus mit sich bringt, liegen im Gehirn und sind untrennbar verbunden mit psychologischen und emotionalen Faktoren, zu denen der Reiz des Neuen, Liebe, Romantik, Phantasie, Körperchemie und die Heftigkeit des Geschlechtsverkehrs, der dem Orgasmus vorausgeht, zu zählen wären. Die *physischen* Abläufe bei einer Ejakulation sind aber immer – mit geringen

Abweichungen – dieselben, gleich, ob ein Mann auf der Toilette masturbiert oder die Frau seiner Träume unter einem tropischen Wasserfall liebt.

Folgendes geschieht dabei: Ist erst einmal ein bestimmter Grad an Erregung erreicht, gibt eine komplexe Kette von Nervenimpulsen den Muskeln im Beckenboden das Signal zur Kontraktion. Diese Muskeln liegen im Perineum, dem Damm zwischen Hodensack und Anus. Diese Kontraktionen schließen die Harnblase und öffnen den Ejakulationsgang, damit das Sperma und die Samenflüssigkeit in den Harnleiter gelangen können, um dort miteinander vermischt zu werden. Die Beckenkontraktionen werden begleitet von Kontraktionen anderer Muskeln (darunter die des Unterleibs und der unteren Rückenpartien) und einer Zunahme der Herzschlagfrequenz und der Atmung, und so wird der Samenerguß zu einer Ganzkörper-Angelegenheit.

An diesem Punkt schicken die Kontraktionen der Dammuskeln den Samen mit aller Kraft auf seine Reise durch den Penis, fühlen Männer die kurz bevorstehende Ejakulation. Ab jetzt ist sie unausweichlich. Sie ist nur noch eine reiner, nicht mehr zu stoppender Reflex. Aus diesem Grund sollte, wie wir sehen werden, ein Versuch, die Ejakulation zu verzögern, *vor* Erreichen dieses Punkts ohne Umkehr unternommen werden.

Das gallertartige Ejakulat wird mehrmals stoßweise aus der Harnröhre durch den Penis und aus seiner Spitze herausgespritzt und verflüssigt sich schnell zu einer undurchsichtigen Substanz, die es den Spermien ermöglicht, zu den Eiern zu schwimmen. Die Menge des abgesonderten Ejakulats variiert im Hinblick auf das Alter eines Mannes (weniger Samen, je älter Sie werden), und dem Zeitabstand zur letzten Ejakulation (je länger her, desto mehr Samen). Statistisch gesehen reicht die Menge der Samenflüssigkeit pro Ejakulation von eineinhalb bis fünf, im Durchschnitt etwa drei Kubikzentimeter, also etwa ein Teelöffel. Im Alter nimmt die Menge ab, da der Körper einfach weniger produziert. Die Nachdrücklichkeit der Ejakulation nimmt im Alter ebenso ab, Zugeständnis an die gleichfalls abnehmende Muskelkraft und Veränderungen der Gefäße. Mag auch ein junger Mann fünf Kubikzentimeter Ejakulat über die Hälfte eines Zimmers schleudern und ein älterer Mann nur einige wenige Tropfen hervorbringen, so ist dennoch der Mechanismus genau derselbe.

Es ist wichtig, festzuhalten, daß keinerlei Zusammenhang zwischen der Menge des Ejakulats und dem Grad an empfundener Freude besteht. Manche Männer sind gleich enttäuscht, wenn sie diese Substanz nicht literweise produzieren, da sie sich aus Unkenntnis angewöhnt haben, ihre Männlichkeit mit den von ihnen produzierten Samenmengen zu verbinden. Mitunter beschwert sich auch jemand, sein Sexualleben wäre lausig, seitdem er nicht mehr so viel ejakulieren könne, wie er es gewohnt war. Sage ich diesen Männern. daß *jeder* im Alter weniger produziert und daß es rein gar nichts mit ihrem Vergnügen zu tun hätte, passiert garantiert eines der folgenden zwei Dingen: Sie finden wieder Gefallen am Sex, da sie die sich selbst aufgebürdete psychologische Last abgeworfen haben, oder aber sie sehen sich gezwungen, dem *wahren* Problem in die Augen zu sehen, hierbei kann es sich um Konflikte mit der Partnerin bis hin zu heilbaren medizinischen Befunden handeln.

Es scheint eine Beziehung zu geben zwischen der Stärke und der Dauer der beschriebenen Kontraktionen und der Intensität der Empfindung von Freude, und aus genau diesem Grund werde ich in einem späteren Kapitel einige Übungen beschreiben, die die in Frage kommenden Muskeln stärken. Aber ich möchte folgenden, wichtigen Punkt betonen: Jeder Unterschied zwischen zwei Ejakulationen und der erzielten Befriedigung liegt nahezu ausschließlich zwischen Ihren Ohren und nicht zwischen Ihren Beinen. Ein einzelner Orgasmus mag aufgrund der ihn begleitenden Umstände, Emotionen oder der sexuellen Geschicklichkeit des Partners besonders befriedigend erscheinen. Dies liegt aber nicht am Volumen der Samenflüssigkeit. Ist ein von viel Samen begleiteter Orgasmus ungewöhnlich intensiv, so gibt es einen guten Grund dafür: Die letzte Ejakulation des Mannes liegt lange zurück. Je länger sie zurückliegt, desto mehr Flüssigkeit sammelt sich in den Samenbläschen an, und desto mehr sexuelle ›Spannung‹ fühlen Sie, basierend auf der Überdehnung der Aufbewahrungsbeutel. Wenn Sie endlich ejakulieren, erleichtern Sie sich um dieses angesammelte Volumen, darum fühlen Sie sich so gut.

»Ich will allein sein«

Gleich nach der Ejakulation kehrt sich der ganze Vorgang um. Der Herzschlag, Blutdruck und die Atmung werden wieder normal. Der Hodensack, der sich während der sexuellen Erregung reflexartig zusammenzog, und der Hoden, der im Hodensack angeschwollen ist, entspannen sich wieder in ihre übliche Lage. Dies gilt auch für den Penis, der erschlafft, wenn das Blut wieder aus ihm herausfließt, ganz so, als wolle er sich in die Einsamkeit zurückziehen und nicht mehr gesehen werden. Darüber hinaus wird der Kopf des Penis außerordentlich empfindlich. Er möchte nicht berührt werden. Er mag es nun nicht mehr, wenn an ihm gesaugt wird, und er möchte am liebsten in Flammen aufgehen, wenn er mit irgend etwas in Berührung kommt. Nach der Ejakulation schaltet der Penis sozusagen eine Leuchtschrift ein: LASS MICH IN RUHE!

Es folgt eine Zeit der Ruhe, in der sich der männliche Körper regeneriert, bevor er wieder zu einer Erregung fähig ist. Während der sogenannten *widerspenstigen Periode* führt keinerlei Stimulation zu einer erneuten Erektion oder Ejakulation. Die Zeit, die zur Regeneration notwendig ist, ist von Mann zu Mann verschieden. Jedermann wird bei sich zeitliche Abweichungen feststellen, abhängig von seiner Partnerin, den Umständen und Faktoren wie Ermüdung und allgemeine Befindlichkeit. Die beiden hauptsächlichen Variablen, die die Länge der Erholungsphase bestimmen, sind das Alter und die Zeitspanne zu der vorhergehenden Ejakulation. Im allgemeinen brauchen Männer analog zu ihrem Alter mehr Zeit. Wenn sie mit neunzehn Jahren fünf Minuten nach einer Ejakulation wieder bereit waren, so brauchen sie mit vierzig eine Stunde und einen ganzen Tag mit sechzig. Ein Mann, der über einen gewissen Zeitraum keinen Geschlechtsverkehr hatte, wird sich schneller wieder erholen, als wenn er innerhalb der letzten zwei Tage zehnmal ejakuliert hat. Mit dieser Erholungsperiode stellt die Natur sicher, daß Männer nicht ihre Energie verschwenden, wenn sie keinen Samen zur Verfügung haben, da sich die Samenbläschen währenddessen wieder auffüllen. Diese Bläschen arbeiten, wie ein Reservoir, mit einem Rückkopplungssystem. Sind sie leer oder ist der Samenflüssigkeitsstand niedrig, beginnt der Körper mehr zu produzieren, währenddessen wird sich der Mann ein wenig antriebslos fühlen und auf Versuche, ihn zu erregen, nicht reagieren. Steht der Samen wieder voll zur Verfügung, weiten sich die Samenbläschen. Sind diese dann aufgefüllt, wird die Samenproduktion verringert. Die Erholungsphase ist in jeder Hinsicht und zu jedem Zweck vorbei.

Die geweiteten Bläschen senden daraufhin ein neurologisches Signal, das eine Art von ›Druck‹ auf den Damm ausübt; daher rührt das bekannte Gefühl, scharf zu sein. Die Leuchtreklame des Penis ist ausgeschaltet, der Kleine meldet sich zu Wort, hebt seinen Kopf und zieht die Aufmerksamkeit auf sich.

Unter der Voraussetzung, daß alles normal abläuft, kann man die Anatomie der Erektion und der Ejakulation derart beschreiben. Natürlich sind es jene Momente, in denen es *nicht* normal läuft – die Physiologie der Erektion läuft nicht erwartungsgemäß ab, der Mechanismus der Detumeszenz meldet sich im unpassenden Moment, die Ejakulation kommt zur Unzeit –, die jeden Mann schrecken. Wenden wir uns also diesem wichtigen Aspekt zu.

6

WENN DER GEIST WILLIG IST, DER KÖRPER ABER NICHT

Vor vielen Jahren, als Freud maßgeblich war, nahm man an, Impotenz sei ein psychisches Problem. Ein Mann, der keine Erektion bekommen konnte, mußte sich einer Psychoanalyse unterziehen, um die tiefen, dunklen Wurzeln seiner Neurose herauszufinden. Dann lernten wir, daß Erektionsprobleme von medizinischen Problemen herrühren konnten. Seit damals sind hochgestochene Kriterien gefunden worden, um zwischen organischer Impotenz und psychologischer oder situationsbedingter Penisschwäche zu unterscheiden. Und bei Fällen, bei denen deutliche körperliche Ursachen vorliegen, können wir sogar eine präzise Diagnose stellen.

Die sexuellen Probleme, von denen mir berichtet wird, kann man in folgende drei Kategorien einteilen: Begehren, Erektion und Ejakulation. Sorgen über vermindertes Begehren artikulieren normalerweise Männer in mittlerem oder höherem Alter, die sich damit quälen, daß ihr Sehnen nach Sex nicht mehr so stark wie ehedem ist. Ejakulationssorgen drücken sich auf zweierlei Weise aus: zu schnell und zu langsam; medizinisch ausgedrückt, vorzeitig und verspätet. ›Zu schnell am Abzug‹ sind meist jüngere Männer, die langsame Variante dieser Klage höre ich hauptsächlich von den Älteren. Mit wenigen Ausnahmen können mangelndes sexuelles Verlangen und Ejakulationsprobleme nicht medizinisch behandelt werden, sondern bedürfen einer psychologischen Therapie oder einer Verhaltensänderung. Tatsächlich haben Patienten mit diesen Beschwerden in den seltensten Fällen ein echtes Problem, sie sind einfach nur falsch informiert über das, was ›normal‹ ist und was von ihnen erwartet werden kann.

In diesem Kapitel konzentriere ich mich nun auf medizinische Bedingungen, die die Penis-Power in Mitleidenschaft ziehen. Zu Anfang müssen einige allgemeine Punkte angesprochen werden.

Seien Sie nicht kränker, als Sie wirklich sind

Auf gewisse Weise kann jede Krankheit die männliche Potenz lähmen. Allgemeine Schwäche und Müdigkeit, die mit einer Krankheit einherkommen, beeinflussen natürlich Ihren Sexualtrieb und Ihre Fähigkeit, auf Reize zu reagieren. Abhängig von Art und Schwere der gesundheitlichen Beeinträchtigung, kann der Bewegungsspielraum eines Patienten für normalen Geschlechtsverkehr zu eingeengt sein. Eine Krankheit bringt oftmals Niedergeschlagenheit und Verzweiflung mit sich, Minderwertigkeitsgefühle und den Eindruck, der eigene Körper sei beeinträchtigt – all dies zusammen und jedes einzelne kann die Penis-Power reduzieren, auch wenn die Krankheit an sich es nicht tut.

Leider geben sich viele kranke Männer als sexuelle Wesen auf, indem sie sich einreden, nicht länger zu männlichen Aktivitäten in der Lage zu sein. Sie machen sich übermäßige Sorgen und vermeiden jede Anstrengung – sogar Tätigkeiten, die mit Sexualität zu tun haben und ihren Zustand verbessern würden. Opfer der Arthritis enthalten sich mitunter des Geschlechtsverkehrs, da die schmerzenden Gelenke sie daran hindern, sich so kraftvoll zu bewegen, wie sie es gern täten. Sie versagen sich nicht nur notwendige und ihnen zustehende Freuden, sondern möglicherweise eine Verbesserung der Bewegungsfreiheit und ebenso Erleichterung der Schmerzen. Meine Kollegen, die Rheuma behandeln, versichern mir, daß unter Arthritis leidende Patienten nach einem Orgasmus nachweislich vier bis sechs Stunden lang eine Schmerzerleichterung verspüren können.

Leider unterstützen einige Mediziner diese negative Einstellung. Sie raten ihren Patienten, ihre sexuellen Aktivitäten zu begrenzen oder gar ganz einzustellen, wenn die Krankheit zuschlägt. Ein orthodoxer Schulmediziner könnte sogar einem Patienten mitteilen, daß er nie wieder »normale sexuelle Beziehungen« haben werde. Wie schrecklich ausgedrückt! Von dieser Nachricht sind die Patienten nicht nur deprimiert, sondern nehmen sie für bare Münze, glauben, ihren Penis in Rente schicken zu müssen und geben alle Formen sexueller und sinnlicher Freude auf. Darüber hinaus ist die negative Prognose des Arztes oftmals irrig. Noch vor nicht allzu langer Zeit verboten Ärzte Herzpatienten und Menschen mit Rückenschmerzen jede Anstrengung; nun verschreiben wir Übungen zu deren Wiederherstellung und raten vom Herumsitzen ab. In vielen Fällen gilt dasselbe für die Sexualität. Ich rate meinen Patienten und bestärke sie darin, sich im Krankenbett an ihren Penes zu freuen, anstatt den Penis vorzeitig einschrumpfen zu lassen.

Sagt Ihnen Ihr Arzt, sie sollten sich der Ausübung Ihrer Penis-Power enthalten, holen Sie eine zweite Meinung ein! Er könnte falsch informiert oder einfach altmodisch sein. Sein Rat kann Ihnen unter Umständen etwas rauben, das mildernder und heilender als Lachen ist. Meiner Erfahrung nach schränkt Krankheit Ihre Sexualität zwar mitunter ein, muß sie aber nicht ausschließen. In vielen Fällen hängt es nur davon ab, seine Gewohnheiten zu ändern. In Ihrem Zustand brauchen Sie möglicherweise zu einer Erektion länger, und so könnten Sie geduldiger werden, während Ihre Partnerin neue Wege entdeckt, Sie zu reizen. Ihre Krankheit könnte Ihre gewohnten Liebesstellungen unmöglich machen. Probieren Sie dann neue aus. Ihr Sex könnte weniger häufig und weniger kräftig sein; anstatt sich darüber zu beschweren, kosten Sie doch die langsame, sanfte Sinnlichkeit aus, die Sie früher im Schnellverfahren abgehakt haben. Haben Sie weniger oft Geschlechtsverkehr, so könnten Sie öfter oralen Sex oder gemeinsame Masturbation genießen lernen. Diese Veränderungen machen Sex anders, nicht schlechter. Nehmen Sie dies eher als Gelegenheit zu neuen Erfahrungen, nicht als Grund, sich selbst zu bemitleiden oder eines der großartigsten Vergnügen des Lebens aufzugeben.

»Mein Freund hat da ein Problem ...«

Kaum etwas ist für einen Mann schwerer zuzugeben als Erektionsprobleme. Selbst einem Arzt gegenüber ist der Mann meistens so verlegen, daß er es so lange wie möglich aufschiebt, manchmal bis es zu spät ist, um die Situation leicht in den Griff zu bekommen. Frauen können vermutlich die Erniedrigung nicht nachvollziehen, die ein Mann erfährt, wenn mitten im leidenschaftlichen Vorspiel der Penis nicht eregiert – oder sich ein eregierter Penis plötzlich und ohne Vorwarnung hängen läßt. Wird eine Frau nicht feucht, kann sie zur Gleitcreme greifen oder ihr Partner Speichel benutzen. Eine Frau muß den Geschlechtsverkehr nicht einmal dann unterbrechen, wenn sie nicht sonderlich erregt ist, und im Zweifelsfall kann sie Leidenschaft immer noch vortäuschen. Ein Mann ohne eregierten Penis verfügt über keinen derartigen Ausweg.

Hängt sein Penis wie eine Fahne bei Flaute, kann er nichts weiter vortäuschen. Kein Hilfsmittel kann das ausgleichen. Für viele Männer ist dieser Alptraum schlimmer als ein Eigentor beim Fußball. Selbst wenn es einmal passiert, kann es verheerend sein, da nur sehr wenige Männer in der Lage sind, es abzuschütteln. Passiert es öfter, schlägt die Erschütterung des Selbstwertgefühls auf der Richterskala hoch aus. Man *sollte* es abschütteln, da es von Zeit zu Zeit jedem passieren kann.

Besucht mich also ein Mann in meiner Praxis, weil er Schwierigkeiten hat, eine Erektion zu bekommen oder zu halten, weiß ich genau, wie schwer ihm dieses Eingeständnis fällt. Zuerst bemühe ich mich dann darum, daß er sich bei mir wohl fühlt und versuche mit einem verständnisvollen Lächeln und entsprechendem Verhalten, schnell sein Vertrauen zu gewinnen, damit er offen und ehrlich über diese sehr delikate Situation reden kann. Dem Bericht entnehme ich die medizinische Vorgeschichte. Zuerst möchte ich wissen, ob die Erektionsprobleme neueren Datums sind oder sich bereits eine Zeitlang hinziehen, ob sie plötzlich oder allmählich aufgetreten sind. Ausgehend von den Antworten, die ich erhalte, stelle ich eine Reihe von Fragen über das Privatleben und seinen Gemütszustand. Ich folge hierbei einem Algorithmus, bei dem jede Antwort des Patienten zu der nächsten Frage führt, woraus sich eine genaue Diagnose ergibt. Sie wären überrascht, wenn Sie sehen könnten, wie viele Männer in völliger Penispanik zu mir kommen, nur um dann herauszufinden, daß sie kein medizinisches Problem haben, sondern bestimmte Umstände, wie eine brüchige Ehe, Verärgerung über eine beruflich schwierige Lage oder einfach Ermüdung verantwortlich sind.

An dieser Stelle wenden sich meine Fragen den medizinischen Faktoren zu, falls meine Analyse nicht eine offensichtlich situationsbedingte Ursache enthüllt hat. Erfüllt der Penis nicht die in ihn gesetzten Erwartungen und sind psychologische Faktoren ausgeschlossen, fällt die Diagnose in den klinischen Bereich organischer Impotenz. Obwohl nur wenige Männer mit sexuellen Beschwerden unter diese Kategorie fallen, verlangt meine Verantwortung als Urologe, zuallererst nach medizinischen Gründen für den problematischen Penis zu suchen.

Bevor ich mich an eine komplizierte medizinische Auswertung mache, muß ich überzeugt sein, daß der Patient tatsächlich physisch nicht zu einer Erektion fähig ist. Dies ist sehr oft mit einer Frage verbunden. Nehmen wir den Fall eines fünfzig Jahre alten leitenden Angestellten als Beispiel, der wegen einer geringfügigen Reizung auf der Haut des Hodensacks zu mir kam. Ich verschrieb ihm eine lokal anzuwendende Salbe und horchte auf, als dieser aggressive, spießige Zappelphilipp auf den Boden starrte und mir einfältig den wahren Grund für seinen Besuch nannte: »Herr Doktor, in letzter Zeit kriege ich ihn nicht mehr hoch.« Ansonsten fühle er sich gut und hätte keineswegs mehr Streß als sonst.

In diesem Augenblick meldete mir meine Sekretärin, daß der Laborassistent gekommen war, um eine Blutprobe mitzunehmen. Da ich wußte, daß dieser Assistent eine hübsche junge Frau war, nutzte ich die Gelegenheit, mit einer visuellen Unterstützung das Diagnoserätsel zu knacken. Als sie das Untersuchungszimmer betrat, tauschten wir Höflichkeiten aus, ich übergab ihr die Probe, und sie ging wieder hinaus. Ich sah, wie mein Patient seine Augen über ihren wohlgeformten Körper gleiten ließ. »Wenn sie zu Ihnen käme«, fragte ich ihn, »glauben Sie, daß Sie Probleme hätten?«

»Machen Sie Scherze, Herr Doktor?« fragte mein Patient. »Wann kann's losgehen?«

Das medizinische Problem war gelöst. Seine Penisschwäche lag an seinem ehelichen Schlafzimmer, und nicht an irgendeiner Fehlfunktion des Organs. Natürlich hält so eine Anmerkung nicht im geringsten einer wissenschaftlichen Überprüfung stand, aber im Fall dieses Patienten gab es andere Beweise. Er gestand, vor kurzem mit einer Frau, die er auf Geschäftsreise kennengelernt hatte, herumgetobt zu haben. Während dieser Affäre habe alles wunderbar geklappt. Offensichtlich war der Patient nicht physisch geschwächt, und ich riet ihm und seiner Frau zu einer Eheberatung.

Die Frage, ob ein Penisproblem physischer oder mentaler Natur ist, kann bei den meisten Patienten nicht in einem Interview geklärt werden. Als Mediziner muß ich nach zuverlässigen, objektivierbaren Kriterien urteilen. Und in der Tat verfüge ich über eine verläßliche Methode.

Im Schlaf zufällig hart werden

Es ist eine Tatsache: Alle *gesunden* Männer bekommen im Schlaf Erektionen, ohne Ausnahme jede Nacht. Jede dauert etwa eine halbe Stunde, obwohl der Penis nicht die ganze Zeit über vollkommen eregiert ist. Ungeachtet ihres Alters bekommen alle gesunden Männer in Zyklen vier oder fünfmal pro Nacht diese Erektionen, in Abständen von ein bis zwei Stunden. Meist fallen sie mit dem REM-Schlafzustand, dem *Rapid Eye Movement* zusammen. Hierbei handelt es sich um einen Zeitabschnitt, in dem Träume auftreten. Die Erektionen stehen jedoch nicht in Zusammenhang mit dem Inhalt dieser Träume. An sich sind sie asexuell, selbst Kinder träumen sie.

Ich möchte nicht den irrigen Eindruck erwecken, daß ein zwanzigjähriger schlafender Penis sich genauso verhält wie sein sechzigjähriges Gegenstück. Die Gesamt*dauer* einer nächtlichen Tumeszenz und die Dauer jeder einzelnen Erektion sind abhängig vom Alter; bei Teenagern dauern sie am längsten, danach nehmen sie schrittweise ab. Ich kann Ihnen jedoch versichern, daß normal gesunde Männer auch mit achtzig Jahren immer noch drei bis vier Erektionen pro Nacht haben. Zusammengefaßt heißt dies, daß der Penis eines aus medizinischer Sicht gesunden Mannes im Durchschnitt mehr als 100 Minuten pro Nacht eregiert ist.

Wir Urologen kennen nicht genau das Ziel dieser nächtlichen Erektionen oder welchem Zweck, falls es einen gibt, sie im Schlafprozeß dienen. Glücklicherweise aber sind sie für uns ein wichtiges Diagnosewerkzeug. Wir gehen davon aus, daß diese asexuellen Schlaferektionen vom selben Mechanismus ausgelöst werden, der sexuelle Erektionen bedingt. Daher schließen wir aus normalen Erektionen während des Schlafs, daß ein Mann anatomisch und physiologisch zu guten Erektionen während des Geschlechtsverkehrs in der Lage ist. In diesem Fall können wir mit Sicherheit schlußfolgern, daß seine Penisschwäche nicht auf organischen Bedingungen beruht, sondern statt dessen seine Wurzeln in der Psyche hat. Umgekehrt schließen wir bei einem Patienten, der keine normalen Erektionen im Schlaf hat, auf organische Bedingungen, die diesen Vorgang verhindern, daher lautet unsere Diagnose auf organische Impotenz.

Wacht einer meiner Patienten mitten in der Nacht auf und sein Penis ist in Alarmbereitschaft, oder er hat morgens beim Aufwachen eine Erektion (ein Umstand, den man manchmal als »Pinkelsteife« bezeichnet, da die morgendliche Erektion oftmals in Verbindung mit dem Harndrang steht), so genießt er den Luxus, zu wissen, daß sein Penis voll funktionsfähig ist. Urologen verfügen aber über eine überzeugendere Form der Bestimmung – der Diagnosevorgang des NPT, des Nächtlichen-Penis-Tumeszenz-Tests.

Der Patient erhält für zu Hause eine einfache Ausrüstung, bestehend aus einem Apparat mit Schlaufen, die wie ein Paar kleine Blutdruckmanschetten aussehen. Diese werden um den Penis gelegt, eine oben und eine an der Eichel, sie sind bequem genug, um damit schlafen zu können, können aber doch nicht so leicht abfallen. Die Manschetten sind über eine Leitung mit einem Meßgerät verbunden, das wiederum an einen Drucker angeschlossen ist, ähnlich dem von Lügendetektoren her bekannten. Wird der Penis des Patienten, wie es bei einer normalen nächtlichen Erektion der Fall ist, größer, nimmt der Druck innerhalb der Manschetten zu, und die Veränderung wird in graphischer Weise aufgezeichnet. Mit diesem Gerät können wir die Anschwellung im Durchmesser und den Grad der Penissteife messen.

Diese einfache Vorrichtung sagt mir, ob ein Patient physisch in der Lage ist, eine befriedigende Erektion zu erreichen. Ungeachtet des Ergebnisses fühlen sich meine Patienten ausnahmslos besser, da jetzt zumindest das Mysterium und die Qual beendet sind. Sie fühlen sich erleichtert, entdeckt zu haben, daß sie in der Tat eine Erektion haben können und aus medizinischer Sicht vollkommen in Ordnung sind, oder sie sind erleichtert, herausgefunden zu haben, daß das Problem physischer und nicht mentaler Natur ist. Weiß ich erst einmal, daß es sich um ein physisches Problem handelt, kann ich zur Diagnose der wirklichen Natur der Störung schreiten und einen angemessenen Behandlungsplan aufstellen.

Interessanterweise habe ich, bevor es hochentwickelte Überwachungsmittel gab, auf eine einfache, selbstgestrickte Vorgehensweise vertraut, die weiterhin von Patienten, die mit Maschinen vertraut sind, benutzt werden kann. Nehmen Sie eine Rolle Briefmarken und wickeln Sie sie um Ihren Penis, bevor Sie zu Bett gehen. Wenn Sie am Morgen aufwachen und die Perforation zwischen den Briefmarken ist gerissen, so hatten Sie in der Nacht aller Wahrscheinlichkeit nach eine Erektion. Der Briefmarkentest ist trotz seiner mangelnden Wissenschaftlichkeit recht verläßlich.

Ist der Patient zu einer angemessen nächtlichen Erektion nicht in der Lage, wird es für mich Zeit, mit einer umfassenden urologischen Auswertung fortzufahren. Dank einiger bedeutender medizinischer Fortschritte können nun bisher verborgen gebliebene physische Störungen diagnostiziert werden, und Männer, die an ihnen leiden, können nun medizinisch behandelt werden. Früher haben solche Männer Jahre mit einer Psychotherapie verschwendet, während ihr Selbstwertgefühl und ihre Penis-Power immer mehr absanken. Der Schlüssel ist eine exakte Diagnose, und in den meisten Fällen kann die Ursache bereits in der Praxis festgestellt werden. Es gibt drei grundlegende Kategorien von Störungen, die ein Penisversagen bedingen: neurologische, die Gefäße betreffende und hormonelle. Lassen Sie mich noch einmal betonen, daß organische Ursachen von den vielen Penisschwächen, die ich aus meiner Praxis kenne, nur einen Bruchteil ausmachen.

Neurologische Störungen

Aufgrund einer Beeinträchtigung der komplexen, vernetzten Nervenstränge, die eine Erektion ermöglichen, sind einige Patienten nicht in der Lage, eine Erektion hervorzurufen oder zu halten. In fast allen diesen Fällen ist die Impotenz das Symptom einer bereits bestehenden neurologischen Störung, darunter multiple Sklerose, Parkinson, Nackensteifigkeit, Tumore oder Verletzungen des Rückenmarks. Zusätzlich können Umstände wie Alkoholismus und fortgeschrittene Diabetes zu einer Beschädigung der peripheren Nerven führen und Erektionen beeinträchtigen.

Weist die Krankengeschichte eines Patienten eine dieser Krankheiten auf und nächtliche Erektionen treten nicht auf, ist neurologisches Versagen anzunehmen. Um eine Bestätigung zu erlangen, kann ich eine einfache Untersuchung vornehmen, die man den Blasenscheidenreflex-Test (Bulbocavernosus) nennt. Ich führe einen behandschuhten Finger in den analen Schließmuskel des Patienten ein und übe dann mit der anderen Hand einen kräftigen Druck auf die Penisspitze aus. Funktioniert der Reflexbogen richtig, wird sich der Schließmuskel fest um meinen untersuchenden Finger schließen. Mit diesem einfachen Test kann ich feststellen, ob der für eine Erektion notwendige Reflexbogen ordnungsgemäß funktioniert.

Einige der für Penisschwäche verantwortlichen neurologischen Störungen können korrigiert werden. Beispielsweise kann ein Patient nach einer Operation des beschädigten Nackenwirbels oder der Entfernung eines Rückenmarkstumors durchaus wieder normale Erektionen haben. Leider sind jedoch die meisten neurologischen Ursachen eines Penisversagens nicht zu korrigieren und liegen außerhalb des Fachgebietes eines Urologen. Diese Patienten überstellen wir an Neurologen oder Neurochirurgen, die, falls möglich, weiterführende Untersuchungen und Behandlungen vornehmen.

Gefäßerkrankungen

Die verbreitetste aller medizinischen Ursachen für Fehlfunktionen des Penis sind Gefäßerkrankungen. Wie wir bereits gesehen haben, ist eine Erektion zu großen Teilen eine Funktion des Blutflusses. Durch Verstopfungen der Arterien, die dem Penis Blut zuführen, können Probleme verursacht werden. Das gleiche gilt für ein kleines Leck im Venensystem, das entsteht, wenn Blut vorzeitig aus dem Schaft abläuft. Mit anderen Worten, gelangt nicht ausreichend Blut in den Penis oder wird dort nicht gehalten, kann Ihr Penis nicht eregiert bleiben. Daher achte ich bei meinen Patienten gleich zu Anfang unter anderem darauf, ob ihre Krankengeschichte den Befund einer Herz-Kreislauf-Erkrankung liefert. Bluthochdruck, Brustschmerzen (Angina Pectoris), Schmerzen in den Beinen nach längerem Gehen oder Sport (Claudicatio) – die in Zusammenhang mit Umständen stehen, die die Blutgefäße Ihres Körpers und die für den Penis wichtigen, verkleben. Aus diesem Grund gehört – nebenbei gesagt – zu den wichtigsten Dingen, die ein Mann, der nach Penis-Power strebt, tun kann, die Erhaltung eines tauglichen Herzkreislaufs mit Hilfe von Diäten, Gewichtskontrolle und körperlicher Ertüchtigung.

Während ich die Symptome mit meinem Patienten bespreche, bekomme ich einen Eindruck davon, ob es notwendig ist, nach weiteren möglichen Gefäßproblemen zu suchen. In der Vergangenheit war es sehr schwierig, Gefäßfehler beim Erektionsvorgang festzustellen. Die Testreihen waren zeitaufwendig, schwer durchzuführen und zu interpretieren. Das alles hat sich geändert. Wir verfügen nun über einfache, genaue Techniken, Gefäßerkrankungen zu erkennen.

Eine dieser einfachen Techniken beinhaltet das Messen des Blutdrucks im Penis. Wir benutzen hierfür die gleichen Hilfsmittel wie beim herkömmlichen Blutdruckmessen, nur ist die Manschette sehr viel kleiner als diejenige, die um Ihren Bizeps paßt. Wir messen den Blutdruck im Penis sowie den in den Oberarmarterien (normaler Blutdrucktest) und erhalten ein Verhältnis, den sogenannten Penis-Brachial-Index (PBI). Normalerweise ist der Blutdruck im Penis gleich oder größer als der im Oberarm gemessene. Ist er deutlich geringer, ziehen wir dies als ein mögliches Anzeichen für einen mangelhaften Blutfluß zum Penis in Betracht. Manchmal messen wir den PBI vor und nach Übungen, die der Patient auf einem Trimmrad in der Praxis macht. Eine Abnahme des PBI ist ein Beweis für einen »Beckendiebstahl«. Blut, das für den Penis bestimmt ist, wird in die Beine umgeleitet.

Eine neuere, verfeinerte Methode, um Arterienerkrankungen zu erkennen, ist die Doppler-Pulswellen-Analyse. Dieses Instrument produziert Ultraschall, den wir auf die Blutgefäße des Penis richten. Die Bewegung der Blutkörperchen gibt ein Signal an das Gerät zurück, das sich je nach dem Volumen des Blutflusses durch die Gefäße verändert. Es wird entweder zu einem hörbaren Ton verstärkt oder als Welle auf einer Tabelle aufgezeichnet. Der Vorgang ist äußerlich, schmerzfrei und besonders genau. Ohne den Penis selbst mit Apparaten zu verbinden, können wir damit sogar den Blutdurchfluß einzelner Arterien messen.

Noch fortgeschrittener, aber eingreifend, ist die Penisarteriographie. Wir injizieren einen Farbstoff in die den Penis versorgende Arterie und machen den Blutfluß mit Röntgenstrahlen, die auf den Farbstoff reagieren, sichtbar. Dies ist der exakteste Weg, die winzigen Arterien zu untersuchen, die während der Erektion den Penis mit Blut versorgen. Da diese Methode eine Anästhesie des Patienten erfordert und Farbstoff direkt in eine sehr kleine Arterie injiziert werden muß, was manchmal unbeabsichtigte Komplikationen mit sich bringt, wird sie nicht besonders häufig angewendet. Ich selbst hebe mir dieses Verfahren für wenige ausgewählte Fälle auf, Patienten mit schwereren Beckenverletzungen oder einzelnen Arterienschäden, die einer Operation bedürfen.

In den frühen Achtzigern wurde eine revolutionäre Technik eingeführt, die positive Folgen für Diagnose und Behandlung hatte. Sie besteht aus der Injektion von besonderen, vasoaktiven Medikamenten, d. h. Medikamente, die die Penisarterien dehnen. Dies führt zu einer dramatischen Zunahme des Blutflusses zum Penis, bringt normalerweise eine sofortige Erektion mit sich, ungeachtet mentaler Umstände und selbst angesichts einer deutlichen Erkrankung der Blutgefäße. Am häufigsten werden Papaverin und Prostaglandin E injiziert. Meiner Erfahrung nach sind diese Injektionen der beste Weg, um nach Kreislaufproblemen zu suchen. Mit einer einfachen Injektion können wir feststellen, ob das System der Arterien intakt ist. Der Penis wird entweder hart oder nicht.

Manchmal verwendet man diese Injektionen in Verbindung mit einem Verfahren, das Radioisotopen-Penogramm genannt wird. Wir injizieren harmloses radioaktives Material in den Penis. Mit einer auf radioaktives Material reagierenden Kamera nehmen wir eine genaue, quantifizierbare Messung des Blutdurchflusses des Penis vor. Gesunde Patienten weisen eine merkliche Zunahme an Radioaktivität auf, bei verhindertem Blutfluß nicht. Heutzutage wird diese Methode selten zur Diagnose von

Gefäßerkrankungen, jedoch zur Auswertung von Behandlungsergebnissen herangezogen.

Haben meine Patienten nur Teilerektionen oder verlieren sie ihre Erektion, wenn sie die Stellung wechseln, vermute ich auch Probleme mit dem Blutfluß aus dem Penis – ein Venenleck. In einigen Fällen fließt das Blut normal in den Penis, bleibt aber nicht lange genug im Schwellkörper, um die Erektion zu halten, da der Ventilmechanismus in den Venen das Blut nicht richtig einschließt. Neue Röntgentechniken versetzen uns in die Lage, ein Venenleck zu diagnostizieren.

Für mich ist diese harmlose, schmerzfreie Meßmethode ein medizinisches Wunder. Da wir nun den Blutdurchfluß jedes einzelnen Gefäßes im Penis messen können, sind wir in der Lage, Blutgefäßverstopfungen und Lecks genau zu diagnostizieren. Wir können präzise Maßnahmen ergreifen, um die Probleme zu beheben. Den Gebrauch von Papaverine- und Prostaglandin-Injektionen zur Wiederherstellung abnehmender Penis-Power – besonders bei älteren Männern, werde ich später beschreiben (siehe Kapitel 7).

Hormonelle Störungen

Das bei weitem allgemeinste endokrine Leiden, das in Zusammenhang mit Penisversagen steht, ist Diabetes. Der Diabetes wird charakterisiert durch eine ungewöhnliche Absonderung von Insulin, das die Menge des zirkulierenden Blutzuckers genau regelt. Er ist eine Hauptursache für allgemeine Arteriosklerose (Arterienverhärtung) und weitverbreitete Neuropathie, eine Krankheit, die Nerven im ganzen Körper zerstört. Im Hinblick auf die Penis-Power ist der Diabetes eine doppelte Bedrohung: Er kann schwere Schäden an den Blutgefäßen und den zum Penis führenden Nerven verursachen. Eine beachtliche Anzahl meiner jungen, männlichen Diabetespatienten erlebt eine schrittweise Abnahme der *Empfindlichkeit* ihres Penis und eine Abnahme der Steife ihrer Erektionen. Letztlich sind leider viele Diabetiker nicht mehr zu einer insgesamt normal funktionierenden Sexualität in der Lage.

Ich muß betonen, daß nicht jeder Diabetiker zu Penisschwäche verdammt ist. Wird der Diabetes rechtzeitig erkannt und mit Hilfe einer Diät, Medikamenten, Insulininjektionen und Übungen in den Griff bekommen, besteht eine große Chance, die Penis-Power wiederherzustellen – oder eine Schwächung niemals aufkommen zu lassen.

Andere hormonelle Bedingungen können die Penis-Power ebenfalls angreifen. Darunter abnormale Schilddrüsen-Funktionen – eine zuwenig oder zu sehr aktive Schilddrüse; eine Überproduktion des Hormons Prolactin, die normalerweise eine Nebenwirkung bestimmter Medikamente ist; Tumore in der Hypophyse; ein Mangel an Testosteron, dem männlichen Sexualhormon. All dies kann – ist es erst einmal diagnostiziert worden – sehr leicht korrigiert werden.

Nur bei wenigen Patienten würde mir das Blutbild einen unnormal niedrigen Spiegel männlicher Hormone (Testosteron) enthüllen. Patienten mit diesem Befund haben meist an einer Erkrankung der Hoden gelitten oder hatten als Kind die Mumps. Mumps kann zu einer Hodenentzündung (Orchitis) führen, die bei den Hoden zu einer Atrophie führt, was wiederum eine Verminderung der Testosteronproduktion bedeutet. Diese Patienten behandelt man mit regelmäßigen Testosteron-Injektionen, um den normalen Stand zu erreichen. Dies stellt erfolgreich die ganze Penis-Power des Patienten wieder her. Der Schlüssel liegt in der Erkenntnis eines Hodenversagens als Ursache.

Ich muß betonen, daß es keinen vernünftigen Grund gibt, Testosteron anzuwenden, solange der Grad des zirkulierenden Blutes im normalen Bereich liegt. Entgegen dem Glauben vieler Patienten verbessert dieses Hormon keineswegs die Penisleistung eines normalen Mannes. Nicht nur das, darüber hinaus können Testosteron und seine Ableitungen, die berühmt-berüchtigten anabolen Steroide, schwere Nebenwirkungen verursachen. Konsumiert ein Mann mit normalem Testosterongrad oral oder per Injektion zusätzliche Mengen des Hormons, wird den Hoden signalisiert, *weniger* männliche Hormone zu produzieren. Durch einen komplexen Rückkopplungsmechanismus ist der Körper in der Lage, genau die richtige Menge zirkulierenden Testosterons zu erhalten. Mehr kann der Körper auch gar nicht anwenden. Führen Sie von außen noch etwas hinzu, sagt der Körpercomputer: »Oh, jetzt krieg ich auf einmal so viel Testosteron. Ich sage den Hoden besser mal, sie sollen nicht mehr soviel von dem Zeug produzieren.« Das Ergebnis: ›schmale Hoden‹.

Der unter Athleten und Bodybuildern weitverbreitete Gebrauch von Steroiden ist allein schon alarmierend; der Gedanke, daß Männer sie in der irrigen Hoffnung einnehmen, ihre Penis-Power verbessern zu können, ist noch quälender. In meiner Praxis waren schon viele erschreckende männliche Exemplare – Athleten und Filmstars, deren Körper wie aus Marmor gemeißelt aussehen –, die zu fürchten begannen, daß die Steroide ihre Fruchtbarkeit und ihr Sexualleben zerstören könnten. Ihre Hoden waren auf die Größe von Erbsen geschrumpft. Das ist es wirklich nicht wert, selbst nicht für

Männer, deren Glück von ihren Muskeln abhängt. Es wäre vollkommener Wahnsinn, nähme ein durchschnittlicher Mann anabole Steroide, Testosterone oder ihre Derivate in der Hoffnung, sie würden ihn in einen Hengst verwandeln.

Drogen und Penis-Power

Drogen auf Rezept

Ein Fernsehproduzent, den ich wegen einer Urininfektion behandelt hatte, kam in meine Sprechstunde. In dem Augenblick, in dem er das Untersuchungszimmer betrat, sah ich an seinem Gesichtsausdruck, daß er nicht wegen der Infektion da war. Was es auch war, es war ernst, etwas, worüber er nicht so leicht reden konnte. Als er endlich sagte, »Herr Doktor, ich krieg ihn nicht mehr hoch«, war ich schockiert. Er hatte einen Ruf als Ladykiller von Rang und war sehr stolz auf seine Penis-Power.

Wir unterhielten uns eine Zeitlang über sein Leben. Ich zog die Möglichkeit in Betracht, daß er als Single mit wechselnden Sexualpartnern nun vor Aids Angst haben könnte. Er negierte dies, da er ausschließlich Safer Sex mit sorgfältig ausgesuchten Partnerinnen praktiziere. Möglicherweise, dachte ich, könne er aufgrund seiner beruflichen Anforderungen unter Streß oder körperlicher Anspannung stehen. Aber er versicherte mir, daß sein Leben unter keinem größeren Druck stehe als bisher, ohne jedes Penisproblem. Außerdem wäre Sex für ihn eine Art Ausgleich für aufgebaute Spannungen. Ein derartiges

Versagen wäre noch nie dagewesen, und er könne sich nicht erklären, was geschehen sei.

Als ich mir seine Krankengeschichte nach einer umfassenden Untersuchung nochmals ansah, fand ich die Antwort: Als ich ihn das letzte Mal gesehen hatte, war Bluthochdruck bei ihm diagnostiziert worden. Nicht dieser hatte seine Penis-Power angegriffen, sondern die verschriebenen Medikamente, die ihn kontrollieren sollten, waren schuld.

Eine Anzahl von therapeutischen Medikamenten kann zu Erektions- oder Ejakulationsproblemen führen, selbst bei Männern mit einer hervorragenden Einstellung zu ihrem Penis. Leider gibt es nur wenige streng wissenschaftliche Untersuchungen, daher sind wir bei unserem Wissen über Penisschwäche in Verbindung mit der Einnahme von allgemein bekannten Medikamenten auf Anekdoten oder Berichte von Herstellern über mögliche Nebenwirkungen angewiesen. Hege ich den Verdacht, daß ein Medikament für Probleme eines Patienten verantwortlich ist, führe ich einen informellen Test durch, verringere die Dosis oder setze es insgesamt ab, um feststellen zu können, ob die Penis-Power des Patienten wiederhergestellt wird. Dies findet selbstverständlich in Zusammenarbeit mit dem behandelnden Arzt und unter Beachtung aller möglichen Absicherungen statt. Der erwähnte Fernsehproduzent war nicht lange, nachdem wir die Dosierung seiner Blocker verringert hatten, wieder ganz der alte.

Blutdruckmedikamente sind nicht die einzigen Missetäter, wenngleich vermutlich die am verbreitetsten. Würden Sie die *Physician's Desk Reference*, die Bibel der medikamentösen Nebenwirkungen, sorgfältig durchlesen, so würden Sie feststellen, daß sexuelle Fehlfunktionen als mögliche Nebenwirkung bei fast allen Mitteln gegen Hypertonie aufgelistet sind. Sie senken auf unterschiedliche Weise den Blutdruck, deshalb ist ihre Wirkung auf den Penis ebenso unterschiedlich. Beispielsweise liegt das Auftreten von Penisschwäche bei Reserpin einnehmenden Patienten zwischen dreißig und vierzig Prozent; eine vierzigprozentige Wahrscheinlichkeit auftretender Ejakulationsfehlfunktion sowie ein Erektionsversagen mit einer Wahrscheinlichkeit von zwanzig Prozent weisen Patienten auf, die Guanethidine einnehmen. Nehmen Sie blutdrucksenkende Mittel und haben den Verdacht, daß diese sich nachteilig auf Ihre Penis-Power auswirken, konsultieren Sie bitte Ihren Arzt. Möglicherweise können Sie auf andere Medikamente ausweichen, deren Inhaltsstoffe Sie nicht davon abhalten, ein superpotenter Mann zu sein.

Andere Medikamente, darunter einige Diuretika, können Ihre Penis-Power schwächen. Bestimmte Medikamente, die zur Angstbehandlung, gegen Depressionen und andere psychische Störungen angewendet werden, können abnehmende Libido, verzögerte Ejakulation oder Erektionsprobleme bewirken. Verschiedene Medikamente gegen Geschwüre können ebenfalls bei manchen Patienten zu Impotenz führen, da sie die Produktion von Testosteron unterbrechen.

Ich muß jeden, der verschriebene Medikamente einnimmt, davor warnen, diese eigenmächtig abzusetzen oder die Dosis zu ändern. Hegen Sie den Verdacht, daß Ihre Penis-Power unter Medikamenten leidet, sollten Sie unbedingt Ihren Arzt zu Rate ziehen, bevor Sie auf eigene Faust handeln. Es ist ein außerordentlich kompliziertes Feld, selbst gut ausgebildete Ärzte sind nicht immer in der Lage, Ihnen mit Sicherheit mitzuteilen, ob ein Medikament ein bestimmtes Problem hervorruft. Viele Faktoren, nicht nur Medikamente, tragen zu der Unfähigkeit, eine Erektion zu bekommen, bei. Viele Patienten fortgeschrittenen Alters bekommen die beschriebenen Medikamente und leiden an mehr als einer Krankheit, nehmen mehrere Medikamente ein und weisen andere Umstände auf, die Ihre Penis-Power beeinträchtigen könnten.

Und dann gibt es da noch die grundlegendste Krankheit an sich. Bluthochdruck kann Ihre Penis-Power vorher und nachher schwächen; in der Tat weisen ungefähr zehn Prozent aller Patienten, die blutdrucksenkende Medikamente benötigen, *vor* dem Behandlungsbeginn bereits eine beträchtliche Penisschwäche auf. Gleichermaßen können Depressionen zu sexuellen Fehlfunktionen führen. Wie kann man sicher sein, ob die Krankheit, die Droge oder eine Kombination aus beidem verantwortlich ist? Darüber hinaus müssen die sexuellen Nebenwirkungen gegen die Konsequenzen der Krankheit selbst sorgfältig abgewogen werden. In einigen Fällen bietet sich ein Medikamentenwechsel oder eine angepaßte Dosierung als einfache Lösung an. Ist dies jedoch nicht möglich, ist es unter Umständen klüger, mit einer verringerten Penis-Power zu leben, als das Risiko einer Verschärfung der bestehenden ernsten Krankheitsumstände aufgrund unterbrochener Behandlung in Kauf zu nehmen. Solche Entscheidungen verlangen nach einer heiklen klinischen Beurteilung, daher ist eine offene, gründliche Unterredung mit Ihrem Arzt sowie die strenge Prüfung aller Möglichkeiten wichtig.

Aufputschmittel

Szenen wie die des TV-Produzenten spielen sich in meiner Praxis immer wieder ab; dabei geht es nicht immer nur um verschriebene Medikamente, sondern auch um sogenannte Aufputschmittel. Abhängigkeit oder Mißbrauch können von zeitweisem Penisversagen bis zu lang anhaltender Impotenz führen, und es gibt viele Missetäter. Manche Drogen verleihen einem die *Illusion* erweiterter Sexualität, da sie die Nervosität nehmen, beruhigen und Hemmungen abbauen. Um Shakespeares Beobachtung bei Alkohol zu wiederholen, können Drogen zwar dem Verlangen nachhelfen, an der Umsetzung aber hindern sie Sie.

Denken Sie an den alten Spruch, »Candy is dandy, but liquor is quicker« – Süßes ist erstklassig, aber Flüssiges ist voreilig. Wir kennen es alle. Ein paar Gläser, und von der Zunge bis zu den Zehen lockert sich alles. Mauerblümchen tanzen auf einmal, Mundfaule offenbaren sich wortreich, sexuell Zugeknöpfte werden offenherzig. Hat das Objekt Ihrer Begierde ebenfalls etwas getrunken, wird auf einmal alles möglich. Aus diesen Gründen gehört für viele Alkohol genauso zum Sex wie gedämpftes Licht. Alkohol in Maßen ist nicht gefährlich; reduziert Alkohol Ängste, wirkt er beruhigend auf Sie und zögert die Ejakulation ein bißchen heraus, so kann er eine Wohltat für die Penis-Power bedeuten. Leider kann er genauso der ärgste Feind Ihres Penis sein. Wenn Sie es mit dem Alkohol übertreiben, wird Ihr Penis eher ein Spielverderber anstatt ein Hit sein.

Die Wirkung von Alkoholmißbrauch ist folgende: Es wird schwerer, erregt zu sein, es dauert länger, zu ejakulieren, die Freude und die Intensität, die der Orgasmus gewährt, werden reduziert, die Penissteife wird deutlich geringer. Bis zu fünfzig Prozent der chronischen Alkoholiker erleben völlige oder teilweise Impotenz. Kurzfristig wirkt Alkohol beruhigend, sedierend auf das Zentralnervensystem. Längerfristige oder chronische Begleiterscheinungen sind ausführlich dokumentiert, darunter schwere Nervenschäden, die die Empfindsamkeit des Penis verringern und die Erektionsfähigkeit beeinträchtigen.

Patienten sagten mir, Marihuana vergrößere ihre Penis-Power. Mein Verdacht geht dahin, daß die Wirkung der des Alkohol gleicht. Untersuchungen zeigen, daß Marihuana den Ejakulationsprozeß verlangsamt, so kann eine Erektion vor dem Orgasmus länger bestehen. Einem jungen Mann, der schnell zur Sache kommt, kann dies als größere Potenz erscheinen. Zusätzlich schwächt Marihuana Hemmungen ab, reduziert Ängste und verstärkt die erotischen Sinneseindrücke.

Dennoch empfehle ich besondere Zurückhaltung bei der Schlußfolgerung, Marihuana sei ein Aphrodisiakum oder ein Hilfsmittel der Penis-Power. Da es zum einen eine bewußtseinsverändernde Droge ist, kann die Wirkung auf die Sexualität eingebildet sein. Zum anderen vermute ich, daß es auf lange Sicht im Widerspruch zur Penis-Power stehen würde. Es gibt einige Beweise dafür, daß das Rauchen von Marihuana über einen längeren Zeitraum das Allgemeinbefinden schwächt sowie Energie und Motivation reduziert. Solche Auswirkungen verheißen nichts Gutes für einen superpotenten Mann.

Als Cole Porter schrieb, »Kokain gibt mir nichts«, dachte er vielleicht nicht an Sex, aber die Aussage paßt: Geht es um Penis-Power, so bedeutet Kokain sicherlich keinen Schub. Zu Anfang reizt es das Nervensystem, es kann Erregung stimulieren und *scheinbar* jede Gefühlserfahrung intensivieren. Aber auf lange Sicht bedeutet Kokain einen Bann für die Penis-Power. Kokain verändert einen superpotenten Mann zu einem Superschwächling. Aus pharmakologischer Sicht verringert Kokain das Wiederaufnahmevermögen des Neurotransmitters Catecholamine, der von grundlegender Bedeutung für die Vollendung des Erektionsvorgangs ist. Ein Erektionsversagen, egal ob Bekommen oder Halten, gehört zu den häufigsten Beschwerden von Kokainmißbrauchern. Kein Mann, der Penis-Power anstrebt, sollte sich in die Nähe von Drogen begeben.

Das gleiche gilt für alle anderen unerlaubten Drogen. Was Amphetamine anbelangt, erinnern Sie sich doch einfach an das Plakat aus den sechziger Jahren: Speed tötet. Ganz sicher tötet es die Libido, die Fähigkeit zum Samenerguß und die Erektionen. Die sexuelle Langzeitwirkung von den den Narkotika zugehörigen Drogen wie Heroin, Kodein und Demerol ist verheerend. Im allgemeinen verspüren Drogenkonsumenten eine drastische Verringerung der Libido und eine chronische Schwierigkeit bei der Erektion. Es steht außer Frage, daß diese Drogen die Antithese zu Penis-Power bilden.

Es gilt, eine weitere Droge anzuführen, vor allem, da sie lange Zeit mit Paarungsritualen in Zusammenhang gebracht wurde: Nikotin. Als gäbe es nicht genügend Gründe, mit dem Rauchen aufzuhören oder niemals damit zu beginnen – bedenken Sie trotzdem folgendes: Rauchen wird mit Penisschwäche in Zusammenhang gebracht. Eine Vielzahl von Untersuchungen haben gezeigt, daß Zigarettenraucher überdurchschnittlich häufig unter impotenten Männern vertreten sind. Bei einer anderen Untersuchung waren Tiere, die man Tabakrauch ausgesetzt und denen man Nikotin injiziert hatte, nicht mehr in der Lage, eine Erektion zu bekommen oder beizubehalten. Hierfür gibt es einen wissenschaftlich belegbare, zugleich einfachen Grund: Nikotin verengt die Blutgefäße. Beim Rauchen wird die Versorgung des Penis mit Blut aus den Arterien reduziert, das macht eine feste Erektion schwierig. Grundsätzlich gilt: Rauchen ist genauso schlecht für Ihren Penis wie für Ihre Lungen. Möchten Sie ein Mann mit Penis-Power sein, sagen Sie einfach *nein* zu Nikotin.

Prostata- und andere urologische Erkrankungen

Jerry, ein sechzigjähriger Chemieprofessor, suchte mich auf, da er beim Wasserlassen Schwierigkeiten hatte. Drei- bis viermal pro Nacht wachte er auf, um zu urinieren, sein Urinfluß war langsam und unregelmäßig, und er hatte den Eindruck einer nicht vollständigen Blasenentleerung. Diese Zeichen deuten auf eine vergrößerte Prostata hin, bei älteren Männern nicht unüblich. Die Prostata ähnelt einem Kragen oder einem Donought, der den Blasenausgang umgibt. Die Harnblase können Sie sich als einen umgekehrten Ballon vorstellen. Im Alter neigt die Prostata zur Vergrößerung, das bedeutet, das Loch im Donut wird kleiner. Das sich verengende Loch schnürt den Blasenausgang zu, das Urinieren fällt schwer, und die Blase muß stärker tätig werden, um sich zu leeren. Dies kann weitere Symptome, neben den von Jerry berichteten, mit sich bringen, darunter Blut im Urin, ein tröpfelnder Urinstrahl, schmerzhaftes Urinieren, gelegentliche Inkontinenz und mitunter Schmerzen in den Lenden, der Hüfte oder im Unterleib.

Nachdem ich der Krankengeschichte ausführlicher nachgegangen war, nahm ich bei Jerry eine rektale Untersuchung der tatsächlichen Größe der Prostata und ihres Zustandes vor. Mit einem Gerät maß ich den Urinfluß und die Fähigkeit meines Patienten, seine Harnblase vollständig zu entleeren. Ein Ultraschalltest, der Schallwellen auf der Suche nach Anzeichen für Krebs durch die Prostata schickt, brachte ein negatives Ergebnis.

Letztlich benutzte ich noch das Zystoskop, ein erstaunliches Instrument, das direkt in den Urinkanal eingeführt wird und als Teleskop dient. Mit Hilfe verschiedener Linsen kann ich den gesamten Harnleiter untersuchen und direkt auf die Prostata und in die Harnblase sehen. Dies erlaubt mir, nach Tumoren, Polypen, Steinen und anderen Ursachen für eine Reizung zu forschen; darüber hinaus bin ich in der Lage, die Größe und den Grad der Prostataverengung festzustellen.

Als ich Jerry mitteilte, daß ich das Zytoskop verwenden würde, war er, ebenso wie die meisten Patienten, alarmiert. »Was stecken Sie wohin?« keuchte er. Ich versicherte ihm, daß es nicht weh tun und ihn nicht verletzen würde. Mit einer einfachen Lokalanästhesie ist dieses Verfahren nahezu schmerzfrei. In der Praxis kann es in weniger als einer Minute gemacht werden. Ich sagte ihm, er müsse nichts bezahlen, wenn wir ihn tatsächlich verletzen würden – ein Versprechen, das ich ohne Zögern mache, und ich arbeite wirklich nicht gern umsonst.

Im Anschluß an die umfassende Untersuchung kam ich zu dem Ergebnis, daß Jerrys Prostata so weit vergrößert war, daß möglicherweise seine Nieren oder Harnblase geschädigt werden könnte. Ich empfahl eine Operation, eine Prostatektomie. Jerry geriet in Panik. Er begann stark zu schwitzen und stammelte. Nicht aus Angst, unters Messer zu kommen, nicht, weil er mir die Operation nicht zugetraut hätte (die ich erfolgreich bei Tausenden Patienten durchgeführt hatte, darunter Jerrys älterem Bruder und seinem Onkel), sondern weil er dachte, die Operation würde ihn zu einem Penisschwächling machen.

Männer mit Prostataerkrankungen – und tatsächlich bei eigentlich jeder Art Problem im Hüftbereich reagieren allgemein so wie Jerry, daher muß ich folgendes in Großbuchstaben feststellen: RECHTZEITIGE PROSTATEKTOMIE VERURSACHT KEINE IMPOTENZ ODER EINEN VERLUST VON PENIS-POWER!

Bei gutartigen Erkrankungen erfordern Prostataoperationen heutzutage nicht einmal mehr einen operativen Eingriff. Die von mir bevorzugte Methode ist die Transurethrale Prostatektomie (TURP). Nahezu alle gutartigen Prostatahindernisse können auf diese Weise geheilt werden, die einige meiner Patienten zur »Entwurzelungs-Technik« ernannt haben. Wie bei der Anwendung des Zytoskops dringt man bei TURP durch den Harnleiter in den Körper ein. Eine Schneide- und Gerinnungsvorrichtung ermöglicht es mir im wesentlichen, das verengte Loch des Donought auszudehnen. Mit einem gebogenen Draht entferne ich den Teil des Prostatagewebes, der den Urinfluß behindert. Diese Methode ist schnell und relativ schmerzlos, sie ist die weitaus einfachste und sicherste Methode, Prostataverengungen zu beheben. Nach ein bis zwei, gelegentlich drei Tagen kann der Patient in der Regel das Krankenhaus wieder verlassen, und die Rekonvaleszenz dauert nicht lange. Im Gegensatz zu der alten Behandlungsweise, die einen Unterleibseingriff erforderlich machte, ist bei der gerade beschriebenen so gut wie keine postoperative Penisschwäche bekannt.

Sind sie, wie Jerry, ein superpotenter Mann, der vor der TURP in der Lage war, feste Erektionen zu bekommen, wird sich nachher daran nichts ändern. In der Tat besteht sogar die Möglichkeit, daß sich Ihre Penis-Power steigert. Das liegt aber nicht daran, daß der Eingriff etwas an ihren Genitalen verändert, da einige Folgen der Prostatavergrößerung – d. h. eine gedehnte Harnblase, Unterleibsblutungen, Beckenschmerzen, rektaler Druck – Ihr allgemeines Wohlbefinden und damit Ihre Sexualität reduzieren können. Meiner Erfahrung nach kann die Penis-Power, da sich die Lebensqualität des Patienten nach der transurethralen Prostataoperation verbessern kann, gesteigert sein.

Zusammenfassend gesagt sollten Sie nicht zögern, ein Prostataproblem mit einem Routineeingriff zu korrigieren, nur weil Sie den Verlust der Penis-Power fürchten. Ihre Angst ist unbegründet. Die Prostata ist ein sekundäres Sexualorgan. Sie ist nicht direkt verantwortlich für Erektion oder Ejakulation. Sind Sie auf dem Operationsplan, können Sie sich darauf freuen, einen Film anzusehen und die ganze Nacht durchzuschlafen, ohne ins Bad rennen zu müssen, in dem Bewußtsein, daß Ihr Penis Ihnen weiterhin all die Freuden bereiten wird, die Sie zuvor kannten.

Jedoch gibt es auch eine mögliche Nebenwirkung der TURP, die erwähnt werden muß: rückläufige Ejakulation. Bei etwa dreißig Prozent aller Post-TURP-Patienten gelangt nur wenig oder kein Samen aus dem Penis. Statt dessen wird der Samen beim Orgasmus *rückwärts* in die Harnblase ejakuliert. Dieser Vorgang ist harmlos; das Ejakulat wird anschließend zusammen mit dem Urin wieder ausgeschieden. Naturgemäß bedeutet rückläufige Ejakulation ein Hindernis für die Fruchtbarkeit. Im Hinblick auf die Penis-Power bedeutet dieser Umstand jedoch eher eine psychologische denn eine medizinische Beunruhigung. Er beeinträchtigt keinesfalls die Sinneseindrücke beim Orgasmus. Mancher Patient meinte, daß eine rückläufige Ejakulation »etwa zehn Prozent Spaß beim Sex nimmt«. Für diese Einschätzung kann ich persönlich nicht bürgen, ich vermute aber, daß diese geringfügige Einbuße eher darauf zurückzuführen ist, daß sich die Männer etwas seltsam vorkommen, als daß es einen körperlichen Unterschied gebe. In der Regel gewöhnen sie sich daran und lachen sogar darüber, daß Ihre Partnerinnen Sex weit weniger als Manscherei empfinden als früher. Jedenfalls ist die rückläufige Ejakulation ein kleines Ärgernis, im Gegenzug für den Segen der Heilung von einer gutartigen Prostatavergrößerung und -behinderung.

Das furchtbare Wort mit K

Andere Erkrankungen, unter denen die Genitalien leiden, bedrohen Leben und Penis-Power mehr. Im besonderen beziehe ich mich hierbei auf Krebs.

In letzter Zeit zog die Rate der an Prostatakrebs erkrankten Männer mit der von Lungenkrebs gleich. In den Vereinigten Staaten erkrankt einer von elf Männern daran. Diese Rate nimmt im Alter dramatisch zu; 80 Prozent der Betroffenen sind über sechsundfünfzig Jahre alt. Die Behandlungsmöglichkeiten sind von einer Vielzahl von Faktoren abhängig, darunter der körperlichen Verfassung des Patienten und der Art und dem Stadium der Krebszellen. In vielen Fällen lautet die empfohlene Behandlung auf radikale Prostatektomie. Dies bedeutet eine operative Entfernung der Vorsteherdrüse, im Gegensatz zu dem Teil, der den Urinfluß bei gutartigen Erkrankungen behindert. Patienten, denen diese Mitteilung gemacht wird, nehmen an, daß sie auf Dauer impotent bleiben werden. »Genausogut könnten Sie meinen Penis abschneiden!« lamentieren sie. In den meisten Fällen ist aber diese Angst unberechtigt.

Wie bereits zuvor erwähnt, ist die Prostata ein sekundäres Organ in bezug auf die männliche Sexualität. Ihr Penis kann sehr gut ohne sie auskommen. Nichtsdestotrotz blieben nach der alten Operationsmethode im Anschluß sechzig bis achtzig Prozent der behandelten Männer impotent, da die für eine Erektion lebenswichtigen Nervenstränge beschädigt worden waren. Wir haben heute eine genauere, *nervenschonende* Methode zur Verfügung, die das Auftreten postoperativer Penisschwäche deutlich verringert hat. Etwa achtzig Prozent unserer Patienten kehren von ihrer Rekonvaleszenz mit einer intakten, vollen Penis-Power in ihr normales Leben zurück.

Meine erste Pflicht lautet natürlich, die bestmögliche Krebsoperation durchzuführen, die in meiner Macht steht. Hat sich der Prostata-Tumor bis zu den angrenzenden Nervensträngen ausgedehnt, werde ich diese durchtrennen, um das bösartige Gewebe zu entfernen. Jeder verständige Patient würde mir zustimmen, daß die erste Verantwortung des Chirurgen der wirkungsvollen Entfernung des Krebs gilt. Leider erfordert die Bewahrung des Lebens eines Patienten das Opfer der Penis-Power. Ich gebe mein möglichstes, um diesen Fall zu vermeiden, ist es aber absolut notwendig, treffen wir die Entscheidung in dem Wissen, daß wir weitere Schritte unternehmen können, die bei der Wiederherstellung der Penis-Power helfen.

Eine vergleichbare Situation liegt bei anderen Krebserkrankungen des Genital-Urinal-Trakts vor. Beachtliche neue Technologien versetzen uns in die Lage, Blasen- und Nierenkrebs frühzeitig zu erkennen und eine Behandlung einzuleiten, die die Penis-Power bewahrt. Selbst wenn sich der Chirurg gezwungen sieht, die Blase, die Prostata und die Samenbläschen auf einmal zu entfernen, kann der Patient immer noch eine Erektion bekommen, solange der lebenswichtige Nervenstrang gerettet wird. Hodenkrebs, der hauptsächlich jüngere Männer befällt, ist sehr selten und der am leichtesten zu behandelnde Tumor. Noch vor zehn Jahren überlebten mehr als neunzig Prozent von an gewissen Arten von Hodenkrebs leidende Patienten nicht länger als fünf Jahre; nun ist die überwiegende Mehrheit der Fälle heilbar. Bei den meisten eine Operation erfordernden Fällen entfernen wir einen der beiden Hoden, da Krebs nur sehr selten beide zur gleichen Zeit befällt. Der übriggebliebene Hoden kompensiert den Verlust durch erhöhte Produktion von Testosteron. Selbst wenn beide Hoden entfernt werden müssen, können die männlichen Funktionen mit Testosteron-Injektionen oder Tabletten erhalten werden.

Ein letzter Umstand verdient erwähnt zu werden. Leider ist die Penis-Power-Prognose für Patienten, die sich einer Nierentransplantation unterziehen müssen, nicht gut. Diese Patienten weisen für gewöhnlich weitere schwere Folgeerkrankungen auf, darunter fortgeschrittenen Diabetes und/oder schwere Gefäß- oder Nervenerkrankungen. Während Patienten, die nur eine Nierentransplantation hatten, oftmals ihre Penis-Power behalten, berichten diejenigen, die sich einer zweiten Operation unterziehen mußten, von Erektionsversagen, da die Blutversorgung, die für gewöhnlich dem Penis zuteil wird, der neu transplantierten Niere »ausgeborgt« wird.

Darüber hinaus müssen sich Patienten mit Nierenversagen einer Dialyse unterziehen, während sie auf ein passendes Organ warten. Während dieser Phase stelle ich fest, daß Libido und Sexualfunktionen normalerweise abnehmen. Zusätzlich entwickeln mehr als die Hälfte aller meiner Patienten mit chronischer Dialyse eine auf der Verwüstung durch ihre Folgeerkrankungen, gewisse endokrine Komplikationen und psychische Verzweiflung begründete Penisschwäche.

Die gute Nachricht

Da wir nun die physischen Umstände betrachtet haben, die Ihre Penis-Power verringern oder zerstören können, muß ich gewisse Punkte betonen. Als erstes, die hier dargelegten Erkrankungen bedeuten kein Todesurteil für die Penis-Power. Nur *manche* Diabetiker, *manche* Männer mit Nervenerkrankungen, *manche* Alkoholiker und *manche* Krebspatienten werden impotent. Die besprochenen Umstände können nur einen partiellen Verlust der Penis-Power bedeuten, manchmal auch gar keinen. Und in vielen Fällen können die Auswirkungen auf die Penis-Power mit medizinischer Behandlung oder einer Änderung der Lebensweise umgekehrt werden, indem man den Gebrauch von zerstörerischen Mitteln aufgibt oder beispielsweise Diabetes mit einer Diät und Insulin kontrolliert oder die Blutzirkulation mit besserer Ernährung, entsprechenden Medikamenten und Übungen verbessert.

Zum zweiten liegt selbst bei einer bona fide organischen Erkrankung ein bedeutender Teil Penisschwäche im Kopf. Ein Patient, bereits durch die Diagnose seiner Krankheit betrübt, körperlich geschwächt und emotional verwundbar, lernt, daß Männer in seinem Zustand unter Erektionsproblemen leiden können. Der Gedanke allein schon wird seine Penis-Power insgesamt schwächen, auch bei dem selbstbewußtesten und tatkräftigsten Patienten.

Bei jedem Rückschlag ist die Einstellung lebenswichtig. Ein kranker Mann mit einer positiven Einstellung wird einen Weg finden, weiterhin seine Sexualität so gut wie möglich auszuleben. Selbst wenn er seine Vorstellungskraft einspannen und seine Sexualgewohnheiten vollkommen ändern, und selbst wenn er seine Aktivitäten drastisch einschränken muß, kann ein Mann mit superpotenter Einstellung seine Penis-Power ungeachtet seines körperlichen Zustands bewahren. Ich kannte an den Rollstuhl gefesselte Patienten, die sich ihren Lebensumständen anpaßten und sich einen neuen, superpotenten Lebensweg erarbeiteten. Wo Penis-Power ist, ist auch ein Weg.

7

MEDIZINISCHE HILFE FÜR MEDIZINISCHE PROBLEME

Selbst für Männer mit organisch bedingtem Potenzverlust gibt es Hoffnung. Die modernen Technologien sind ein Segen für Männer mit superpotenter Geisteshaltung, die körperlich jedoch nicht mehr normal funktionieren können. Der Fortschritt auf diesem Gebiet ist so bemerkenswert, daß etwa drei Viertel der heute erreichbaren Ergebnisse vor fünf Jahren noch undenkbar waren. Sehen wir uns einmal einige der Möglichkeiten an:

Spritzen

Wenn die normale Blutzufuhr in den Penis, die zu einer festen Erektion führt, aufgrund physischer Ursachen gestört ist, besteht die Möglichkeit, eine funktionsfähige *pharmakologische* Erektion zu erzeugen. Die bevorzugte Methode hierbei ist die Injektion von Prostaglandin E in den Penisschaft – eine vasoaktive Substanz, die die glatten Muskeln in den Wänden der meist durch Arteriosklerose verstopften Arterien am Penis entspannt, so daß die Blutzufuhr in den Schwellkörper verbessert wird. Die Resultate sind überwältigend. Der Penis ist innerhalb von fünf bis zehn Minuten halb, und binnen fünfzehn Minuten so gut wie vollständig erigiert. In den meisten Fällen bleibt er dreißig bis fünfzig Minuten lang steif; das Medikament hat keinerlei Nebenwirkungen auf den Orgasmus oder die Ejakulation.

Seit wir vor ein paar Jahren begannen, diese Art von Medikamenten zu injizieren, konnten wir Tausenden von erektionsschwachen Männern eine aktives, erfülltes Sexualleben wiedergeben. Nach Bestimmung des passenden Medikaments und der angemessenen Dosierung für jeden einzelnen Patienten bringen wir ihm vorsichtig bei, es sich selbst zu injizieren. Wir nehmen eine sehr dünne Nadel an einer kleinen Spritze, ähnlich der, die Diabetiker zum Spritzen von Insulin benutzen. Wenn wir sehen, daß der Patient es allein schafft, darf er sich das Medikament vor dem Geschlechtsverkehr selbst injizieren. Es ist einfach und schmerzlos, und das Ergebnis stellt sich automatisch ein; es funktioniert sogar bei anästhesierten Patienten. Interessanterweise aber kann der Effekt durch erotische Stimulation von außen noch *gesteigert* werden, vermutlich, weil das die Zirkulation der im Gehirn freiwerdenden Neurotransmitter erhöht. Diese körpereigenen Chemikalien ergänzen die Wirkung des Medikaments. Im Kontrast dazu kann ein Mangel an Intimität – wie etwa in der Arztpraxis – den Effekt *verringern.* Die gute Nachricht ist also, daß das Mittel im Schlafzimmer noch besser wirkt als im Untersuchungsraum.

Natürlich dürfen solche Medikamente nur unter strenger Aufsicht eines Arztes angewandt werden. Seinen Instruktionen muß genau Folge geleistet werden, und ständige Nachkontrolle ist sehr wichtig. Manche Männer allerdings sollten diese Medikamente wegen möglicher Nebenwirkungen nicht injizieren: Männer mit Krampfadern, deren Blut sich stauen kann; Männer mit Blutkrankheiten wie Sichelzellenanämie; Männer mit instabiler Erkrankung der Herzkranzgefäße und Symptomen wie Ohnmachtsanfällen. Außerdem sollten Männer mit ungeschickten Händen oder Sehstörungen ebenfalls keine Medikamente injizieren, da bei der Vorbereitung der

Spritze oder Injektion gefährliche Fehler passieren könnten. Darüber hinaus bin ich bei Patienten, die mir emotional instabil erscheinen, sehr vorsichtig, da hier die Gefahr des Mißbrauchs besteht. In solchen Fällen empfehle ich vor der Behandlung eine psychologische Beratung.

Eine Art des Mißbrauchs injizierbarer Medikamente ist die zu häufige Anwendung. Dabei fällt mir ein sehr wohlhabender Patient ein, der um die sechzig war und eine lange Geschichte superpotenter Aktivität aufzuweisen hatte. Unnötig zu sagen, daß er sehr besorgt war, als ein Gefäßproblem ihn physisch impotent machte, vor allem, weil er kurz zuvor eine zwanzig Jahre jüngere Schönheit geheiratet hatte. Ich verschrieb Papaverin, legte die richtige Dosierung fest und zeigte ihm, wie er es sich selbst injizieren konnte. Er reiste in sein Domizil in Europa und verbrachte einige Wochen mit seiner Frau auf einer Yacht im Mittelmeer. Von Zeit zu Zeit rief er mich an und sagte, daß alles wunderbar sei. Als er nach Los Angeles zurückkehrte, kam er zur Untersuchung und schwärmte von der Therapie. Er meinte, er hätte jetzt den besten Sex seit 35 Jahren – dreimal pro Tag, mehrere Sunden lang.

Er konnte nicht glücklicher sein – und ich konnte nicht besorgter sein. Ich hatte ihm ausdrücklich gesagt, er dürfe das Medikament nicht öfter als einmal an jedem zweiten Tag injizieren. Ich warnte ihn, daß alles andere gefährlich sei. »Wie kann es gefährlich sein?« erwidert er. »Sie sagen doch immer, daß Sex eine gute Übung ist. Ich fühle mich großartig!«

Aber darum ging es nicht. Ich war besorgt über die möglichen Nebenwirkungen, die eine medizinisch ausgelöste, täglich quasi sechsstündige Erektion haben könnte! Die Gefahr ist ein sogenannter Priapismus – eine schmerzhafte Dauererektion, die nicht von sexueller Erregung begleitet ist. Wenn eine Erektion zu lange andauert, läuft das im Penis angestaute Blut nicht ab. Dadurch können die feinen Blutkapillaren im Penis dauerhaft geschädigt werden, was zu einer schweren Impotenz führt, die durch keine Injektion behoben werden kann.

Priapismus ist die schlimmste Konsequenz dieser Art von Therapie. Er tritt sehr selten auf, und wenn, dann fast immer aufgrund von Mißbrauch. Wenn es passiert, müssen wir allerdings äußerst schnell handeln, um dauerhafte Schäden zu verhindern. Wir weisen die Patienten an, uns sofort anzurufen, falls eine Erektion länger als zwei Stunden andauert. Wenn das geschieht, muß der Patient sofort in die Praxis kommen. Wir injizieren dann eine Neo-Synephrin-Lösung direkt in den Penisschaft, um die Schwellung abzubauen. Manchmal geben wir den Patienten sogar eine Notfallspritze der entsprechenden Dosis zur Aufbewahrung mit nach Hause.

Andere, seltene Nebenwirkungen sind leichte Benommenheit, Kopfschmerzen, ein metallischer Geschmack im Mund, Blutergüsse oder Entzündungen des Penis, ein kribbelndes Gefühl und ein punktuelles Anschwellen oder Krümmen des Penis nach der Injektion. Die meisten dieser lokalen Komplikationen sind geringfügig und können vermieden werden, wenn der Patient die Anweisungen genau befolgt.

Ich wiederhole nochmals, daß eine strikte Befolgung der Anweisungen unerläßlich ist. Wir klären jeden Patienten und seine Partnerin persönlich über Wirkungsweise, Anwendung, Dosierung sowie Risiken und Nebenwirkungen des Medikaments auf. Außerdem bekommt er einen Stapel Informationen mit nach Hause.

Die wichtigste Entscheidung des Urologen ist die richtige Dosierung. Nicht jeder Mann reagiert in gleicher

Weise auf eine bestimmte Dosis eines vasoaktiven Medikaments. Wir müssen die richtige Menge finden, um eine 30- bis 45-minütige Erektion ohne Nebenwirkungen zu erzeugen. Die ideale Dosis hängt dabei von der geistigen Verfassung des Patienten und der psychologischen Umgebung ab, in der die Medikation stattfindet. Erst nach sorgfältigem Testen verschiedener Dosierungen in meiner Praxis zeige ich dem Patienten, wie er selbst injiziert. Wir erlauben niemandem, das Medikament allein zu nehmen, ehe wir nicht absolut sicher sind, daß er alle notwendigen Handgriffe einwandfrei beherrscht. Die Reaktion der Patienten ist unterschiedlich. Das eine Extrem sind Männer wie unser frisch verheirateter, reicher Europäer, die so zufrieden sind, daß sie ihr Privileg mißbrauchen. Das andere Extrem sind solche, die die Therapie nicht fortsetzen, weil sie sich vor möglichen Komplikationen fürchten, weil sie sich selbst keine Spritze geben können oder weil sie wegen der mangelnden Spontanität durch die Injektionspause irritiert sind. Die große Mehrheit liegt dazwischen und ist dankbar für die medizinische Entwicklung, die ihr ein befriedigendes Sexualleben und möglicherweise sogar Superpotenz beschert.

Chirurgische Eingriffe

Ich werde oft gefragt, ob ich einen Penis auf dieselbe Art transplantieren könne wie eine Niere. Darauf antworte ich nachdrücklich mit *nein.* Wir können bei weitem nicht jedes Organ transplantieren, vor allem keines, dessen Funktion von einer so komplexen Zusammenwirkung von Nerven, Blut und Hormonen, gesteuert durch komplizierte Feedback-Mechanismen, abhängt. Trotz all meines Vertrauens in die moderne Wissenschaft glaube ich nicht, daß impotente Männer jemals durch die Transplantation echter Genitalien geheilt werden können.

Da viele Erektionsprobleme durch unzureichende Blutzufuhr in den Penis ausgelöst werden, forschten die Medizin-Wissenschaftler nach Methoden, um dieses Problem zu lösen. Die bisherigen Studien konzentrierten sich auf eine Methode, bei der das Blut aus benachbarten Blutgefäßen in die tiefen Arterien des Penis umgeleitet wird. Experimente dieser Art, die noch in der Anfangsphase stecken, zeigten einige Erfolge bei jungen Männern, die an akutem Beckentrauma litten. Aufgrund der komplexen Anatomie des Penis konnten wir allerdings die Erfolge, die wir nach Bypass-Operationen oder der Behandlung arterieller Störungen hatten, nicht übertragen. Ich glaube aber, daß bis zum Jahr 2003 viele Fälle organisch bedingter Impotenz durch verstopfte Blutgefäße mittels Operation geheilt werden können.

Andere Experimente beschäftigen sich mit der Vermeidung von venösem Rückfluß. Wie ich bereits erwähnte, kann eine Erektion nicht bestehen bleiben, wenn die Venen im Schwellkörper das Blut nicht halten können. Durch moderne Diagnoseverfahren können wir feststellen, wann das Blut in abnormalen Mengen aus den Venen zurückfließt. Obwohl auch hier noch keine großartigen Fortschritte erzielt wurden, kann bei bestimmten Patienten bereits operativ der vorzeitige Rückfluß des Blutes aus dem Penis verhindert werden.

Das häufigste Operationsverfahren gegen Impotenz ist die Implantation einer Penisprothese. Die Kombination aus genialem Design, technischer Raffinesse und langer Haltbarkeit ermöglicht es, diese Prothesen direkt in den Penis zu implantieren. Im Laufe der Jahre wurde eine Vielfalt von Vorrichtungen entwickelt, die einem Patienten ambulant im Krankenhaus implantiert werden können. Männern, die ihre Penis-Power bewahren möchten und den Mut zu einer Operation haben, kann zur vollständigen sexuellen Befriedigung bei äußerst geringer Versagensrate verholfen werden. In den späten Achtzigern wurden weltweit 30 000 solcher Prothesen implantiert. Seit Einführung der Injektionen ist diese Zahl allerdings drastisch zurückgegangen.

Es gibt prinzipiell zwei Arten von Prothesen. Die ältere Variante ist ein flexibles Implantat aus halbfesten Strängen, die in den Schwellkörper (die Bluträume im Penisschaft, die sich bei der Erregung mit Blut füllen und eine Erektion bewirken) eingesetzt werden und den Penis auf diese Weise hart genug zur Penetration machen. Das Problem dabei ist, daß diese Implantate sich nicht in Länge oder Umfang verändern, was bedeutet, daß der Mann ständig mit einem halbsteifen Penis herumläuft. Die Vorrichtung ist flexibel genug, um einigermaßen unauffällig zu sein, aber der Penis wirkt ein wenig unnatürlich und kann im Fitneßstudio für Peinlichkeit sorgen.

Die zweite Variante ist die aufdehnbare Hohlprothese. Sie besteht aus zwei dehnbaren Hohlzylindern, die operativ in den Schwellkörper eingesetzt werden, sowie einer Pumpe und einem mit Flüssigkeit gefüllten Speicher, die in den Hodensack oder Unterbauch implantiert werden. Wünscht der Patient eine Erektion, drückt er einfach mehrere Male auf die Pumpe, und die Flüssigkeit fließt vom Speicher in die Zylinder. Die Zylinder schwellen an und imitieren so eine natürliche Erektion. Nach dem Geschlechtsverkehr wird einfach auf ein Abflußventil gedrückt, die Flüssigkeit fließt zurück in den Speicher, die Erektion verschwindet.

Da diese Vorrichtung dem Benutzer eine größere Kontrolle ermöglicht und der Penis sein natürliches Aussehen bewahrt, ist sie die bevorzugte Methode meiner Patienten. Sie erfordert allerdings einen aufwendigeren chirurgischen Eingriff und hat eine höhere Versagensrate als das flexible Implantat, das ja keine sich bewegenden Teile oder Verbindungsstellen besitzt. Eine Reparatur solcher Defekte ist natürlich auch komplizierter als bei einem Auto, wo man einfach die Motorhaube öffnet und eine Zündkerze auswechselt; hier muß erneut operiert werden. Früher traten bei den aufdehnbaren Vorrichtungen häufig mechanische Fehlfunktionen auf, die wiederholte Operationen erforderten. Die Verbesserungen auf diesem Gebiet sind jedoch schon enorm, und die Technologie der Zukunft verspricht noch bessere Prognosen. Falls diese Art von Prothesen den Herstellern den gleichen Profit wie bisher bringt, so denke ich, daß ausreichend Geld für weitere Forschungs- und Entwicklungsarbeiten bereitgestellt wird. Das Ergebnis werden dauerhaft haltbare Vorrichtungen sein, die so perfekte Erektionen erzeugen, daß sie von echten nicht mehr zu unterscheiden sind.

Noch ein Wort über mögliche Bedenken: Bevor ich einem Patienten eine Prothese empfehle, schließe ich gewissenhaft alle möglicherweise heilbaren medizinischen Probleme aus. Ich betrachte das Implantat als allerletzte Alternative. Wenn die Entscheidung gefallen ist, informiere ich den Patienten umfassend über Pro und Kontra der verfügbaren Vorrichtungen. Zum Beispiel empfehle ich korpulenten Patienten eher das flexible Implantat. Wenn der Penis teilweise unter einem vorstehenden Bauch verschwindet, wird eine dauerhafte halbe Erektion normalerweise nicht bemerkt. Bei schlanken Männern hingegen würde diese Art des Implantats im wahrsten Sinne des Wortes besonders hervorstechen. Wenn die Wahl getroffen ist, wird die Operation vorgenommen – normalerweise unter örtlicher Betäubung – und die Zylinder in den Schwellkörper eingesetzt. Das dauert etwa dreißig bis vierzig Minuten. Komplikationen während und nach der Operation sind äußerst selten, und postoperative Beschwerden dauern meist nicht lange. Der Körper nimmt das Implantat fast so an, als wäre es aus Fleisch und Blut.

Jede Prothese wird individuell angefertigt; sie muß auf die exakte Länge und Weite der Schwellkörper abgestimmt sein. Wir können weder kleinere Prothesen einsetzen (sonst bleibt die Penisspitze bei der Erektion schlaff), noch größere – was einige Patienten sehr bedauern. Mit anderen Worten: Der Penis hat nach der Operation genau dieselbe Größe, die er vorher hatte.

Der ideale Kandidat für eine Prothese ist jemand mit der charakteristischen Denkweise eines superpotenten Mannes, der jedoch aufgrund einer medizinischen Störung zu einer ausreichenden Erektion unfähig ist. Ich denke da beispielsweise an einen meiner Patienten, der aus einem Land kam, dessen Kultur sich wesentlich von unserer unterscheidet. Er war einer der reichsten Männer der Welt und seit 35 Jahren mit einer Frau verheiratet, die er liebte. Außerdem hatte er eine Konkubine – ein akzeptierter Brauch in seiner Gesellschaft. Dieser Mann hatte zwanzig Jahre lang durchschnittlich ein Kind pro Jahr gezeugt, bis er Diabetes bekam, der so schwer wurde, daß er keinen normalen Geschlechtsverkehr mehr ausüben konnte. Nach Abwägen aller Alternativen entschied er sich für eine Penis-Prothese. Sowohl er als auch seine Frau (sowie die Konkubine) sind seither dankbar, daß er die Penis-Power, die er sich in Herz und Hirn bewahrt hatte, wieder mit dem ganzen Körper ausleben kann.

Das wiederum erinnert mich an einen anderen Fall, der das traurige, aber perfekte Beispiel für eine Fehlentscheidung bezüglich einer Prothese ist. Der Mann war

Mitglied einer königlichen Familie aus demselben Kulturkreis wie der oben genannte und kam mit 42 Jahren wegen eines urologischen Problems in meine Praxis. Als ich ihn untersuchte, sah ich, daß sein Penis wahrhaft häßlich war. Der Mann hatte eine primitive Prothese, die ihm mit 27 Jahren implantiert worden war. Zur damaligen Zeit waren solcherlei Vorrichtungen selbst in Amerika noch recht primitiv.

Er wollte wissen, ob ich das Aussehen seines Penis verbessern könne. Ich zog die Möglichkeit einer kosmetischen Operation in Betracht, war aber neugierig zu erfahren, *warum* er sich die Prothese überhaupt hatte einsetzen lassen, denn er litt unter keiner auffälligen organischen Störung. Seine Gründe waren so abstoßend wie der Penis selbst. Er war so reich, daß er sich alles in der Welt kaufen konnte – Häuser, Yachten, Flugzeuge, Autos und was das Herz eines Mannes noch begehrt. Auf sein Fingerschnippen hin scharten sich jede Menge schöner und williger Frauen um ihn – und er schnippte ständig mit den Fingern, wenn er außerhalb seines strengen, konservativen Landes reiste. Er hatte alles, was man für Geld kaufen konnte, doch die Anzahl und Dauer seiner Erektionen waren immer noch durch seine eigene Physiologie begrenzt. Also *kaufte* er sich eine unbegrenzte Erektion. Dies war kein superpotenter Mann. Seine verdrehten Ansichten über den Penis und dessen Macht stellen die besten Gründe dar, keine Implantation durchzuführen.

Ein weitaus typischerer Kandidat, dem ich immer davon abraten würde, sich operieren zu lassen, ist ein achtzigjähriger Rentner, der zur Routineuntersuchung seiner Prostata kommt und mir offenbart, daß er »ihn nicht mehr hochbringt«. Er will so eine Prothese, wie sein Freund sie hat. Die Operation rettete das Sexualleben seines Freundes, warum also nicht auch seines? Ein paar

Fragen meinerseits ergeben dann folgendes Bild: Er ist seit mehr als vierzig Jahren mit derselben Frau verheiratet, und die Ehe hat ihm mehr Ärger als Vergnügen gebracht; er ist einigermaßen gesund, aber ein verbitterter Mann mit wenig Interessen und wenig Selbstwertgefühl. Tatsächlich hat er das Leben bereits aufgegeben. Mit seinen Sexualorganen ist im Grunde alles in Ordnung – ihm fehlte nur eine Änderung der inneren Einstellung, neuer Schwung im Leben oder eine neue Partnerin. In solchen Fällen entscheide ich *gegen* ein Implantat.

Warum ich die Operation bei seinem Freund durchführte? Weil dieser Freund ein Mann in den späten Siebzigern war, der sich noch immer für sein Geschäft interessierte und einer Reihe Freizeitaktivitäten nachging. Er war ein lebenslustiger Witwer mit mehr als einer jungen Freundin. Er war ein superpotenter Mann, dessen Penis aufgrund eines Gefäßproblems nicht mit seiner Penis-Power schritthalten konnte. Im Gegensatz zu seinem Freund war dieser Mann der perfekte Kandidat für eine Prothese.

Mechanische Hilfsmittel

Impotenten Männern, die eine Alternative zur Operation oder Eigeninjektion suchen, werden noch einige andere Möglichkeiten angeboten. Die bekanntesten davon gehören zum Bereich der »externen Vakuumtherapie«. Vorrichtungen dieser Art erzeugen eine Erektion, indem sie das Prinzip von oralem Sex nachahmen – nämlich das Saugen. Zunächst wird ein Plastikzylinder über den Penis gestülpt und dann ein Vakuum erzeugt, das Blut in den Penis strömen und ihn anschwellen läßt. Ist der Penis steif genug für den Geschlechtsakt – normalerweise nach ein oder zwei Minuten –, entfernt der Patient den Zylinder und befestigt eine Art Gummiband um die Peniswurzel. So wird der Rückfluß des Blutes verhindert und die Erektion lange genug aufrechterhalten.

Die meisten dieser Vakuum-Vorrichtungen von bekannten Herstellern halte ich in ihrer Anwendung für sicher. Ihre Vorteile sind der niedrige Preis, die geringen Nebenwirkungen und das Umgehen einer Operation, Medikation oder Injektion. Ein Nachteil ist ihre umständliche Handhabung, was das Vergnügen und die Spontanität des Liebesakts verringern kann; außerdem verhindert der Gummiring bei manchen Patienten die Ejakulation.

Insgesamt stellt die Vakuumtherapie für viele Männer eine vernünftige Alternative dar, besonders für solche, die nur unter teilweiser Erektionsschwäche leiden oder die sich bei dem Gedanken an eine Prothese oder Medikamenteninjektion unwohl fühlen. Als Arzt und auch als Mann würde ich allerdings den guten, altbewährten oralen Sex empfehlen!

Mechanische Hilfsmittel sollten nur unter Aufsicht eines Arztes verwendet werden. Patienten mit Blutkrankheiten wie Sichelzellenanämie oder Emboliegefahr sollten sie nicht benutzen. Und ganz besonders abraten möchte ich gesunden Männern, die dadurch ihre sexuelle Leistung zu steigern suchen. Dies ist das genaue Gegenteil von wahrer Penis-Power.

Aphrodisiaka und andere Mittelchen

Jede Kultur einer geschichtlichen Epoche besaß eine Liste von Extrakten, vorwiegend aus Pflanzen, die das sexuelle Verlangen und die Männlichkeit steigern sollten.

Diese Zaubermittel reichten von der berüchtigten Spanischen Fliege bis hin zu komplizierten Mixturen aus chinesischen Kräutern. Ob diese Mittel tatsächlich wirkten oder ihre berichteten Wirkungen nur dem berühmten Placebo-Effekt zuzuschreiben sind, kann ich nicht sagen. Aus medizinischer Sicht möchte ich nur betonen, daß die Wirkung von Aphrodisiaka wissenschaftlich nicht nachgewiesen werden konnte und daß mir keine verdauliche Substanz bekannt ist, die eine Erektionsschwäche heilen kann.

Abgesehen von Hormonen ist die heute bekannteste Substanz *Yohimbin*. Sie wird aus der Rinde des Yohimbinbaumes gewonnen und gilt seit Hunderten von Jahren bei primitiven Kulturen als Aphrodisiakum. Die ersten Studien in dieser Richtung im Jahr 1978 konnten diesen Anspruch auch – zumindest teilweise – bestätigen. Dr. Christian Barnaard, der berühmte Herzchirurg, setzte *Yohimbin* bei impotent gewordenen Herzpatienten ein und erzielte in 75 Prozent der Fälle positive Ergebnisse. Dennoch wird eine *Yohimbin*-Therapie von normalen Ärzten nicht anerkannt; wir können die biochemische Wirkungsweise nicht nachvollziehen, und die ersten Untersuchungen wurden dadurch erschwert, daß dieses Mittel in Kombination mit anderen Substanzen verwendet wurde, beispielsweise Testosteron.

Etwas neuer und provozierender sind die Ergebnisse einer Gruppe verläßlicher Forscher aus der Mitte der achtziger Jahre. Eine Gruppe von Patienten mit organisch bedingter Impotenz wurde mit *Yohimbin* behandelt, und etwa ein Fünftel gewann dadurch eine zufriedenstellende sexuelle Funktion zurück. Die gleiche Anzahl von Patienten berichtete von einer teilweisen Wiederherstellung der Potenz, alle übrigen spürten keinerlei Verbesserung. Bei Patienten, die unter psychologischer Impotenz litten, zeigte sich ein noch besseres Ergebnis: etwa ein Drittel von ihnen erholte sich vollständig und ein weiteres Drittel teilweise; nur das letzte Drittel erlebte keine Veränderung.

In welchem Maße *Yohimbin* wirksam ist und bei welchen Männern unter welchen Bedingungen, bleibt noch abzuwarten. Ich bezweifle jedoch, daß dieses Rindenpulver sich als ein effektives Heilmittel gegen Erektionsschwäche etablieren kann.

Eine andere vielversprechende Substanz ist Nitroglyzerin, das die glatten Muskeln in den Arterienwänden entspannt. Dieses Mittel wurde jahrelang zur Behandlung von Angina pectoris eingesetzt, die durch verminderten Blutfluß zum Herzen ausgelöst wird und zu schweren Brustschmerzen bei Bewegungen führt. Da Nitroglyzerin sowohl durch orale Einnahme als auch durch äußere Anwendung als Salbe oder Brustpflaster wirksam ist, lassen erste Studien vermuten, daß es allein durch Eincremen – also ohne die Gabe von Injektionen – zur Erektion verhelfen kann. Theoretisch müßte es möglich sein, durch Einreiben des Schaftes die Durchblutung dahingehend zu verbessern, daß der Penis erigiert. Bevor Nitroglyzerin jedoch zuverlässig und gefahrlos eingesetzt werden kann, sind weitere Untersuchungen notwendig.

Außerdem könnten bedenkliche Nebenwirkungen auftreten. Einer meiner Patienten setzte die Behandlung mit Nitroglyzerinsalbe ab, weil seine Frau die Substanz über die Scheidenschleimhäute aufnahm und schwere Kopfschmerzen bekam. Dasselbe gilt übrigens für Minoxidil, ein Haarwuchsmittel für Männer mit angehender Glatze. Da es eine vasoaktive Substanz ist, hielt man es für möglich, daß es durch Auftragen auf den Penis zu stärkeren Erektionen führt. Ich möchte jedoch dringend davor warnen, solche Produkte im Selbstversuch zu testen, ehe wir mehr über die Wirkungsweise derartiger Substanzen wissen. Es gibt eine Reihe bewährter Alternativen. Und wer weiß? Nachher wachsen Ihnen noch Haare auf dem Penis!

Ich kann mir vorstellen, daß es in naher Zukunft eine große Auswahl an sicheren und zuverlässigen Medikamenten gegen bestimmte Arten von organisch bedingter Impotenz geben wird – aus *Yohimbin*, Nitroglyzerin, Minoxidil oder anderen, heute noch nicht entdeckten Substanzen. Die Patienten mit Erektionsschwäche werden höchstwahrscheinlich keine vasoaktiven Substanzen mehr injizieren müssen, sondern oral und/oder äußerlich Mittel mit derselben Wirkung anwenden.

Zusammenfassend kann man sagen, daß Männer, deren Potenz durch Krankheit oder Verletzung geschwächt ist, die aber mental in superpotenter Verfassung sind, ihre Erektionsschwäche durch entsprechende Medikation heilen können. Dies ist ein großer Fortschritt, der für die Zukunft noch größere Erfolge verspricht. Allerdings muß ich wiederholen, daß nur ein geringer Prozentsatz der Männer mit Erektionsproblemen unter organisch bedingter Impotenz leidet. Die große Mehrheit verfügt über normale und fähige Penes und gut funktionierende Organe. Sie sind also rein körperlich gesund. Diesen Millionen von Männern können keine Operationen, Medikamente und mechanischen Vorrichtungen helfen. Die Lösung ihres Problems finden sie in ihrem Kopf.

8

WENN ALLES EINE FRAGE DER EINSTELLUNG IST

»Irgendwas stimmt mit mir nicht, Doc«, meinte mein Patient Steve, ein neununddreißigjähriger Rechtsanwalt. »Ich möchte eine komplette urologische Untersuchung.«

Ich fragte ihn, wo das Problem liege. »Ich war mit einer tollen Frau verabredet«, erzählte er. »Es war unser erstes Date, und wir verstanden uns großartig. Sie lud mich zu sich nach Hause ein, eins führte zum anderen, und eh ich mich's versah, lagen wir in ihrem Bett. Aber ich ... na ja ... ich konnte nicht ... verstehen Sie?«

Ich verstand sehr wohl. Ich hatte es schon so viele Male von verzweifelten Patienten gehört. Steve hatte Angst, daß irgend etwas mit seinem Penis nicht stimmen könnte. Aber die Tatsache, daß er bei dieser tollen Frau keine Erektion bekommen konnte, hatte keine körperlichen Ursachen. Er hatte eine schmerzliche Scheidung durchgemacht und konnte sich nur schwer an sein Single-Dasein gewöhnen. Bei dieser unglückseligen Verabredung hatte er zum erstenmal nach seiner Ehefrau wieder eine Frau geküßt. Steve war nicht impotent, er war schlicht und ergreifend nervös gewesen. Die ungewohnte Situation, die Aufregung, eine Frau zu treffen, die ihm gefiel, sein Bestreben, ihr zu gefallen und sich als würdiger Partner im Bett zu erweisen – alles zusammen schuf einen der größten Feinde der Potenz: *Angst.*

Erektionsschwäche tritt meistens dann auf, wenn der Mann zum allerersten Mal mit einer bestimmten Frau zusammen ist. Und weil er sich dafür so sehr schämt, ist ihm danach vermutlich jede Entschuldigung recht, um diese Frau nie wieder zu treffen. Dadurch nimmt er sich selbst die Chance, eine möglicherweise wunderbare Beziehung aufzubauen. Ich lernte sogar Männer kennen, die sich nach einigen peinlichen Erfahrungen ganz und gar von Frauen fernhielten, die ihnen gefielen. Sie wurden zu keuschen Gefangenen ihrer Angst vor Erektionsversagen. Auch jungen Männern kann so etwas passieren. Nehmen wir zum Beispiel den Studienanfänger Clifford, der unter vorzeitiger Ejakulation und Erektionsschwäche litt. Bereits in der High-School, wo er sich durch das Draufgängertum seiner Mitschüler in seiner Männlichkeit verunsichert fühlte, kamen seine ersten sexuellen Erfahrungen Katastrophen gleich. Er versuchte es weiter, und weil er ein gutaussehender junger Mann war, hatte er auch keine Probleme, Mädchen kennenzulernen. Doch als es sexuell nicht klappte, schämte er sich so sehr, daß er dasselbe Mädchen kein zweites Mal traf. Und seine ersten Versuche wurden immer schlimmer, weil seine Versagensangst sich mit jeder schlechten Erinnerung noch steigerte. Schließlich traf er überhaupt keine Verabredungen mehr, abgesehen von der Begleitung zu Festivitäten, zu denen er nicht allein gehen wollte. Im College erfand er eine entfernt lebende Freundin, damit niemand auf falsche Gedanken kam. Tatsächlich aber war Clifford scharf wie ein brünstiger Hirsch und hatte die Nase voll vom Masturbieren, so daß er sich schließlich aufraffte und mir von seinem »mechanischen Problem« erzählte.

Sein sexuelles Selbstbewußtsein war dermaßen gebeutelt, daß er überzeugt war, medizinische Hilfe zu benötigen. Nachdem ich ihn eingehend untersucht hatte, setzten wir uns zusammen. »Sie haben kein mechanisches Problem, Cliff«, sagte ich, »sondern ein psychisches.« Ich versicherte ihm, daß seine ersten Erfahrungen nichts Ungewöhnliches waren. Ich verglich es mit dem Fahrradfahren – wenn man umfällt, muß man es wieder versuchen, vorzugsweise mit demselben Fahrrad. Ich ermutigte ihn, sich ein Mädchen zu suchen, das ihm gefiel, und solange mit ihr zusammenzusein, bis er sich im Bett ruhig und vertraut mit ihr fühlen würde. Und wenn es beim ersten Mal nicht klappen sollte, so sei dies kein Grund zur Panik, beruhigte ich ihn. Ein liebevolles Mädchen werde ihn verstehen, und beim nächsten Mal sei er bestimmt schon viel entspannter.

Clifford war so erleichtert darüber, daß er nicht krank war, daß man meinen konnte, er hätte mindestens mit Krebs gerechnet. Nach ein paar Wochen verliebte er sich in ein nettes, verständnisvolles Mädchen und ging mit ihr eine feste und sexuell befriedigende Beziehung ein.

Das erste Mal mit einem neuen Sexpartner kann das absolut Aufregendste sein, was es gibt, aber eben diese Aufregung kann gelegentlich auch zu einer vorübergehenden Erektionsschwäche führen, die sich – wie in Cliffords Fall – zu einem wahren Teufelskreis auswächst. Ähnliches passiert vielen jungen Männern und auch älteren »ohne Übung«, wie etwa Steve. In Steves Fall gilt derselbe Rat wie bei Clifford: sich Zeit nehmen, geduldig sein, sich nicht selbst unter Druck setzen, sich nicht für unfähig halten und eine Partnerin suchen, bei der man sich geborgen und verstanden fühlt. Den beiden hat es geholfen, und es wird auch Ihnen helfen, wenn Sie etwas ähnliches durchmachen.

Das heißt nun nicht, daß alle ersten Male ebenso traumatisch wie aufregend sein können. Es gibt viele andere Gründe für vorübergehende Erektionsschwäche, aber ich wollte zunächst die Versagensangst thematisieren. Meiner Erfahrung nach ist sie der Hauptgrund für Erektionsschwäche, und sie tritt eher auf, wenn Sie mit einer unbekannten Partnerin zusammen sind oder den Druck spüren, bestimmte Erwartungen erfüllen zu müssen.

Das Hauptproblem dabei ist, daß das, was Sie für ein *physisches* Problem halten, in Wahrheit ein *psychisches* ist. Und weil es im Grunde um etwas ganz Einfaches und Offensichtliches geht, wie zum Beispiel Versagensangst, kann es sehr wahrscheinlich durch einen bloßen Wechsel der Perspektive oder der Umstände geheilt werden.

Wenn Sie sich von der Angst beherrschen lassen, verhindern Sie eine normale Erektion. Seien Sie also gelassen. Lassen Sie sich durch einen Mißerfolg nicht zu der Annahme verleiten, Sie seien kein richtiger Mann oder etwas stimme mit ihrem Penis nicht. Hin und wieder eine Erektion zu verlieren ist ebenso Bestandteil des Sexuallebens wie ein Schlag ins Netz beim Tennis oder der Ballverlust beim Fußball. Wenn es passiert, machen Sie einfach weiter. Wenn Sie immer nur an Ihr Versagen denken, wird es natürlich der Auslöser für zukünftiges Versagen sein. Wenn Sie es als ein normales Geschehen betrachten, wird es beim nächsten Mal sicher besser funktionieren.

Das Positive verstärken

Nehmen Sie sich ein Beispiel an Männern, die auf anderen Gebieten erfolgreich sind. Wenn ich Männer in Führungspositionen treffe, beobachte ich, daß sie nie an ein Versagen denken. Sie benutzen nicht einmal das Wort, sondern bevorzugen »Fehler«, »Irrtum« oder »Rückschlag«, weil das Wort »Versagen« eine gewisse Endgültigkeit oder Dauer impliziert, die sie einfach nicht akzeptieren. Erfolgreiche Menschen konzentrieren sich auf positive Ziele. Sie stecken all ihre Energie in die momentane Aufgabe. Sie sehen nicht zurück, sie suchen keine Ausreden, und sie lassen sich von Rückschlägen nicht entmutigen. Wenn alles gutgeht, analysieren sie die Situation und nutzen das, was sie daraus lernen, für ihre zukünftigen Erfolge.

Natürlich muß man auch das *Richtige* aus seinen Rückschlägen lernen. Genau das war das Problem bei Clifford und Steve. Sie zogen die *falschen* Schlüsse. Sie dachten: »Mit mir stimmt etwas nicht.« Solch eine Einstellung kann sich natürlich kein erfolgreicher Mann – egal in welchem Bereich – leisten, und solch eine Einstellung wird keinesfalls Ihre Penis-Power stärken.

Der Managementexperte Warren Bennis prägte einen Begriff, der die Einstellung der Superpotenz mit Versagensangst verbindet: den »Wallenda-Faktor«, benannt nach Karl Wallenda, einem weltberühmten Hochseilakrobaten. Wenn Wallenda auf ein gespanntes Seil trat, zwischen sich und dem Boden nichts als Luft, dachte er niemals an ein Versagen. Er hatte keine Angst und schien vollkommen unberührt von der Gefahr, zu fallen. Er dachte *nicht* einmal daran, *nicht* zu fallen und sich nicht zu blamieren. Seine ganze Aufmerksamkeit war auf die Aufgabe des Augenblicks gerichtet. Doch ebenso wie Wallendas Karriere die Wichtigkeit der richtigen Einstellung widerspiegelt, so demonstriert unglücklicherweise sein schicksalhafter Tod, was geschehen kann, wenn man diese Einstellung verliert.

Vor einem Auftritt auf einem 200 Meter hoch gespanntem Seil im Jahr 1978 benahm Wallenda sich aus irgendeinem unerklärlichen Grund ganz anders als sonst. Seine Frau berichtete: »Alles, woran Karl drei Monate vor diesem Auftritt dachte, war das *Fallen*. Es war das erste Mal, daß er darüber nachdachte, und es kam mir so vor, als verwende er all seine Energie darauf, *nicht zu fallen*, anstatt auf dem Seil zu gehen.« Zum ersten Mal überwachte er persönlich die Installation des Seils und überprüfte die Sicherheit der Halteseile. Es heißt, daß der große Wallenda durch seine ständige Sorge um das Fallen letztendlich zu Tode stürzte.

Und im übertragenen Sinne ist es genau das, was Clifford und Steve und Millionen anderer Männer tun, wenn sie sich voller Versagensangst auf Sex einlassen. Sie setzen sich als Ziel, sich nicht zu blamieren, anstatt eine schöne Zeit zu haben und für sich und die Partnerin das höchste Vergnügen herauszuholen. Nehmen Sie sich ein Beispiel an Wallenda: Denken Sie nicht ans Fallen, denken Sie nicht an vergangene Rückschläge, denken Sie an nichts anderes als an den jetzigen Moment. Richten Sie all Ihre Aufmerksamkeit auf die sinnliche Erfahrung des Liebemachens.

Was können Sie *tun*, wenn Sie unter Versagensangst leiden?

Beginnen wir mit der Angst davor, daß Ihr Penis nicht steif werden könnte. Wenn Sie anfangen, aufgeregt oder ängstlich zu sein, so müssen Sie sich klarmachen, daß Sie sich im Geiste auf ein Versagen programmieren. Halten Sie inne, beruhigen und erinnern Sie sich, daß Sie »nichts zu fürchten haben außer der Furcht selbst«. Was ist das Schlimmste, das passieren könnte? Daß Sie sich blamieren? Nun, Sie können sich nur blamieren, wenn Sie das auch zulassen. Wenn Sie der Meinung sind, daß ein »richtiger Mann« niemals seine Erektion verliert oder niemals vorzeitig zum Erguß kommt, dann blamieren Sie sich natürlich, falls so etwas geschieht. Wenn Sie sich aber darüber bewußt werden, daß solche Dinge jedem richtigen Mann einmal passieren können, so blamieren Sie sich nicht, wenn es geschieht. Und wenn es Ihnen dennoch peinlich ist? Wie schlimm ist es wirklich? Bedenken Sie immer, daß das Schlimmste, das Sie sich vorstellen können, in Wirklichkeit keine große Sache ist. Das wird Ihnen helfen, ruhig und unbeschwert zu bleiben, und Ihr Penis wird ganz natürlich funktionieren. Entwickeln Sie die Fähigkeit, über sich selbst und Ihr unberechenbares »Anhängsel« zu lachen, und Sie werden wahre Wunder erleben.

Werfen Sie ängstliche und negative Gedanken ganz und gar über Bord. Es gibt keinen Grund, sie aufrechtzuerhalten. Sie sind die natürlichen Feinde Ihres Penis. Mobilisieren Sie eine Armee positiver Gedanken, und lassen Sie sie Ihren Geist beherrschen. Einen Rat, den ich meinen Patienten immer wieder gebe, ist, sich nackt vor einen Spiegel zu stellen. Betrachten Sie Ihren Penis. Reden Sie mit ihm. Streicheln Sie ihn liebevoll. Sagen Sie ihm, daß Sie ihm vertrauen und wissen, daß er ein normales, gesundes Organ mit all seinen Blutgefäßen und Nerven ist, das funktioniert. Falls er in der Vergangenheit nicht funktionierte, sagen Sie ihm, daß es *Ihre* Schuld war, weil Sie ihm Signale der Nervosität und der Angst übermittelten. Sagen Sie ihm, daß Sie das nicht mehr tun werden, daß Sie fest vorhaben, die Gedanken und Einstellungen eines superpotenten Mannes anzunehmen. Dies mag kindisch und lächerlich klingen, aber ich verspreche Ihnen, daß es funktioniert. *Die Kraft des Penis ist nichts weiter als die Kraft, positive Gedanken an Ihren Penis zu richten.*

Einige meiner Patienten kommen wieder und sagen: »Also, Doktor, ich habe getan, was Sie sagten, aber ich war immer noch nervös.« Manchmal ist die Angst so tief verwurzelt, daß Sie Ihren eigenen aufmunternden Worten keinen Glauben schenken können. Während Sie Ihr

Gehirn mit postiven Gedanken füllen, flüstert es aus einer Ecke: »Blödsinn!« Ich rate, die positiven Gedanken einfach ständig zu wiederholen. Worte sind unerbittlich. Schließlich und endlich wird sogar der zynischste Ungläubige – Sie – überzeugt sein, und diese Überzeugung wird zu einem normal funktionierenden Penis führen.

Natürlich ist mir bewußt, daß einige Männer mit tief verwurzelter, starker Versagensangst mehr brauchen als aufmunternde Worte. In solchen Fällen empfehle ich das Gespräch mit einem Psychotherapeuten, um die tiefliegenden Gründe für ihre Ängste zu entdecken. In fast allen Fällen mangelt es diesen Männern allerdings an grundlegendem Selbstbewußtsein, so daß nicht allein Versagensangst ausschlaggebend ist. Ihre Selbsteinschätzung ist so gering und ihr Bild von sich als Mann so schwach, daß es alle Aspekte ihres Lebens beeinträchtigt und nicht nur den Sex. Und es ist viel einfacher, ein geringes Selbstwertgefühl durch beispielsweise den Beruf oder Sport zu kompensieren als durch Leistung im Bett. Viele von Selbstzweifeln geplagte Männer sind im Beruf äußerst erfolgreich. *Aber Ihr Penis lügt nie, und Ihr Penis läßt sich auch nicht austricksen.* Er ist ein Spiegel für Ihre tiefsten Gedanken und Gefühle. Selbst wenn Sie *meinen*, Sie hätten kein Problem mit Ihrem Selbstbewußtsein und sich für einen tollen Typen halten – sobald Sie sich Sorgen um Ihre sexuelle Leistung machen, können Sie sicher sein, daß irgendein Teil von Ihnen ernsthaft an Ihrer Männlichkeit zweifelt. Und diese Selbstzweifel wandern blitzschnell vom Gehirn in den Penis.

Vielleicht müssen Sie an Ihrem Selbstwertgefühl arbeiten, entweder mit Hilfe eines Beraters oder allein. Wenn Sie nicht sicher sind, ob Sie unter Selbstzweifeln leiden, stellen Sie sich folgende Fragen: Vergleichen Sie sich ständig mit anderen Männern? Wenn Ihnen etwas mißlingt, schelten Sie sich dann selbst oder beschimpfen sich? Urteilen Sie über sich strenger als über andere? Bemühen Sie sich sehr darum, anderen zu gefallen oder von jedem gemocht zu werden? Sind Sie extrem empfindlich gegenüber Kritik? Wenn Sie etwas erreichen, spielen Sie dann Ihren Erfolg herunter? Haben Sie ein starkes Bedürfnis, sich selbst zu beweisen? Wenn Sie vor einer neuen Aufgabe stehen, befürchten Sie dann sofort, sie nicht bewältigen zu können?

Falls Sie die meisten dieser Fragen mit »ja« beantwortet haben, besteht der Verdacht, daß Sie stark zu Selbstzweifeln und übermäßiger Selbstkritik neigen. Und daß Ihr Penis sich möglicherweise von diesem Mangel an Selbstwertschätzung anstecken läßt. Wenn *Sie* nicht daran glauben, daß Ihr Penis gut und zuverlässig funktioniert, warum sollte *er* sich dann anders verhalten? Wenn *Sie* nicht der Überzeugung sind, ein befriedigendes Sexualleben zu verdienen, warum sollte Ihr Penis Ihnen dann dazu verhelfen?

Sie sollten alles in Ihrer Macht Stehende tun, um Ihr Selbstwertgefühl zu stärken. Denken Sie an all die positiven Dinge, die Sie erreicht haben. Denken Sie an die netten und großzügigen Dinge, die Sie tun. Denken Sie über die Maßstäbe nach, die Sie für Ihre Leistungen ansetzen. Selbstzweifel entstehen dann, wenn Sie die selbstgesetzten Erwartungen nicht erfüllen, und wenn Ihre Erwartungen sich an den Normen anderer Leute, sozialer Institutionen oder den Medien orientieren, so werden Sie sich selbst nicht gerecht. Wer sagt, daß Sie irgendwelchen willkürlichen Normen entsprechen müssen? Wer sagt, daß Sie kein richtiger Mann sind, wenn es Ihnen nicht gelingt? Setzen Sie Ihre eigenen Maßstäbe und beurteilen Sie sich großzügig.

Nimm's nicht so schwer, Kumpel

Also gut, Sie sind mit einer sexy Frau im Bett – entweder Ihrer eigenen oder einer, die Sie gerade kennengelernt haben. Sie fühlen sich angespannt. Sie machen sich Sorgen, daß Sie nicht hart werden oder die »Latte« verlieren könnten, die Sie jetzt noch spüren. Was tun Sie? Die normale Reaktion ist Panik. Sie machen sich so viele Sorgen um Ihren Penis, daß Sie unter Druck stehen. Sie versuchen es mit Willenskraft. Sie vergessen, all die schönen Dinge zu tun, die Ihre Partnerin antörnen. Sie können nicht einmal ihre liebevollen Küsse und Streicheleinheiten genießen, vielleicht nicht einmal spüren. So kommt es unweigerlich zu einer der folgenden beiden Konsequenzen: entweder verliert die Frau die Lust und denkt, daß sie etwas falsch macht, oder Ihr Penis verliert seine Erektion. Oder beides.

Was sollten Sie also tun? In der Sekunde, da Sie beginnen, sich Sorgen zu machen, halten Sie sofort inne und *erzählen* Ihrer Partnerin davon. Suchen Sie keine Ausreden. Versuchen Sie nicht, es zu verbergen. Stehen Sie dazu. Sagen Sie ihr offen, daß Sie nervös sind. Erklären Sie ihr, daß das manchmal passiert – so wie es auch allen anderen Männern passiert, das versichere ich Ihnen. Sagen Sie ihr, es liege daran, daß Sie ihr unbedingt Freude und Befriedigung bereiten möchten, und weil ihre Anerkennung Ihnen so viel bedeutet. Sie darf auf keinen Fall das Gefühl haben, daß es *ihr* Fehler ist, denn sie ist wunderbar und hat nichts falsch gemacht. Sagen Sie ihr, daß es allein an Ihrem Kopf liegt und daß es bestimmt vorbeigeht.

Ehrlichkeit ist immer die beste Politik, besonders wenn es um Ihren Penis geht. In 99 Prozent der Fälle wird Offenheit die Situation verbessern und die Anspannung vertreiben. Wenn Sie eine gute Beziehung haben, wird Ihre Partnerin Sie verstehen. Sie wird Ihre Ehrlichkeit schätzen und Ihre Verletzlichkeit schützen. Die meisten Frauen wollen Nähe, Zuneigung und ehrliche Gefühle – wenn Sie also diese Dinge vermitteln, wird sie Ihnen Ihre Anspannung nicht vorwerfen. Wahrscheinlich wird sie Sie beruhigen und den Druck von Ihnen nehmen. Das Ergebnis ist die Wiedererweckung der Kraft Ihres Penis. Wenn sie nicht so reagiert, wenn sie also verärgert und abweisend wird und Sie gar als unmännlich tituliert ... nun, dann sollten Sie sich überlegen, ob Sie überhaupt mit der richtigen Frau im Bett sind.

Und wenn Sie tatsächlich keine Erektion bekommen? Wenn Sie sie tatsächlich im entscheidenden Moment verlieren? Wenn Sie tatsächlich zu früh kommen? Was dann? Lachen Sie darüber! Na klar, denken Sie, der hat leicht reden! Aber ich meine es ernst. Machen Sie Witze darüber. Nehmen Sie es nicht so schwer! Ich versichere Ihnen, »richtige Männer« können über ihre Penes lachen. »Oje, da hat der Bursche mich doch tatsächlich ausgetrickst. Manchmal kann ich ihn einfach nicht dazu bringen, sich zu benehmen. Dieser unberechenbare kleine Teufel. Nimm's nicht persönlich.« Bemerkungen dieser Art, in Ihren eigenen Worten, Ihrem eigenen Stil, sollten die Anspannung lösen und Ihrem Penis helfen, eines Tages Ihren Wünschen zu entsprechen vielleicht sogar noch am selben Tag. Als Arzt kann ich es Ihnen praktisch garantieren.

Sehr wahrscheinlich wird Ihre Partnerin froh darüber sein, wenn Sie es auf die leichte Schulter nehmen. Vielleicht denkt sie, daß mit *ihr* etwas nicht stimmt. Vielleicht fühlt sie sich schuldig, weil sie Sie nicht auf Touren gebracht hat. Vielleicht spürt sie, daß es Ihnen peinlich ist, weiß aber nicht, was sie sagen oder wie sie reagieren soll.

Aber wenn Sie den Anfang machen und darüber lachen, ist das Eis gebrochen. Wer sagt denn, daß Sex ernst sein muß? Wenn man die ganz und gar nicht festgelegten Abläufe bedenkt, die körperlichen Verrenkungen, die kindische Vorfreude und so weiter, dann eignet Sex sich ebenso für eine Slapstick-Komödie wie für hohe Kunst oder Weichzeichner-Kino. Viele Leute sind sogar der Meinung, daß nichts mehr antörnt als das herzhafte Lachen im Bett, und daß nichts besser ist als ein Partner, der den gleichen Sinn für Humor hat wie man selbst. Nehmen Sie Ihren Penis einfach nicht so ernst, denn das ist der Anfang von allem Übel.

Und wenn es Ihnen nicht sofort gelingt, dann versuchen Sie es immer wieder, selbst wenn Ihr Penis ein- oder zweimal seinen Dienst versagt hat – oder öfter. Geben Sie nicht auf. Auch im Sex bedarf es der Übung, und nur wenn Sie nicht locker lassen, können Sie Ihre Rückschläge bewältigen und das Vertrauen zurückgewinnen, das Sie brauchen, um Ihre Angst vor dem Versagen zu überwinden.

Dabei fällt mir ein früherer Patient ein, den ich hier Joe nennen möchte, ein nicht besonders großer Mann mit klassischem Napoleon-Komplex. Er wechselte von einer Firma in die andere, nicht ohne vorher den größtmöglichen Erfolg in seiner jeweiligen Position erreicht zu haben. Mit vierzig war er noch Junggeselle und erzählte so viel über die Frauen, mit denen er ausging, daß man meinen konnte, sein Sexualleben sei erfüllt und abwechslungsreich. Zu meinem Erstaunen litt dieses Energiebündel an Erektionsschwäche, ausgelöst durch einen großen Mangel an Selbstachtung. All seine Erfolge, so stellte sich heraus, waren die vergeblichen Versuche eines Workaholics, die Anerkennung zu bekommen, die sein dominanter Vater ihm nie gegeben hatte. Joe hatte das tief verwurzelte Gefühl, wertlos zu sein. War er mit einer Frau allein, schwitzte er aus Angst und nicht aus Leidenschaft, und in neunzig Prozent der Fälle versagte seine Potenz.

Doch Joe besaß eine sehr vorteilhafte Eigenschaft: Ausdauer. Bei allem, was er tat, war er entschlossen, nicht aufzugeben. Als er seine sexuelle Unzufriedenheit schließlich eingestand, machte er sich im Schlafzimmer dieselbe Ausdauer zunutze, die er bei seiner Arbeit einsetzte. Ein Therapeut half ihm, seine Selbstachtung zu stärken. Ich führte eine eingehende urologische Untersuchung durch und versicherte ihm, daß seiner Potenz rein organisch nichts im Wege stünde. Bald war er ein zufriedener Mann mit einer erfüllten sexuellen Beziehung.

Joe ist das krasse Gegenteil eines anderen Patienten, den ich hier Daniel nenne. Daniel litt ebenfalls unter schweren Selbstzweifeln und Erektionsschwäche, allerdings kam es bei ihm auf gegenteilige Weise zum Ausdruck. Seine Leistungen blieben ständig hinter den Erwartungen zurück, und zwar in allen Bereichen seines Lebens, einschließlich Sex. Er war ein musikalisches Wunderkind gewesen, ein hervorragender Schüler und später ein herausragender Gitarrist. Doch seine geringe Selbstachtung hielt ihn davon ab, seine wahren Fähigkeiten zu erkennen und sich auch nach außen zu seinem Vorteil darzustellen. Er wirkte unscheinbar und unsicher. Mit 29 Jahren kratzte er seinen Lebensunterhalt als Gitarrenlehrer zusammen und war jede Nacht allein. Als ich ihn kennenlernte, hatte er seit über einem Jahr keine Verabredung mehr gehabt. Eine Reihe enttäuschender Erlebnisse ließen ihn von Sex und Romantik nur noch träumen. Daniel fehlte genau das, was Joe hatte: Ausdauer und der Mut, auf dem Weg zum Sieg über die Angst auch das Versagen zu riskieren. Er ringt immer noch mit seinen Selbstzweifeln und versucht, genug Mut für einen erneuten Versuch aufzubringen – wie ein kleines Kind, das zuviel Angst hat, nach einem Sturz wieder auf sein Fahrrad zu klettern.

Ausdauer ist in fast jedem Bereich der Schlüssel zum Erfolg. Die erfolgreichsten Menschen der Geschichte sind diejenigen, die aushielten, wo andere den Kampf aufgegeben hätten. Wenn ich an Ausdauer denke, denke ich an einen ländlichen Anwalt, der arbeitslos wurde, eine Wahl in die staatliche Legislative verlor, als privater Geschäftsmann versagte, nicht zur Wahl in den Kongreß nominiert wurde und zweimal bei den Wahlen in den Senat besiegt wurde. Doch er besaß genug Ausdauer, um kleine Erfolge zu erzielen und schließlich der am meisten verehrte Präsident der Vereinigten Staaten zu werden. Wenn Sie also das nächste Mal Ihren Penis aufgeben wollen, denken Sie an Abraham Lincoln.

Allerdings muß ich diesem Rat noch etwas hinzufügen: *Ausdauer ist gut, aber bitte übertreiben Sie es nicht.* Sonst könnten Sie die Dinge nur noch schlimmer machen, als sie sind. Joe, mein napoleonischer Patient, gehörte zu den Typen, die alles im Frontalangriff angehen. So bemühte er sich auch um seine Penis-Power. Das Problem ist nur, daß man Superpotenz nicht auf demselben Weg erreicht wie einen Geschäftsvertrag oder eine bessere Rückhand beim Tennis. Einige Aufgaben erledigt man durch Anstrengung und harte Arbeit. Eine Erektion zu bekommen gehört nicht dazu; je mehr Sie sich anstrengen, um so geringer ist Ihre Aussicht auf Erfolg. Es ist wie beim Einschlafen: Jeder, der sich schon in schlaflosen Nächten unruhig im Bett gewälzt hat, kann Ihnen bestätigen, daß es um so schwerer ist einzuschlafen, je mehr man es versucht. Man ärgert sich, macht sich Sorgen, überlegt die Gründe – und bleibt wach.

Ich nenne es das *Penis-Paradoxon*: Je stärker Sie es versuchen, desto schwächer wird Ihre Erektion. Sie können Ihren Penis nicht *zwingen*, hart zu werden oder zu bleiben. Anstrengung und Willenskraft verhindern das natürliche Entstehen einer Erektion. Wie beim Schlaf müssen Sie die richtigen Bedingungen schaffen und sich dann nicht weiter darum kümmern. Im ersten Moment, als er beschloß, seine Erektionsschwäche zu überwinden, hatte Joe *mehr* Probleme damit, weil er sich so sehr bemühte, daß er nicht entspannt genug für eine Erektion war. Erst als er lernte, ruhig zu werden, sich fallenzulassen und einfach zu genießen, was er tat, nahm die Natur ihren Lauf, und es wurde besser. Erst von da an machte sich seine Ausdauer schnell bezahlt.

Der Schlüsselpunkt ist: Ihr Penis *will* hart werden. Das entspricht seiner Natur, so wie Ihr Herz schlagen, Ihr Magen verdauen und Ihre Lungen atmen wollen. Es sind unwillkürliche Funktionen. Und so ist es auch mit der Erektion. Glauben Sie an Ihren Penis. Vertrauen Sie ihm. Geben Sie ihm jede Möglichkeit, seine Aufgabe zu erfüllen. Aber geben Sie ihm dieselbe Freiheit, die Sie einem Freund oder Kollegen bei einer Aufgabe zugestehen würden. Mischen Sie sich nicht ein.

Sei kein Frosch, sei superpotent

Angst in jeglicher Form ist der schlimmste Feind Ihres Penis. Und ich meine nicht nur Versagensangst. Wenn Sie sich Sorgen um Ihr Geld machen oder um die Gesundheit eines nahestehenden Menschen, die Aufnahme ihres Kindes ins College, eine Geschäftsangelegenheit oder irgend etwas anderes, so kann Ihr Penis Sie im Stich lassen, auch wenn Sie noch so sehr an ihn glauben. Sorgen und

Ängste schwächen den Körper. Sie beeinträchtigen die Endokrinausschüttung, das vegetative Nervensystem und die Blutgefäße, also auch Ihren Penis.

Lassen Sie Sorgen und Ängste nicht in Ihr Schlafzimmer! Legen Sie sie an der Türschwelle ab oder am besten noch vor dem Haus!

Der Trick besteht darin, bestimmte Dinge in bestimmten Kisten aufzubewahren. Meine ausgeglichensten superpotenten Patienten haben dazu eine natürlich Begabung. Geschäft ist Geschäft, Spiel ist Spiel, Familie ist Familie, Religion ist Religion, und Sex ist Sex. Sie vermischen diese Bereiche weder in der Praxis noch in Gedanken. Egal wie streßreich ihre Arbeit im Büro ist – sobald sie das Firmengebäude verlassen, lassen sie den Streß hinter sich. Sie geben ihm keine Chance, ihr Familien- oder Sexualleben zu vergiften. Wenn ihre Kinder die Schule schwänzen, wenn das Dach undicht ist, wenn ihre Schwiegereltern sie nerven, wenn die Autowerkstatt die Reparaturkosten auf ein kleines Vermögen schätzt oder was auch immer – sie lassen diese häuslichen Probleme vor dem Schlafzimmer. Das ist natürlich leichter gesagt als getan, wenn es Probleme zwischen den Sexualpartnern selbst gibt, aber damit werden wir uns später noch beschäftigen. Wenn Sie Schwierigkeiten haben, die Dinge in ihre Kisten zu packen, müssen Sie es üben. Sobald negative Gedanken ihre Erektion beeinträchtigen, schieben Sie sie beiseite, jagen Sie sie fort und lenken Sie Ihre Aufmerksamkeit auf die erotischen Gefühle, die Sie beim Liebemachen erleben. Für manche Menschen ist das Umlenken der Aufmerksamkeit so einfach wie das Umschalten am Fernseher. Für andere ist es genauso schwer, wie eine Gewohnheit zu ändern – und negatives Denken ist zumeist nur das: eine *schlechte Angewohnheit.* Einer meiner Kollegen, ein Psychologe, empfiehlt eine Visualisierungsübung. Stellen Sie sich vor Ihrem geistigen Auge vor, wie Sie Probleme zusammensammeln und in eine Kiste packen. Dann beobachten Sie sich, wie Sie die Kiste verschließen und vor die Tür stellen oder aus dem Fenster werfen. Schaffen Sie Ihre Ängste aus dem Schlafzimmer und erlauben Sie Ihrem Penis, ohne Unterbrechungen seiner Natur zu folgen. Lassen Sie Ihre Penis-Power nicht der Preis für Ihre Sorgen und Ängste sein. Ich empfehle Ihnen, das zu kultivieren, was Bertrand Russell die »Gewohnheit, die richtigen Dinge zur richtigen Zeit zu denken« nannte. Das Schlafzimmer ist nicht der richtige Ort, um die Termine der kommenden Woche zu planen, in Gedanken eine Rede zu üben oder sich über die morgige Aufsichtsratssitzung zu sorgen – insbesondere, wenn es um etwas geht, das Sie nicht beeinflussen können. »Der weise Mann denkt nur dann an seine Probleme, wenn es einen Sinn hat«, schrieb Russell. »Ansonsten denkt er an andere Dinge oder nachts an gar nichts.« Russell bezog sich auf den Schlaf, aber als superpotenter Mann können Sie es ebenso auf die Kraft Ihres Penis beziehen.

Eine Möglichkeit, um ängstliche Gefühle von Ihrer Penis-Power fernzuhalten, ist das rechtzeitige Abbauen von Streß. Über die Mittel und Wege, Streß zu neutralisieren, wurden bereits Bände geschrieben, deshalb muß ich an dieser Stelle nicht näher darauf eingehen. Lassen Sie mich nur kurz sagen, daß Ihre Fähigkeit, Kisten zu schließen, möglicherweise dadurch verbessert wird, daß Sie vor den Liebesstunden Gewichte heben, joggen gehen, ein paar Runden schwimmen, Squash spielen, Yoga praktizieren, einen Sandsack bearbeiten, am Strand spazieren oder was immer Ihnen gefällt. Nutzen Sie jede Ihnen nur mögliche Art, vor dem Zubettgehen Streß abzubauen.

Oder bauen Sie ihn *im* Bett ab. Ja, es stimmt: der beste mir bekannte Weg, um Streß abzubauen, ist Sex. Und das ist ein weiteres *Penis-Paradoxon*: Streß kann die Penis-Power schwächen, gleichzeitig aber ist der Einsatz von Penis-Power eine wunderbare Möglichkeit, Streß abzubauen. Ich weiß gar nicht, wie viele superpotente Männer mir bereits erzählten, daß das beste Gegenmittel für Streß im Berufsleben der Gedanke an die nächste Nacht mit ihrer Frau bzw. Freundin sei. Es ist eine wundervolle körperliche Betätigung, es baut Spannungen ab, lenkt die Gedanken in andere Richtungen und ruft zusätzlich das schöne Gefühl von menschlicher Nähe, Wärme und Wohlbefinden hervor, das viele andere Aktivitäten nicht bieten können. Wenn Sie lernen, Ihren Ärger, Ihre Frustrationen und Sorgen in sexuelle Energie umzuwandeln, schlagen Sie dem Streß ein Schnippchen. Lassen Sie sich also Ihre Penis-Power nicht durch Ihre Ängste schwächen; nutzen Sie vielmehr den Streß, um Ihre Penis-Power auf Touren zu bringen.

Genau das riet ich einem hyperengagierten Talentemanager, der den ganzen Tag über ein wichtiges Telefongespräch nach dem anderen führte. Seine Penis-Power war in Mitleidenschaft gezogen, weil er die Dinge nicht trennen konnte. »Warten Sie nicht, bis das Essen abgeräumt ist, die Kinder im Bett sind und Sie im Stehen einschlafen könnten«, sagte ich ihm. »Schnappen Sie sich Ihre Frau, sobald Sie nach Hause kommen, und bauen Sie den Streß ab, bevor er Sie auffrißt.«

Eine Woche später berichtete er, er könne das nicht. Warum? Weil er sich schuldig fühlte. Er dachte, seine Frau würde merken, daß er sie nur benutzt, daß er nur mit ihr schlief, um seine Bedürfnisse zu befriedigen, und nicht, um mit ihr die Freuden der Liebe zu teilen und zu genießen. Ein wahrhaft nobler Gedanke von einem Mann, der sein Frau aufrichtig liebt – aber vollkommen irrational. Sein beruflicher Streß verursachte ihm Erektionsprobleme. Wenn er diesen Streß nicht abbaute, konnte er ohnehin nicht mit seiner Frau schlafen. Da ich seine Frau ebenfalls kannte, empfahl ich ihm nochmals, trotz seiner Vorbehalte meinem Rat zu folgen. Und es war richtig, denn seine Frau hielt den streßabbauenden Quicky vor dem Abendessen nicht nur für romantisch, sondern freute sich auch, ihrem Mann auf diese Weise helfen zu können, daß er nicht die ganze Nacht unter Druck und Anspannung stand.

In einer gut funktionierenden Beziehung wird Ihre Partnerin sich in solch einem Fall nicht benutzt fühlen. Glauben Sie mir: Sie wird Sie lieber ruhig und entspannt erleben als nervös und von Sorgen geplagt. Wenn Sie beim Liebesakt nicht nur an Ihren Penis denken, sondern gleichzeitig auf ihre Bedürfnisse Rücksicht nehmen, werden Sie beide davon profitieren.

Depression deprimiert den Penis

Ein weiterer Patient, der sich für einen Penis-Versager hielt, war ein netter, freundlicher Krankenpfleger namens Bill. Er war geschieden, hatte drei Kinder und erlebte nach zwei Jahren gesunder Beziehung zu seiner Freundin plötzlich Erektionsschwäche. Der Grund dafür war nicht schwer zu finden. Er schlief schlecht, hatte abgenommen, und als ich ihn nach seiner mentalen Verfassung fragte, erwiderte er, er sei in letzter Zeit sehr depressiv. Wie sich herausstellte, war sein Sohn kokainsüchtig und wegen Diebstahls festgenommen worden. Abgesehen von der tiefen Trauer, wie sie wohl jeder in solch einer Situation empfinden würde, wurde Bill zusätzlich von Gefühlen der Hilflosigkeit und Schuld geplagt.

Körperlich war Bill vollkommen in Ordnung. Seine Penis-Power war nicht entschwunden. Dies war nur ein vorübergehender Aussetzer aufgrund einer *situationsbedingten Depression.* Desinteresse am Sex ist eine ganz normale und vorhersehbare Reaktion auf tiefe Trauer oder den Verlust eines nahestehenden Menschen. Bill hatte einfach keine Lust mehr auf Sex, doch anstatt das hinzunehmen und einfach abzuwarten, verschlimmerte er die Sache noch, indem er sich dazu zwang, mit seiner Freundin zu schlafen. Er hatte Angst, sie könnte ihn verurteilen, wenn er ihr seine Unlust gestand. Er hatte außerdem Angst, kein richtiger Mann zu sein, und seine Männlichkeit hatte gerade schon einen schweren Schlag erlitten, weil er in seinem eigenen Versagen als Vater die Schuld für die Verfehlungen seines Sohnes sah. Also machte er Liebe nach Plan, doch seinen Penis konnte er nicht belügen: Der war nicht bereit, weil Bills sexuelle Energie zusammen mit seinem Appetit und seiner Lust auf sportliche Betätigung verschwunden war.

Depression ist ein ernstes Hindernis auf dem Weg zur Superpotenz. Bill gelang es, sie zu überwinden, sobald ihm die Ursache bewußt war und er akzeptieren konnte, daß alles ganz normal und natürlich und er im Grunde gesund war. Schließlich überwand er seine Trauer und seinen Schmerz, und das Leben ging weiter wie vorher – einschließlich des Sexuallebens.

Depression kann aber auch eine chronische, lähmende Krankheit sein und die Penis-Power für lange Zeit einschränken. Hier vermag ein Urologe nicht zu helfen. Wenn Sie aufgrund chronischer Depression unter Erektionsschwäche leiden, wäre es ein Fehler, nur auf die Sexualität zu achten. Ihr Erektionsproblem ist nur eines von vielen zu erwartenden Symptomen. Ich empfehle Ihnen, einen Psychiater aufzusuchen, der die richtige Diagnose stellen und Sie entsprechend behandeln kann. Heutzutage können Depressionen durch Medikamente oder Psychotherapie oder durch eine Kombination aus beidem geheilt werden, und mit dem verbesserten Allgemeinzustand regeneriert sich die Penis-Power auf ganz natürliche Weise.

Gedankenspiele

Martin war ein Mann mittleren Alters, der seine Frau – die Liebe seines Lebens – ein Jahr vor seinem Besuch in meiner Praxis verloren hatte. Nach einer angemessenen Trauerzeit fing er wieder an, sich zu verabreden. Seine ersten intimen Begegnungen mit sexuell unbefangenen Frauen verliefen sehr zu seiner Zufriedenheit, angesichts der Tatsache, daß Martin außerhalb seiner Ehe so gut wie keine sexuellen Kontakte gehabt hatte – nur als junger Mann mit Prostituierten. Doch als er schließlich eine Frau kennenlernte, mit der es ihm ernst wurde, verlor er seine Penis-Power. Er konnte das nicht verstehen. Warum klappte es mit Frauen, für die er nichts Besonderes empfand, aber nicht mit einer, die er wirklich mochte?

Es stellte sich heraus, daß Martin von Schuldgefühlen geplagt war. Bei den ersten Frauen hatte er keine Probleme gehabt, weil er wußte, daß sich keine ernste Beziehung daraus ergeben würde. Er wollte seinen Spaß haben und seine Einsamkeit vertreiben. Als er aber eine Frau traf, mit der er fest zusammensein wollte und mit der der Sex intimer und liebevoller wurde, hatte er plötzlich das Gefühl, seine verstorbene Frau zu betrügen. Um sich selbst die Schuldgefühle zu ersparen, brachte sein Verstand seinen Penis dazu, zu versagen.

Martins Fall ist ein Beispiel dafür, wie Penis-Power durch irrationale Einstellungen beeinträchtigt werden kann. Schuld ist ein mächtiges Gefühl, und ein zentraler Auslöser dafür ist Religion. Ich kenne viele Christen, Juden und Moslems, denen es in ihrer Ehe wunderbar ging, die aber unter Erektionsschwäche litten, sobald sie die reglementierten Grenzen ihrer Religion überschritten. Es ist nicht meine Aufgabe, die Religion irgendeines Menschen in Frage zu stellen. Ich möchte nur darauf hinweisen, daß der Verstoß gegen religiöse Regeln und die daraus resultierende unterbewußte Scham einen Mann in seiner Penis-Power beeinträchtigen kann. In den meisten Fällen müssen sie mit einem Kirchenmann reden und nicht mit einem Urologen.

Ein weiteres Hindernis auf dem Weg zur Penis-Power ist *irrationale* Angst. Hier meine ich nicht Versagensangst oder Angst vor akuten Bedrohungen, sondern die groteske Angst vor irgendwelchen obskuren Konsequenzen Ihres Liebesakts. Ich erinnere mich beispielsweise an einen dreißigjährigen Mann, der heute noch »Jungfrau« wäre, hätte nicht eine Frau es geschafft, seinen halberigierten Penis in ihre Vagina zu schieben. Jedes andere Erlebnis endete mit einem Erektionsversagen oder einer Ejakulation noch vor der Penetration. Ich überwies ihn an einen Psychotherapeuten, der herausfand, daß dieser arme Mensch von einer sehr dominanten Mutter erzogen worden war, die ihm in seiner Kindheit eingeredet hatte, Vaginas hätten Zähne! Er hatte Alpträume darüber, »sein Ding abgebissen zu bekommen«.

Dieser Patient war ein Extremfall, aber es gibt viele Männer, die aus unerfindlichen Gründen Angst vor dem Geschlechtsverkehr haben. Manche merken nicht einmal, daß sie Angst haben. Sie denken, sie wollen Sex, engagieren sich, aber irgend etwas geht immer schief, woraus sie schließen, daß mit ihrem Penis etwas nicht stimmt. Dabei kann es der Zorn Gottes, der Geist ihrer Mutter, eine Vagina mit Zähnen oder eine andere tief sitzende Furcht sein, die ihren Penis schwächt.

Ein Faktor ist natürlich auch die Angst vor Krankheiten. Ich habe viele Patienten, die unbegründeterweise einen Herzinfarkt oder die Ansteckung mit beispielsweise Typhus fürchten und deshalb im Bett versagen. Dies sind sehr groteske Ängste. Andere wiederum sind leider nicht unbegründet. Heutzutage ist es äußerst wichtig, sich über sexuell übertragbare Krankheiten Sorgen zu machen – ob nun Virusinfektionen wie Herpes, bakterielle Infektionen wie Syphilis oder Tripper, die immer häufiger auftretenden Chlamydien oder Aids. Während die erstgenannten Krankheiten Ihnen vorübergehende Beschwerden verschaffen und Ihr Sexualleben beeinträchtigen, ist Aids unheilbar und tödlich. Die Angst vor Aids hat die sexuelle Aktivität vieler meiner ansonsten superpotenten Patienten beeinträchtigt, und das ist auch gut so.

Aber Sie sollten sich nicht gerade während des Liebesakts über diese Krankheiten Gedanken machen, sondern lange bevor Sie mit jemandem ins Bett gehen. In der heutigen Zeit sollte ein superpotenter Mann seine potentielle Sexualpartnerin so gut wie möglich kennenlernen. Sie müssen die Geduld und den Mut aufbringen, Fragen über ihre früheren sexuellen Praktiken und Partner zu stellen. Möglicherweise müssen Sie Ihre Befriedigung erst einmal verschieben, aber dadurch könnten Sie ihr Leben retten. Wenn Sie gewissenhafte Vorsichtsmaßnahmen treffen, nur Safer Sex praktizieren und potentielle Gefahren meiden, müssen Sie keine Angst haben, wenn es soweit ist, Ihre Penis-Power loszulassen.

9
MILDERNDE UMSTÄNDE

Der 51jährige Larry kam wegen einer Prostatauntersuchung zu mir in die Praxis. Als ich ihm mitteilte, daß seine Prostata tatsächlich vergrößert war und behandelt, möglicherweise operiert werden müsse, reagierte er sehr überraschend: Er war erleichtert. Ich fragte ihn, warum er so froh darüber sei, und er gestand mir: »Weil ich in letzter Zeit Probleme hatte, hart zu werden, Doc. Ich dachte, daß ich impotent werde, und jetzt bin ich froh, daß es nur ein kleines Problem mit der Prostata ist.«

»Larry«, erwiderte ich, »es tut mir leid, Ihnen sagen zu müssen, daß Ihre Prostata nichts damit zu tun hat. Wenn Sie Erektionsprobleme haben, so wird eine Operation nichts daran ändern.« Wie ich bereits in einem vorherigen Kapitel erklärte, besteht die Funktion der Prostata darin, Samenflüssigkeit zu produzieren; mit der Erektion hat sie nichts zu tun.

Daraufhin war Larry natürlich sehr deprimiert. Wir sprachen ausführlich über seine Krankheitsgeschichte und sein Privatleben. Larry war dreißig Jahre lang mit derselben Frau verheiratet. Dreißig Jahre mit all ihren Höhen und Tiefen, mit dem Erziehen der Kinder und der täglichen Routine, mit den zahlreicher werdenden Falten und grauen Haaren und schließlich dem routinemäßigen Sex. Larry war nicht impotent, sondern litt unter dem sogenannten »Coolidge-Effekt«.

Der Coolidge-Effekt ist ein Ausdruck aus dem Bereich der Sexualforschung bei Tieren, aber ich denke, daß es durchaus Parallelen zum Menschen gibt. Wenn man ein männliches Tier mit einem weiblichen »läufigen« Tier in einen Käfig steckt, wird es das Weibchen bald besteigen. Nach der Ejakulation wird das Männchen sich ausruhen und dann das Weibchen erneut begatten. Die Zeit, die es zur Erholung braucht, ist berechenbar. Sie variiert von einer Spezies zur anderen, ist aber bei allen Ratten, Hähnen, Schafböcken etc. jeweils ähnlich. Nach der zweiten Ejakulation wird das Männchen wieder ruhen, und diesmal dauert die Erholungsphase länger. So geht es weiter nach der dritten, vierten, fünften und allen weiteren Ejakulationen. Das Tier braucht immer länger, um sich zu erholen, bis es schließlich erschöpft ist.

Soweit erscheint alles logisch. Aber nun kommen wir zum interessanten Teil. Wenn Sie zu irgendeinem Zeitpunkt das Weibchen entfernen und durch ein anderes ersetzen, geht alles von vorne los. Egal wie oft das Männchen vorher ejakulierte, bei einem neuen Weibchen ist die Erholungsphase nach der »ersten« Ejakulation wieder so kurz wie ganz am Anfang. Und so weiter. Das ist der Coolidge-Effekt.

Woher kommt der Name? Nun, es geht das Gerücht, daß der streng konservative Präsident Calvin Coolidge mit seiner Frau eine Farm besuchte. Als Mrs. Coolidge die ungewöhnlich große Anzahl an Hühnereiern und Küken sah, meinte sie, daß die wenigen Hähne im Hof erstaunliche Leistungen erbringen müßten. Nicht ohne Stolz erwiderte der Farmer, daß die Hähne ihre »Pflicht« jeden Tag Dutzende von Malen erfüllen würden. »Darauf sollten Sie Mr. Coolidge hinweisen«, sagte die First Lady.

Aber der Präsident war offensichtlich nicht so prüde, wie sein Ruf vermuten ließ. Er fragte den Farmer, ob denn jeder Hahn immer dieselbe Henne bedienen müsse. Als der Farmer ihm erklärte, daß jeder Hahn jede

Henne seiner Wahl besteigen könne, erwiderte der Präsident: »Darauf sollten Sie Mrs. Coolidge hinweisen.«

Niemand weiß, ob diese Geschichte stimmt, aber sie ist nett und verdient es, daß ein Effekt nach ihr benannt wurde.

Ich habe Larrys Problem schon von Hunderten anderer Männer gehört. Sie denken, daß etwas mit ihnen nicht stimmt, aber was nicht stimmt, sind die Umstände, und nicht ihr Penis. Manchmal ist es so offensichtlich, warum ein Mann an vorübergehender Erektionsschwäche leidet, daß man meinen könnte, er müsse doch von selbst darauf kommen. Aber Männer sind in diesem Bereich so anfällig für Selbstzweifel, daß sie sofort die Schuld bei sich und ihrer Anatomie suchen.

Eine sehr weit verbreitete Situation ist die folgende, die auch Larry beschrieb: die unausweichliche Langeweile und Gewohnheit zwischen Sexualpartnern, die lange Zeit zusammen sind. Nach einer gewissen Zeit wird alles zur Routine. Es ist längst nicht mehr so spannend, eine Frau auszuziehen, wenn man diese Frau bereits Hunderte von Male entkleidet und täglich nackt gesehen hat (in einer Studie wurde festgestellt, daß 51 Prozent der Männer sich jemand anders beim Sex vorstellen, während es nur 37 Prozent der Frauen tun). Wenn die Frau, die seit über zwanzig Jahren an Ihrer Seite lebt, Ihnen sagt, daß sie Sie will, so ist das nicht so erregend, als flüstere eine völlig Fremde Ihnen diese Worte ins Ohr. Und seien wir mal ehrlich: Man muß nicht unbedingt ein Jugendfanatiker oder ein alter Lüstling sein, um von einem jungen, straffen, beweglichen Körper mehr erregt zu werden als von dem bekannten, der neben einem gealtert ist. Man muß auch kein Sexist sein – ich wette nämlich, dasselbe gilt für Frauen ebenso, vielleicht nur nicht in demselben Maße.

Es besteht kein Zweifel darüber, daß »neu« gleichbedeutend mit »aufregend« ist, ob es sich nun um ein neues Auto, ein neues Lied oder einen neuen Sexualpartner handelt. Nichts wird einen Mann schneller und effektiver neu beleben als eine neue Frau – vorzugsweise eine junge, attraktive Frau –, die auf ihn steht. Das mag für Anhänger der Monogamie und für solche, die die geistigen und gefühlsmäßigen Vorteile einer langen Liebe schätzen, wie Verrat klingen. Doch wenn es um Potenz geht, habe ich schon tausendfach dasselbe gehört: Männer, die Erektionsprobleme bei der eigenen Frau haben, können mit ihren Geliebten zu wahren Hengsten werden; oder sie haben Probleme bis zur Scheidung und finden mit einer neuen Frau plötzlich neues sexuelles Glück.

Ich will damit nicht sagen, daß die Franzosen mit ihrer Tradition der Geliebten im Vorteil sind. Es liegt mir fern, irgendeinen Lebensstil zu bewerten. Ich sage nur, daß Erektionsschwäche oft von bestimmten Umständen abhängt, und *ein* Umstand entsteht durch den Coolidge-Effekt. Für einige Männer liegt die Lösung vielleicht darin, sich eine Geliebte oder eine kurzzeitige Affäre zu erlauben, um das Vertrauen in ihren Penis wiederzugewinnen.

Ich warne jedoch eindringlich vor dem Trugschluß, daß das Neue auch das Bessere ist. Viel zu oft habe ich erlebt, wie Männer ihre langjährigen und wertvollen Beziehungen gefährdeten und manchmal auch verloren, weil sie ihrem Penis auf der Suche nach dem Neuen und Jungen nachliefen. Doch meistens ersetzen sie das eine Problem nur durch ein anderes. Die Langeweile ist zunächst vorüber, aber dann merken sie, daß ihnen doch die Liebe fehlt, die Kameradschaft und alles andere, das über die Zeit hinweg aufgebaut worden war. Ihre Penes sind vorübergehend aufgeblüht, ziehen sich aber erneut zurück, wenn das zunächst aufregende Leben schal wird. Hüten Sie sich also vor dem *Harten-Schwanz-Syndrom*! Nach einer Weile kann es sich in den Coolidge-Effekt verwandeln.

Eine Lösung für dieses Problem kann auch oft innerhalb einer guten monogamen Beziehung gefunden werden. Dieselben Tierforscher fanden heraus, daß die Manneskraft auch ohne ein neues Weibchen zurückkehren kann, wenn nämlich etwas anderes verändert wird, etwa der Geruch oder das Aussehen des bekannten Weibchens. Und hier können die Menschen, männlich wie weiblich, sicher von den Tieren lernen. Wie alles andere kann Sex zu einer dumpfen Routine werden. Vertrautheit mag nicht gerade Abscheu hervorrufen, wohl aber Langeweile und Desinteresse. Ändern Sie Ihre Gewohnheiten. Benutzen Sie Ihre Phantasie. Tun Sie's an anderen Orten. Zu anderen Zeiten. Tragen Sie andere Kleidung. Besprühen Sie sich mit neuen Düften. Versuchen Sie neue Stellungen. Experimentieren Sie mit unterschiedlichen Arten des Vorspiels. Was immer eine Hauch von Frische und Abenteuer in Ihr Sexualleben bringt – probieren Sie es aus. Geben Sie nicht einfach auf, weil Sie denken, Sie seien schon zu alt oder plötzlich impotent geworden.

Probleme, die durch Dauer und Vertrautheit hervorgerufen werden, scheinen dem zu widersprechen, was ich in einem frühere Kapitel angesprochen habe: erste Begegnungen der nahen Art. Einerseits sage ich, daß das erste Zusammensein mit einer attraktiven, neuen Frau eine vorübergehende Impotenz hervorrufen kann, und nun soll dasselbe passieren, wenn man diese Frau lange Jahre kennt? Ja. Dies ist ein weiteres Penis-Paradoxon. Beide Situationen können dasselbe Problem hervorrufen, jedoch aus unterschiedlichen Gründen. Die Probleme beim ersten Mal treten auf, weil es zu aufregend ist. Die Vorfreude, die Erwartungshaltung, die Sorge um Ihre »Leistung« sind möglicherweise so groß, daß Sie Ihre Erektion verlieren oder zu früh ejakulieren.

Mit einer langjährigen Partnerin liegt das Problem genau andersherum, wie jeder lang Verheiratete wahrscheinlich bestätigen kann. Hier ist es nicht mehr die gesteigerte Aufregung, sondern das verminderte Verlangen. Je öfter man mit einer Partnerin zusammen war, desto länger dauert es, und um so mehr muß man stimuliert werden, bis man wieder erregt ist. Wenn Sie das nicht berücksichtigen und hin und wieder etwas Pfiff und Phantasie in Ihre Routine einbringen, werden Sie Ihren Penis eher »schlapp« erleben.

Wir haben für ein- und dasselbe Problem also zwei Ursachen, die genau entgegengesetzt liegen. Die Lösung zur Überwindung der Versagensangst bei ersten Begegnungen liegt im Aufbau einer schönen, entspannten und vertrauten Beziehung. Wenn dort aber die Monotonie einsetzt, müssen Sie neue Anregungen durch Abwechslung schaffen.

Die Würze des Lebens

Als Urologe kann ich diesen Punkt nicht oft genug betonen: Tun Sie alles in Ihrer Macht Stehende, um sich vor routinemäßigem Sex zu schützen. Nichts bringt Leidenschaft und Romantik schneller zurück in eine langjährige Beziehung als eine Änderung der sexuellen Praktiken und Liebesorte. Ich erinnere mich an einen 55jährigen Patienten, der seine Frau auch nach 27 Jahren Ehe immer noch liebte. Sexueller Überdruß trieb ihn vorübergehend in die Arme einer Zahnarzthelferin, was die Sache zu

Hause weiter verschlimmerte, weil er zusätzlich zur sexuellen Langeweile noch Schuld empfand. »Jack«, sagte ich zu ihm, »nehmen Sie sich am Freitag frei, lassen Sie Ihre Frau all ihre Termine absagen und fahren Sie mit ihr übers Wochenende in eine Berghütte. Seit Jahren schon haben Sie nichts Spontanes und Romantisches mehr gemacht. Tun Sie es jetzt. Vergessen Sie die Welt um sich herum. Keine Kinder, kein Telefon, kein Fernsehen, nur Sie beide und ein knisterndes Kaminfeuer.«

Dieses Wochenende ließ ihre sexuelle Lust neu aufflammen, und das ist durchaus kein Einzelfall. Anderen Patienten riet ich, sich den Nachmittag freizunehmen und ihre Frauen mit Blumen und einem spontanen Hotelbesuch zu überraschen. Ich ermutigte Paare dazu, so zu tun, als hätten sie sich gerade erst kennengelernt, und sie verbrachten einen aufregenden One-night-stand. Oder sie probierten neue Techniken. Wenn Sie normalerweise erst zum Sex schreiten, wenn Sie gewaschen im Bett liegen, dann versuchen Sie es das nächste Mal vor diesen Badezimmerritualen. Wann haben Ihre Frau und Sie sich das letzte Mal gegenseitig ausgezogen? Wann haben Sie sie das letzte Mal im Wohnzimmer in Fahrt gebracht und dann ins Bett getragen? Oder sich in der Küche geliebt? Haben Sie in den letzten Jahren mal eine neue Stellung ausprobiert? Haben Sie schon einmal daran gedacht, »Hilfsmittel« zu verwenden? Stöbern Sie doch mal allein oder gemeinsam in einem Sexshop. Vor allem: Benutzen Sie Ihre Phantasie! Denn dazu ist sie da.

Wenn Sie sich selbst die Erlaubnis geben, Grenzen zu überschreiten, werden Sie merken, wie Ihr Penis auflebt. Vielleicht müssen Sie Ihre Partnerin etwas ermutigen, damit sie mitmacht, aber bereits das kann Sie antörnen.

Einigen meiner Patienten mußte ich nur sagen, daß es ganz in Ordnung ist, zu verschiedenen Tageszeiten Sex zu haben. Sex ist nicht nur eine nächtliche Aktivität. Warum sollten Sie etwas so Wichtiges dann tun, wenn Ihr Energieniveau am geringsten ist? Vielleicht sind Sie nicht impotent, sondern einfach nur müde. Wir wissen nicht genug, um sagen zu können, ob der Penis einen eigenen Biorhythmus hat, aber ich bezweifle es. Vielleicht paßt es viel besser in Ihren Tages- oder Energierhythmus, wenn Sie am Tag miteinander schlafen. Wer sagt, daß Sie jede Nacht bereit sein müssen?

Männer befürchten, daß mit ihnen etwas nicht stimmt, nur weil ihr Penis nicht nach Bedarf hart wird. Es ist ein Mythos, daß ein richtiger Mann sich sofort auf die Frau stürzt, die ihn begehrt. Es ist sogar absoluter Blödsinn. Jeder Mann hat seine persönlichen Vorlieben und biologischen Besonderheiten. Es gibt keine festgelegte Zeit, zu der Sie erregt sein »müssen«. Ich kann die Männer gar nicht zählen, die mir sagten, sie hätten eher am Morgen oder am Mittag oder sonstwann Lust auf Liebe. Das einzige Problem dabei ist nur, daß es eine »unpassende« Zeit ist. Doch in vielen Fällen scheuen sie sich auch nur, ihre Gewohnheiten zu ändern, oder haben Angst, ihre Partnerinnen könnten sie für verrückt halten. Aber wenn schon? Überzeugen Sie sie, daß Sie verrückt nach ihr sind.

Sex am Morgen ist eine besonders gute Möglichkeit, die Routine zu brechen. Was für ein toller Start in den Tag! Was soll's, wenn Sie das Joggen ausfallen lassen, sich beim Frühstück beeilen müssen oder zu spät zur Arbeit kommen? Sex am Morgen kann so belebend sein wie eine eiskalte Dusche – nur schöner. Er prickelt auf der Seele und kitzelt die Phantasie. Tatsächlich bevorzugen viele Männer den Sex am Morgen, weil sie schon mit einer sogenannten »Morgenlatte« aufwachen: Eine volle Blase unterdrückt den Venenrückfluß aus dem Becken und hält so das Blut länger im Penis. Sex in der Nacht vermag besser Spannungen abzubauen, aber Sex am Morgen ist besser als ein herzhaftes Frühstück. Ich garantiere, daß Ihnen das Gesicht gefällt, das Sie dann nach dem Duschen im Spiegel sehen, und es wird Ihnen den richtigen Elan für Ihren Arbeitstag geben.

Der nächste Punkt sind andere Sexpraktiken. Wann haben Sie das letzte Mal etwas anderes als die Missionarstellung versucht? War Ihre Partnerin schon mal oben und hat die Führung übernommen? Haben Sie es schon einmal von hinten probiert? Wie wäre es, überhaupt nicht miteinander zu schlafen, sondern den anderen mit dem Mund oder den Händen zu verwöhnen? Jede Abwechslung bringt frischen Wind in Ihre Routine.

Hier möchte ich allerdings eine wichtige Anmerkung machen: *Hüten Sie sich vor ungeschütztem Analverkehr*! Diese Praktik ist jedoch selbst mit Kondom sehr gefährlich. Ich war überrascht, wie viele heterosexuelle Paare Analverkehr ausprobieren und es genießen. Einige von ihnen suchen einfach nach neuen Reizen, andere nach einer Alternative zu vaginalem Geschlechtsverkehr – sei es aus religiösen oder kulturellen Gründen. In moslemischen Kulturen zum Beispiel ist Sex vor der Hochzeit immer noch strikt verboten, und eine genaue Untersuchung des Bettlakens nach der Hochzeitsnacht durch die Familie des Bräutigams ist die Regel. Wird dabei kein Blutfleck gefunden, kann das schwere Konsequenzen für die Braut nach sich ziehen. So gehen viele gebildete, westlich orientierte Moslem-Frauen zu einem Gynäkologen, um sich vor der Hochzeit das Jungfernhäutchen wieder zusammennähen zu lassen, oder sie bewahren ihre Jungfräulichkeit und befriedigen die sexuellen Gelüste ihres Freundes durch Analverkehr. Von alledem habe ich in den letzten Jahren verstärkt gehört, weil die Personen, die Analverkehr praktizieren oder praktizieren möchten, sich immer mehr Sorgen wegen Aids machen. Als Arzt kann ich nur bestätigen, daß diese Sorgen berechtigt sind. Aids ist die Beulenpest des 20. Jahrhunderts, und alle bisherigen Studien weisen darauf hin, daß die Hauptansteckung durch Analverkehr erfolgt. Der After ist sehr empfindlich, so daß durch die starke Reizung sehr leicht Risse in der Darmschleimhaut entstehen können, was eine Ansteckung begünstigt (im Sperma befindliche Aids-Viren gelangen in den Blutkreislauf). Analverkehr ohne Kondom sollte angesichts der Ansteckungsgefahr also vollkommen tabu sein, wobei die nicht für diesen Zweck entwickelten Kondome auch leicht reißen können. Außerdem bestehen noch weitere Gesundheitsrisiken. Wenn der Penis zunächst in den After und dann in die Vagina eingeführt wird, kann es zu einer Infektion der weiblichen Harnröhre durch Bakterien kommen, was zu einer äußerst schmerzhaften Blasenentzündung führen kann.

Oraler Sex ist da eine ganz andere Sache. Für Männer, die dieses Vergnügen eine Weile nicht genießen durften, ist es ein wunderbares Gegenmittel für Erektionsschwäche. Bedenken Sie, daß der Mund durch Saugen einen Vakuumeffekt hervorrufen kann, was die nötige Durchblutung der Gefäße hervorruft. Aus psychologischer Sicht kann oraler Sex neue Erregung in eine Beziehung bringen, wenn eine Frau sich so liebevoll und zärtlich dem Penis ihres Mannes widmet. Viele ältere Patienten berichten, daß dies die einzige Methode ist, bei der sie eine ausreichende Erektion für den anschließenden Geschlechtsakt bekommen.

Dennoch scheuen sich viele Frauen vor dieser exquisiten Form der Stimulation, weil sie ihr gegenüber negativ eingestellt sind. Zum einen haben sie das Gefühl, eine unterwürfige Position einzunehmen vielleicht, weil sie dabei auf die Knie gehen müssen. Zum anderen empfinden manche Frauen es als unangenehm, wenn der Penis gegen den hinteren Gaumen stößt und einen Würgereflex auslöst. Und schließlich beschweren sich einige Frauen, daß oraler Sex eine Einbahnstraße sei, weil nur sie dem Mann Lust bereiteten und selbst nichts davon hätten. Dazu kann ich folgendes sagen: Erstens gibt es mehrere Stellungen für oralen Sex, so daß die Frau nicht unbedingt auf die Knie gehen muß. Zweitens kann die Frau den Mann bitten, nicht aktiv in ihren Mund zu stoßen, weil es sie sonst würgt, so daß mit etwas Kooperation und Übung dieses Problem gelöst wird. Und drittens basieren alle guten sexuellen Beziehungen auf wechselseitigem Geben und Nehmen, so daß man sich nach dem Geben auch etwas besonderes für sich wünschen darf.

Die meisten Frauen allerdings, die ich über meine Praxis kennengelernt habe, genießen den Oralverkehr. Sie finden es erotisch und sind stolz darauf, ihren Mund und die Zunge kreativ einsetzen zu können. »Ich liebe oralen Sex«, sagte mir eine Frau, »weil ich es verdammt gut kann und weil alles, was ihm Spaß macht, auch mir Spaß macht.«

Wenn Ihre Partnerin Vorbehalte gegenüber oralem Sex hat, erklären Sie ihr physiologisch, warum es Ihren Penis hart macht. Lassen Sie sie frei über ihre Vorbehalte sprechen und versuchen Sie sie zu überzeugen, daß es weder gefährlich noch schmutzig oder sündig ist. Wenn sie schlechte Erfahrungen damit gemacht hat, versichern Sie ihr, daß Sie sie viel zu sehr lieben, um sie in irgendeiner Weise zu verletzen. Lassen Sie sie gleichzeitig wissen, daß es Ihnen persönlich viel bedeutet und Ihrem Sexualleben neue Dimensionen geben könnte.

Für alles gibt es eine Zeit und einen Ort

Gary war ein junger Ingenieur, der gleich nach dem Collegeabschluß seine Schulfreundin heiratete. Bald hatten sie ein Kind. Die Ehe verlief in jeder Hinsicht gut, doch das änderte sich, als Garys Firma rezessionsbedingt eine Reihe von Arbeitnehmern entlassen mußte – darunter auch Gary. Als er mir von seinen Erektionsproblemen erzählte, nahm ich an, daß sein Selbstbewußtsein durch die Entlassung einen gehörigen Schlag erlitten hatte. So etwas ist nicht ungewöhnlich. Abgesehen von der Sexualität wird das Selbstbild des Mannes am meisten durch den beruflichen und finanziellen Erfolg geprägt. Wenn er Geld verliert oder seine Karriereziele nicht erreicht, leidet seine Männlichkeit, und das kann sich in Erektionsversagen niederschlagen, als wolle ihm das Unterbewußtsein mitteilen: »Du hast versagt, du bist kein richtiger Mann mehr, also mußt du auch sexuell versagen.«

Ich weise Sie bewußt auf diese Verbindung zwischen Penis-Power und »männlichem« Erfolg hin, weil sie sehr real und sehr bedeutsam ist. In Garys Fall war das allerdings noch nicht das ganze Problem. Er besaß genug Selbstvertrauen, um zu erkennen, daß die Entlassung ein unglücklicher Schicksalsschlag war, der nichts mit seiner Männlichkeit zu tun hatte. Und zunächst war sein Sexualleben auch unverändert. Aber als die Jobsuche auch nach einiger Zeit keinen Erfolg brachte und der finanzielle Druck anstieg, war er gezwungen, seine Familie vorübergehend im Haus seiner Eltern unterzubringen, während er sich in anderen Bundesstaaten um Jobs bemühte. In dieser Zeit merkte er, daß seine Potenz nachließ.

Der Grund? Er wohnte wieder in dem Haus, in dem er aufgewachsen war, schlief in dem Zimmer, in dem er achtzehn Jahre lang nur ein paar Türen von seinen Eltern entfernt geschlafen hatte. Es war das Zimmer, in dem er mit schlechtem Gewissen und voller Angst vor Entdeckung masturbiert hatte; das Zimmer, in dem er heimlich und nervös mit Mädchen gefummelt hatte, bevor seine Eltern abends nach Hause kamen. Neben seinem Bett stand die Kommode, in der er einst seine *Playboy*-Sammlung versteckt hatte. Die Erinnerungen waren so stark, daß sie all die sexuellen Ängste seiner Jugendzeit wieder aufleben ließen. Er fürchtete, seine Eltern könnten ihn und seine Frau beim Liebesakt belauschen. Er fürchtete, daß jemand dabei ins Zimmer kommen könnte. Viele seiner Ängste waren natürlich unbewußt, aber sein Penis spürte sie.

Als ich andeutete, daß möglicherweise das Haus das Problem sei, machte Gary die Probe aufs Exempel, indem er mit seiner Frau in ein Motel ging. Sie verbrachten dort ein heißes Wochenende. Danach konnte er über alles lachen und kümmerte sich schnell um eine andere Unterkunft für seine Familie.

Garys Situation ist natürlich ungewöhnlich, aber sie demonstriert sehr deutlich, wie die *Umgebung* auf die Penis-Power einwirken kann. Geräusche, die falsche Temperatur, die Gefahr der Störung, negative Erinnerungen – all das kann Ihre Potenz beeinträchtigen. Gewiß, ein superpotenter Mann wird überall auf seine Lust mit einer Erektion reagieren, aber jeder hat so seine Vorlieben, und die sind tatsächlich nicht ohne Wirkung. Der eine mag harten Rock 'n' Roll, der andere Violinenklänge und der nächste weichen Jazz. Der eine bevorzugt den vollkommen abgedunkelten Raum, der andere mag Kerzenlicht, der nächste schaltet alle Lichter ein, um seine Partnerin nackt zu sehen. Der eine ist durch die Nähe anderer Menschen gehemmt, der andere wird durch die Möglichkeit der Entdeckung erregt. Der eine mag ein kühles Zimmer, der andere will es heiß haben.

Was sind ihre Vorlieben? Fühlt Ihr Penis sich unter bestimmten Umständen besonders wohl? Warum arrangieren Sie Ihr Rendezvous nicht dementsprechend oder vermeiden zumindest Situationen, die Ihre Penis-Power einschränken?

Der süße Duft des Erfolgs

Mein Patient Carl war ein 25jähriger Schauspieler mit einer beneidenswerten Vergangenheit an superpotenten Erlebnissen. Dann verliebte er sich ganz wahnsinnig. Der Sex war phantastisch, ebenso die Romantik und der Gleichklang der Gefühle. Nach einigen stürmischen Wochen beschloß das Pärchen zusammenzuziehen. Kurz danach begann Carl, hin und wieder unter Erektionsversagen zu leiden. Ich war mir sicher, das Problem zu erkennen, denn ich hatte es schon oft beobachtet. »Carl«, sagte ich zu ihm, »Sie bekommen Panik. Zum ersten Mal mit jemandem zusammenzuleben macht einfach angst. Sie fühlen sich in der Falle, mein Junge. Sie haben Angst, Ihre Freiheit zu verlieren, und das macht sich bei Ihrem Penis bemerkbar.«

Carl war da nicht so sicher. Er sagte, er sei sehr glücklich, mit seiner Freundin zusammenzuwohnen und wollte es auch weiterhin tun. Er fühlte sich sogar freier, weil er immer zu jemandem nach Hause kam, den er liebte. Also fragte ich weiter. Hatte sich irgend etwas verändert, seit sie zusammengezogen waren? Sie hatten nicht miteinander gestritten. Sie hatte ihm keine Forderungen unterbreitet oder Ultimaten gestellt. Sie wollte ihn nicht verändern. Sie wollte genausoviel Sex wie vorher. Nichts von den üblichen kritischen Punkten also. Dann erwähnte er etwas, das mich aufhorchen ließ. Sie roch schlecht. Der Geruch ihrer Vagina war ihm sehr unangenehm geworden. Als sie sich noch verabredet hatten, hatte sie sehr auf ihre Hygiene geachtet. Aber seit sie zusammenwohnten, war nicht mehr soviel Zeit oder Anreiz da, sich ständig zu waschen oder anderweitig zurechtzumachen.

Carl hatte nicht daran gedacht, daß dies der Grund für sein Problem sein könnte. Als Macho-Typ fühlte er sich über solche im Grunde nebensächlichen Dinge erhaben. Wie viele andere Männer gab er sich selbst die Schuld. Tatsächlich aber ekelte er sich so sehr vor dem Geruch seiner Freundin, daß seine Erektion sofort nachließ, sobald sie ihr Höschen auszog. Er hatte nicht den Mut gehabt, es ihr zu sagen. In meiner Praxis habe ich Tausende von Frauen untersucht, und ich weiß, daß die Vagina gewisse Probleme für die Hygiene birgt. Anatomisch ist sie eine tiefe Höhle mit relativ kleiner Öffnung und der Möglichkeit großer innerer Ausdehnung. Sie sondert verschiedene natürliche Sekrete ab, wird kaum durchlüftet und kommt so gut wie nie mit Licht in Berührung. Das macht sie zu einem hervorragenden Nistplatz für Bakterien. Die meisten Frauen baden und duschen regelmäßig, besonders, wenn sie mit sexuellem Kontakt rechnen. Aber es bedarf schon einer gewissen Anstrengung, die Vagina sauber und angenehm duftend zu erhalten. Außerdem merken die Frauen manchmal nicht, daß ein starker Geruch den Mann stört.

Ich riet Carl, mit seiner Freundin offen darüber zu sprechen, auch wenn es für ihn sehr schwierig wäre. Sie sind erwachsene, vernünftige Menschen in einer gut funktionierenden Beziehung, und der Vorschlag einer gründlichen Wäsche vor dem Verkehr sollte kein Problem darstellen. Gerüche und andere Körperabsonderungen mögen kein romantisches Gesprächsthema sein, aber als zweitunangenehmster Aspekt des Sex – wie eine kürzlich durchgeführte Studie belegte – verdienen sie durchaus Beachtung.

Der unangenehmste Aspekt des Sex

Ich weiß, was Sie jetzt denken: Wenn Gerüche an zweiter Stelle stehen, was steht dann an erster? Nun, über 60 Prozent der Männer antworteten: »Eine teilnahmslose Frau.«

Aus meiner Erfahrung ist das stärkste Erektionsmittel eine enthusiastische Geliebte in ansprechender Umgebung. Ich weiß nicht, ob es der psychologische Kick ist, den ein Mann daraus zieht, daß er eine begehrenswerte Frau erregen kann, oder ob es eine unbewußte, physiologische Reaktion auf den Geruch einer feuchten Vagina ist – jedenfalls reagiert der Penis auf eine warme, feuchte Vagina wie ein Pawlow'scher Hund auf die Glocke. Also muß auch das Gegenteil stimmen: Bei einer desinteressierten Frau mit kaltem Körper und trockener Vagina bedarf es schon eines sehr starken Penis, um durchzuhalten.

Soweit ich es beurteilen kann, nehmen es zu viele Männer persönlich, wenn eine Frau nicht auf sie reagiert. Sie denken, es sei ihr Fehler, und befürchten, daß mit ihnen etwas nicht stimmt. Schlimmer noch, wenn sie nicht auf die passive Frau reagieren, geraten sie in Panik. Sie glauben, ihr Penis habe sie im Stich gelassen. Bitte laden Sie nicht alles auf Ihre Schultern! Die Verantwortung hat ihre Grenzen. Wenn Ihre Partnerin nicht auf Sie reagiert, tun Sie alles, um sie zu erregen. Seien Sie als superpotenter Mann gewissenhaft und einfallsreich. Lernen Sie alles über die weibliche Sexualität im allgemeinen und Ihre Partnerin im besonderen. Was gefällt ihr? Was törnt sie an? Falls notwendig, erweitern Sie Ihr Repertoire und lernen ein paar neue Tricks. Kurzum: Setzen Sie alle Geschütze Ihres sexuellen Arsenals ein, und machen Sie aus einer schwierigen Situation das Beste.

Wenn Sie allerdings ihr Bestes gegeben haben und die Frau ist immer noch nicht erregt, so lassen Sie nicht Ihre sexuelle Selbstachtung darunter leiden. Sie haben nicht versagt, wenn Sie alles versucht haben. Geben Sie sich die Absolution und versuchen Sie es woanders. Ihre Partnerin hat vielleicht ein schwerwiegendes Problem. Oder Sie passen sexuell einfach nicht zusammen. So was gibt's. Auch für superpotente Männer gibt es unglückliche Paarungen. Manchmal stellt sich das auch erst nach einigen befriedigenden sexuellen Erlebnissen heraus. Wenn das geschieht und Sie die Beziehung aufrechterhalten wollen, nutzen Sie jede nur mögliche Beratung oder Therapie. Tun Sie etwas!

Leider muß ich sagen, daß viele meiner Patienten an Partnerinnen geraten sind, die nichts dazu tun, die Bedürfnisse ihres Mannes zu befriedigen, und die Männer fühlen sich hilflos, das zu ändern. Sie zucken mit den Schultern und geben sich selbst die Schuld, oder sie gehen zum Urologen und bitten um Rat. Aber sie brauchen keinen Urologen. Sie müssen entweder die Situation ändern oder weiterziehen, ehe ihr Penis einen vorzeitigen Tod erlebt.

Sexuelle Einschüchterung

Es gibt diesen Witz: Zwei Tore führen in den Himmel. Über dem einen steht: »Männer, die von Frauen eingeschüchtert wurden.« Eine lange Schlange Männer steht vor diesem Tor. Über dem anderen steht: »Männer, die nicht von Frauen eingeschüchtert wurden.« Dort steht nur ein Mann.

Neugierig geht Petrus zu diesem Mann hin und fragt: »Mein Sohn, was bringt dich dazu, vor diesem Tor zu stehen?« Und der Mann antwortet: »Meine Frau. Sie hat gesagt, daß ich hier stehen soll.«

Warum wird über diesen Witz gelacht? Weil jeder Mann, selbst der stärkste, selbstsicherste und superpotenteste, sich zu irgendeiner Zeit schon mal durch eine Frau eingeschüchtert fühlte. Das ist eines der größten Geheimnisse, das Männer mit sich herumtragen. Die starken lachen darüber, die schwachen leugnen es. Doch eines ist sicher: Eine Frau, die ihren Mann unentwegt einschüchtert, nimmt ihm seine Penis-Power.

Was meine ich mit einschüchtern? Ich will es mal so formulieren: Die meisten Männer mögen sexuell aggressive Frauen, die offen sagen, was sie wollen und wünschen. Aber jeder Mann spürt auch bei sich die Grenze zwischen einer Aggressivität, die ihn erregt, und solch unangenehmer Aggressivität, vor der er am liebsten Reißaus nehmen würde. Wenn Aggressivität fordernd oder bedrohlich wirkt, kann sie Potenzprobleme hervorrufen. Die Worte, Gesten und Körperhaltung der Frau signalisieren dann nicht mehr »Ich will dich«, sondern eher »Hör auf«, »Sei still« oder »Wage es nicht, mich zu befriedigen«.

Warum lassen sich Männer von fordernden Frauen einschüchtern? Weil solche Frauen sie unter Druck setzen. Wenn ihre Forderungen zu offensichtlich sind, ist das, als ob sie befiehlt: »Werde sofort hart!« Und dahinter kann stehen: »Ich bewerte dich. Ich glaube nicht, daß du Manns genug für mich bist. Und wenn du es nicht bist, werde ich es dich wissen lassen.« Selbst wenn Sie vorher noch nie eine Erektionsschwäche erlebten, können übermäßig aggressiven Forderungen die Selbstzweifel hervorholen, die tief in der Seele fast jedes Mannes versteckt liegen. Kann ich sie befriedigen? Werde ich gut genug sein? Was, wenn nicht? Und Sie wissen ja, was passiert, sobald Ihnen solche Gedanken durch den Kopf gehen.

Lassen Sie sich niemals einschüchtern. Wenn ihre Partnerin unrealistische Erwartungen an Sie stellt oder zuviel Druck auf Sie ausübt, reden Sie mit ihr. Sagen Sie ihr, wie Sie sich dabei fühlen. Und wenn ein Gespräch ihre Einstellung nicht ändert, ziehen Sie die Möglichkeit in Betracht, daß sie nicht die richtige Partnerin für Sie ist. Eine einschüchternde Frau wirkt nicht sexy, sie wirkt kastrierend. Lassen Sie sich nicht den Bären aufbinden, daß ein »richtiger Mann« ihren Forderungen nachkommt, ohne mit der Wimper zu zucken, oder daß ein Ablehnen dieser Forderungen ein Zeichen von Unfähigkeit ist.

Allerdings müssen wir an dieser Stelle in Betracht ziehen, daß manch eine liebende, warmherzige Frau ihren Mann einschüchtern kann, ohne es zu merken. Wie das passieren kann, demonstriert ein Fall aus meiner Praxis. Der Patient war seit sechs Monaten mit seiner Freundin zusammen gewesen, und alles verlief bestens. Dann begegneten sie eines abends ihrem Ex-Freund. Er sah aus wie ein Filmstar und hatte den Körper eines Footballprofis. Später erzählte seine Freundin, sie hätte mit diesem Mann den besten Sex ihres Lebens gehabt. »Er war unglaublich«, erinnerte sie sich. »Er konnte die ganze Nacht.« Sie dachte sich absolut nichts Böses dabei, sondern meinte, ihre Vergangenheit mit ihrem neuen Partner zu teilen und dadurch ihr Vertrauen zu beweisen. Sie erzählte auch, daß der Exfreund ein Blödmann war, der seine partnerschaftlichen Defizite durch sexuelle Heldentaten verschleierte. Für sie war diese Erfahrung sehr lehrreich gewesen. Doch ihre Unbedachtheit hatte einen starken Einfluß auf die Penis-Power ihres neuen Freundes. Er fing an, darüber nachzudenken, wie er im Vergleich zu ihrem Exfreund im Bett abschnitt und bekam Angst, sie könnte ihn verlassen, weil er vielleicht nicht so gut war. Das Ergebnis war Impotenz. In meiner Sprechstunde kamen wir der ganzen Sache auf die Spur. Natürlich waren seine Ängste vollkommen unberechtigt. Seine Freundin liebte und bewunderte ihn. Sie verglich ihn keineswegs mit ihrem Exfreund (oder war zumindest so klug, dies nicht zu sagen).

Fazit dieser Geschichte ist: Vergleichen Sie *niemals* Ihre sexuellen Fähigkeiten mit denen eines anderen Mannes. Alles, was Sie tun können, ist, Ihr Bestes zu geben. Und wenn Sie das tun, fühlen Sie sich gut. Sie sind, wie Sie sind. Ihr Penis ist, wie er ist. Sie müssen nur so gut sein, wie es Ihnen entspricht. Lassen Sie Gedanken über frühere Liebhaber Ihrer Partnerin nicht zu. Es spielt keine Rolle, ob es Männer gibt oder gab, die »besser« sind oder waren als Sie. Wenn ich mich beim Tennis mit Boris Becker vergleiche, brauche ich gar nicht erst aufzuschlagen.

Wenn das Problem in Ihrem Herzen liegt

»Ich möchte meinen Testosteron-Spiegel überprüfen lassen«, bat mich mein Patient Marty. Er war ein siebenundvierzigjähriger Handelsvertreter in fabelhafter Form, der vor seiner Heirat mit Marilyn zwei Jahre zuvor den Ruf eines superpotenten Junggesellen hatte. »Ich habe in letzter Zeit wenig Lust, mit meiner Frau zu schlafen, und wenn wir's tun, dann … na ja, es funktioniert nicht mehr so wie früher.«

Ich sagte ihm, daß ich sein Blut untersuchen würde, um seiner Bitte nachzukommen, daß ich persönlich aber nicht der Ansicht sei, ihm würde körperlich etwas fehlen. In solch einer Situation ist das meine normale Hypothese, und in diesem Fall hatte ich zusätzliche Hinweise darauf. Der Patient und ich gehörten demselben Club an, und erst am vorhergehenden Wochenende hatte ich ihn mit seiner Frau auf dem Parkplatz streiten sehen. Ich fragte, wie es denn so liefe, und seine Antwort war ausweichend. Seine Körpersprache jedoch verriet mir, daß er sehr verärgert war.

»Geh und sprich mit Marilyn«, riet ich ihm. »Legt euren Streit bei, und dein Penis kommt wieder in Form.« Ich berechnete ihm fünfzig Pfennige extra für den psychiatrischen Rat und schickte ihn nach Hause. Seine Testosteron-Werte waren natürlich ganz normal.

Aus meiner klinischen Erfahrung heraus habe ich schon vor langer Zeit erkannt, daß das beste Aphrodisiakum noch immer die Liebe ist. Dementsprechend ist der größte Feind sexueller Lust der Haß. Empfindet ein Mann Ärger, Feinseligkeit oder Ablehnung gegenüber seiner Partnerin, zieht sein Penis sich zurück. Und kann er dann seine Gefühle nicht aussprechen und den Konflikt lösen, wird es immer schlimmer und schlimmer. Will er in solch einer Situation Liebe machen, sagt sein Penis: »Nein, für sie werde ich jetzt nicht hart! Nicht bei dem, was du über sie denkst.«

Von allen äußeren Umständen, die die Potenz eines Mannes beeinträchtigen, ist der einflußreichste die Qualität seiner Beziehung. Wenn Sie Ihrer Frau oder Freundin böse sind, wenn Sie Ihrem Ärger keine Luft machen, wenn sich der Unmut in Ihrem Herzen so breit gemacht hat, daß für Ihre Liebe kaum noch Platz ist, dann ist es kein Wunder, wenn es im Bett nicht mehr funktioniert.

Aus diesem Grund sollte ein Mann, der nach Superpotenz strebt, lernen, mit seinen Gefühlen umzugehen und nicht zulassen, daß sie seine Beziehung vergiften.

Besonders bei langjährigen Partnerschaften regiert das Herz den Penis. Nach einiger Zeit, wenn das Feuer der Leidenschaft erlischt und alles Neue zur Routine wird, sind es vor allem die Gefühle, die die Qualität der sexuellen Begegnung bestimmen. Es würde den Rahmen dieses Buches – und den meiner professionellen Sachkenntnis – sprengen, hier auf all die komplexen Aspekte einer Mann-Frau-Partnerschaft und ihrer Gefühlsnuancen einzugehen. Ich sage Ihnen nur, was ich allen meinen Patienten sage: *Nehmen Sie allen Ärger und allen Zorn aus Ihrer Beziehung.* Erhalten Sie die Liebe und Zuneigung am Leben. Nehmen Sie Ihre Partnerin nicht als selbstverständlich hin. Lassen Sie Ihre Anerkennung und Ihren Respekt nicht versiegen. Lassen Sie es nicht zu, daß Feindseligkeiten die Qualitäten überlagern, die Sie einst zusammenführten.

Zwei reife Menschen mit starkem Bindungsgefühl haben die besten Voraussetzungen für ein sie beide befriedigendes Sexualleben, aber auch sie sind vor Problemen nicht gefeit. Es gibt immer irgendwelche Konflikte – um Sex, Geld, Kinder, Schwiegereltern und die tausend Kleinigkeiten, die in jeder Partnerschaft anfallen –, und jeder Konflikt beeinflußt Ihren Penis. Klären Sie alles. Setzen Sie sich auf ehrliche und aufrichtige Weise mit den unvermeidlichen Schwierigkeiten auseinander. Wenn Sie es allein nicht schaffen, suchen Sie sich einen Berater, der Ihnen dabei hilft. Bringen Sie Ihre Gefühle ans Licht. Das bedeutet nicht nur, daß Sie sie aussprechen, sondern daß Sie sie in einer Atmosphäre der Objektivität und des gegenseitigen Respekts mitteilen, wobei jeder sowohl zuhört als auch spricht.

Ich habe die Erfahrung gemacht, daß ein Mann mit Penis-Power keine Angst hat, Verletzlichkeit zu zeigen. Wenn er verärgert ist, so wurde er verletzt oder beleidigt, und er weiß, daß es das Beste ist, über seine verletzten Gefühle zu sprechen, anstatt sie zurückzuhalten und dann in irgendeinem unpassenden Moment zu explodieren. Wenn Ihre Beziehung ein solides Fundament hat, wird Ihre Partnerin mit gleichermaßen aufrichtigen Gefühlen darauf antworten, und die Liebe, die Sie unter Ihrem Ärger begraben haben, hat gute Chancen, wieder an die Oberfläche zu steigen. Und wenn das geschieht, wird sich auch Ihr Penis wieder freudig erheben.

10

SIE SIND SO ALT, WIE SIE SICH FÜHLEN

»Ist es nicht seltsam, daß das Wollen so viele Jahre länger lebt als das Können?« So formulierte es schon Shakespeare. Männern, deren Penis-Power mit den Jahren nachläßt, mag es durchaus seltsam erscheinen – nicht aber Urologen. Von allen Faktoren, die die Funktion des Penis beeinträchtigen, ist der vorhersehbarste der normale, unvermeidliche Prozeß des Alterns.

Die weitaus häufigste Beschwerde, die ich in meiner Praxis höre, ist in etwa die folgende: »Etwas stimmt nicht, Doktor. Ich kann nicht mehr so wie früher.« Was meine Patienten damit meinen, ist: Sie spüren nicht mehr dieselbe sexuelle Begierde wie früher; sie brauchen länger, um eine Erektion zu bekommen; sie brauchen länger, bis sie ejakulieren; sie brauchen länger, um ein zweites Mal erregt zu werden; ihre Erektion ist nicht mehr so stark. Dies alles sind vorhersehbare Veränderungen, die mit dem Alter auftauchen. Verschiedene Männer erleben sie zu verschiedenen Zeiten, aber jeder Mann erlebt sie irgendwann, sofern er lange genug lebt.

Bei zwei Reaktionen auf den Prozeß des Alterns entstehen Probleme: zum einen, wenn der Patient nicht erkennt, daß diese Veränderungen normal sind und dann denkt er, er hat ein medizinisches oder psychisches Problem; zum anderen, wenn er *weiß*, daß diese Entwicklung normal ist – dann denkt er, daß er nun unwiderruflich über den Berg ist. Jede dieser Schlußfolgerungen ist falsch und beeinträchtigt das Wohlbefinden eines Mannes und die Kraft seines Penis.

Ein typisches Beispiel für den ersten Typ Mann ist ein Kollege von mir. Er ist Radiologe, steht kurz vor seinem fünfzigsten Geburtstag und war schon immer ein Mann der Superpotenz und allgemeinen Fitneß. Als er beim Joggen Krämpfe in den Beinen bekam, suchte er einen Internisten auf. Wie sich herausstellte, litt er unter Claudicatio, was bedeutet, daß seine Beinmuskulatur nicht genügend Sauerstoff erhielt, weil die Blutzufuhr durch verstopfte Beinarterien behindert war. Er ließ sich behandeln und erschien kurz darauf in meiner Sprechstunde. Aufgrund seiner medizinischen Ausbildung wußte er, daß bei verringerter Blutzufuhr in die Beine auch sein Penis betroffen sein konnte. Diese Erklärung wollte er nun von mir hören, weil er sich seit einiger Zeit um seine abnehmende Erektionsfähigkeit Sorgen machte. Sein Stolz hatte es ihm vorher verboten, mit mir darüber zu sprechen, aber nun, da er ein medizinisches Problem dahinter sah, vertraute er sich mir an.

Nach einer gründlichen Untersuchung konnte ich ihm vesichern, daß die Blutzufuhr zu seinem Penis so gut war wie zwanzig Jahre zuvor. Als ich ihn bat, seine Probleme genauer zu beschreiben, hörte ich, daß er immer noch über sehr viel Penis-Power verfügte. Das Problem lag darin, daß er seine Leistungsfähigkeit mit früher – also fünf bis zehn Jahre vorher – verglich und dabei deutliche Abstriche verzeichnete. Ich fragte ihn: »Joggst du denn auch noch so weit wie mit 25? Hebst du noch dieselben Gewichte? Schaffst du genauso viele Liegestütze? Tanzt du bis in den Morgen? Du erwartest diese Dinge nicht mehr von dir, weil du weißt, was mit unserem Körper geschieht, wenn wir älter werden. Deshalb gehen Athleten mit dreißig Jahren in den Ruhestand.

Warum erwartest du dann dieselbe sexuelle Leistungsfähigkeit von dir, die du als junger Mann einmal hattest?«

Die andere Reaktion auf das Altern zeigen die vielen Männer, die sich mit einem Leben ohne Sex abfinden. Oft sind sie erschöpft, kränklich, zynisch und mißgelaunt. Dies sind Männer, die in Rente gehen und aufhören zu leben. Ebenso wie ihr zunehmend schwächeres Gedächtnis oder Gehör interpretieren sie die Veränderungen ihrer Sexualität als Zeichen des herannahenden Todes. Sie versetzen ihren Penis ohne Abschiedsfeier in den Ruhestand. Was für eine traurige Verschwendung!

Eines müssen Sie sich merken: Wenn Sie altern, verlieren Sie Ihre Penis-Power nicht, und Ihr Liebesakt wird auch nicht minderwertiger. Beides ändert sich einfach. Falls Sie nicht unter einer ernsthaften gesundheitlichen Störung leiden, können Sie mit achtzig noch ebenso superpotent sein wie mit zwanzig. Sie müssen nur die altersbedingten Veränderungen erkennen, sie bereitwillig akzeptieren, Ihre Einstellung ändern und das Beste aus dem machen, was Sie haben. Alles ist relativ. Und es findet alles in Ihrem Kopf statt.

Lebensphasen des Penis

Von der Geburt bis zur Pubertät dient der Penis hauptsächlich der Urinausscheidung. Der Mechanismus der Erektion funktioniert allerdings von Geburt an; Erektionen finden jedoch unwillkürlich statt und haben nichts mit Sex zu tun. Diese Kindheits-Erektionen geschehen vermutlich durch Stimulation der Nerven bei voller Blase oder dem Trockenreiben des Penis nach dem Baden.

Dann kommt die Pubertät, und die Dinge nehmen ihren Lauf. Die Hoden sind so weit entwickelt, daß sie nun genügend Testosteron (das männliche Geschlechtshormon) produzieren, um die Größe und Gestalt bestimmter Körperteile zu verändern. Der Körper bildet die sekundären Geschlechtsmerkmale aus, und ein Junge ist in der Lage zu ejakulieren. Plötzlich ist sein Penis eine wunderbare, neue Entdeckung. Er wird allein dadurch stimuliert, daß der Junge ein Nacktfoto oder die Beine eines Mädchens betrachtet. Er stellt fest, daß er masturbieren kann, und entdeckt schließlich, daß dies mit einer Partnerin noch schöner ist.

Gegen Ende seiner Teenagerzeit ist fast jeder Junge geradezu sexbesessen. Sein Lustpegel, die Leichtigkeit, mit der er erigiert, und seine Fähigkeit zu häufigem Sex sind beeindruckend. Gesteuert von Hormonen, körperlich in Höchstform und noch unbelastet durch die Verantwortung eines Erwachsenen, ist er eine wandelnde Erektion – fähig, durch geringfügige oder gar keine Stimulation hart zu werden und fünf- oder sechsmal am Tag zu kommen! Nie wieder hat der Penis soviel Macht über das Denken wie in dieser Zeit. Ich erinnere mich an einen Professor aus meiner Studienzeit, der mit einer überzeugenden Beobachtung im Hörsaal stürmischen Beifall auslöste. Princeton war noch keine gemischte Universität, also saßen einige Hundert junger Männer in der Vorlesung über die Grundlagen der Philosophie. Der Professor sah sich im Hörsaal um und sagte: »Alle, die ihr da sitzt, habt dieses Stück Fleisch zwischen den Beinen hängen. Im Moment dreht sich euer ganzes Leben um dieses Stück Fleisch. Es ist das einzige, woran ihr denkt, Tag und Nacht. Wenn es eine Möglichkeit gäbe, die mentale Energie, die auf eure kollektiven Schwänze gerichtet ist, auf eine intellektuell produktivere Ebene zu kanalisieren, würdet ihr alle als Phi Beta Kappa und summa cum laude die Universität absolvieren und dabei eine ganze Menge Energie sparen.«

Die Potenzprobleme, die ich bei jungen Männern um die Zwanzig behandele, hängen typischerweise mit einer Hypersensibilität zusammen. Unsicher, besorgt darüber, ob er normal und so männlich ist wie seine Freunde, kann ein junger Mann seine fast ständige Erektion genau im falschen Moment aus reiner Nervosität verlieren. Typischer noch ist das Problem der frühzeitigen Ejakulation. Der heranwachsende Penis ist äußerst empfindlich, die produzierte Samenmenge größer als in späterem Alter, und der junge Mann hat noch nicht genug Übung für eine ausreichende Selbstkontrolle. So kann es vorkommen, daß er bereits vor der Penetration ejakuliert oder kurz nach dem ersten Eindringen. Dieses Erlebnis kann ein junger Mann als so peinlich empfinden, daß er sich gar nicht mehr an Sex herantraut. Wenn er nur wüßte, wie normal das ist! Die Lösung für dieses Problem ist einfach mehr »Übung«. (Im heutigen Zeitalter von Aids muß ich allerdings hinzufügen, daß häufiger Sex nicht gleichzusetzen ist mit wahllosem Sex.) Bei Männern um die Zwanzig kann die Erholungsphase nur wenige Minuten betragen. Wenn Sie beim ersten Mal vorzeitig ejakulierten, werden Sie es beim zweiten Mal länger aushalten, weil weniger Flüssigkeit in Ihren Samenbläschen ist und sie deshalb weniger Druck verspüren, sie loszulassen. Es bedarf nun über eine längere Zeit hinweg mehr Stimulation, um über die erste Erregungsphase hinauszukommen, bis der Ejakulationsreflex einsetzt. Ich werde später noch näher auf die frühzeitige Ejakulation eingehen.

Die Zahl der Männer zwischen Anfang und Mitte Zwanzig mit Erektionsproblemen ist überraschend hoch. Meistens sind es keine körperlichen Ursachen, auch wenn – medizinisch gesprochen – der »Höhepunkt« der sexuellen Kraft bereits mit neunzehn oder zwanzig überschritten wurde. Ich habe festgestellt, daß es mehr mit der *Lebensphase* zu tun hat, die diese Männer beschreiten: Die Schule liegt hinter ihnen, es gibt keine sichere, berechenbare Umgebung mehr, in der sich alles um persönliche Beliebtheit dreht, und sie leben nicht mehr unter dem Schutz ihrer Eltern. Sie müssen sich nun mit der harten Realität des Lebens auseinandersetzen und »erwachsene« Entscheidungen treffen. Der große Mann des Universitätscampus ist jetzt ein kleiner Mann im Büro. Der ehemals erfolgreiche Student muß jetzt Prüfungen bestehen, die er nicht im Multiple-choice-Verfahren ablegen kann. Die Mädchen, die er in Vorlesungen und auf Uni-Partys angesprochen hat, sind nun junge Frauen mit reifen Wünschen und Erwartungen. Er geht zum ersten Mal eine feste Beziehung ein, mit all ihren verwirrenden und vielschichtigen Komponenten. Außerdem arbeitet er zum ersten Mal hart und lange, so daß er am Freitagabend ganz erschöpft ist. Er steht unter einem Druck, dem er sich nicht so einfach entziehen kann. Das führt bei einem jungen Menschen, der noch nicht über ausreichende Übung und Reife verfügt, häufig zu einer geballten Ladung an Streß. Er ist noch nicht in der Lage, die Bereiche seines Lebens in Kisten zu packen. Und das alles veranlaßt ihn letztendlich, seine Männlichkeit in Frage zustellen. Schwerwiegende Selbstzweifel können dann zu all den Arten von Potenzproblemen führen, die ich bereits beschrieben habe.

Die ganze Zeit über, vom Höhepunkt der sexuellen Kraft an bis zum Tod, finden Veränderungen an Ihrem Penis statt. Ihrem guten Freund selbst sehen Sie diese allerdings nicht an. Einer der bemerkenswertesten Aspekte des Penis, und gleichzeitig ein weiteres Paradoxon, ist, daß er sich äußerlich *weder in Größe noch Gestalt verändert*, während Sie altern. Andere Organe altern, Ihre Haut wird runzlig und Ihre Taille breiter, Ihr Haar wird grau und Ihre Kopfhaut schimmert durch – Ihr Penis aber sieht immer gleich aus. Wenn ich Ihnen das Foto eines zwanzigjährigen erigierten Penis zeigen würde und dann das eines achtzigjährigen, könnten Sie den Unterschied nicht erkennen. Dasselbe gilt mehr oder weniger für zwei nicht erigierte Penes, wobei das geschulte Auge eines Urologen einen leichten Unterschied zu erkennen vermag. Beim älteren Penis sind die Bänder unterhalb des Schambeins etwas schlaffer, was den Eindruck vermittelt, der Penis sei länger. Aber das ist mehr Illusion als Realität, denn der Penis ist nicht tatsächlich länger, sondern hängt nur anders. Ganz bestimmt aber wird der Penis mit dem Alter nicht kürzer, was viele Männer fürchten. Länge und Breite eines erigierten Penis werden durch die Größe des Schwellkörpers bestimmt (die Bluträume im Penisschaft, die sich bei der Erregung mit Blut füllen und eine Erektion bewirken), und die ändert sich nach Erlangung der Geschlechtsreife nicht mehr.

Was sich aber ändert, ist das »Verhalten« des Penis. Als erstes bemerkt ein Mann, daß er länger braucht. Das mag irgendwann in den Zwanzigern beginnen und in so kleinen Schritten geschehen, daß er es lange Zeit überhaupt nicht merkt. Viel hängt dabei von der Art der Beziehung ab, die ein Mann hat, und von der Häufigkeit seiner sexuellen Aktivität. An einem bestimmten Punkt aber merkt jeder Mann, daß er länger braucht, um hart zu werden. Wenn Ihre Hormone nicht mehr wild durch den Körper rauschen, reicht die bloße Phantasie nicht mehr aus: Der Anblick eines sexy Körpers mag nicht mehr genügen und ein heißes Vorspiel auch nicht. Vielleicht brauchen Sie mehr direkte Stimulation durch Ihre Partnerin. Wie ich bereits erwähnte, können viele ältere Männer nur noch durch den Vakuum-Effekt des oralen Verkehrs eine Erektion bekommen. Während Sie älter werden, bemerken Sie vielleicht auch, daß Ihre Erektionen nicht mehr so eisenhart sind wie früher. Manchmal sind sie nur halbherzig und können nur durch zusätzliche Stimulation zu voller Stärke anwachsen. Das ist ebenfalls ganz normal, aber viele Männer geraten in Panik und erinnern sich an die Zeit, wo sie den halben Tag mit dem Verbergen von Erektionen verbrachten. Dasselbe gilt für die Erholungsphase. Es ist eine dokumentierte urologische Tatsache, daß die Zeit der Regeneration nach der Ejakulation proportional zum Alter des Mannes ansteigt. Ein Mann in den Fünfzigern oder Sechzigern kann eine Regenerationsphase von bis zu 24 Stunden haben, selbst bei direkter Stimulation. Männer bemerken ebenfalls, daß die Ejakulation selbst sich mit zunehmendem Alter immer weniger »explosiv« anfühlt; der Samen tröpfelt eher, als daß er kraftvoll hinausgestoßen wird. Auch der Orgasmus mag weniger intensiv erlebt werden.

All das ist ein normaler Bestandteil des Alterungsprozesses. Sie sollten diese Veränderungen ohne Bitterkeit oder Angst akzeptieren. Was soll's, wenn Sie länger brauchen? Sie und Ihre Partnerin können ein extra Vorspiel genießen, bis Sie soweit sind. Was soll's, wenn Sie es ohne längere Pause kein zweites oder drittes Mal schaffen? Es tut Ihrer Männlichkeit keinen Abbruch. Sie können eine Reihe von Dingen nicht mehr so wie früher, und vermutlich wollen Sie auch gar nicht mehr so häufig Sex wie früher. Richten Sie Ihre Aufmerksamkeit darauf, das für Sie Bestmögliche aus Ihrem Liebesspiel herauszuholen. Was soll's, wenn Ihre Ejakulation nicht mehr so vulkanartig ist wie früher? Sie können den Orgasmus immer noch in vollen Zügen genießen.

Außerdem findet mit dem Alter noch eine weitere Veränderung statt, die Sie als großes Plus werten sollten: Es dauert länger, um zum Höhepunkt zu kommen. Ein alter Witz besagt: »Jetzt brauche ich die ganze Nacht für das, was ich früher die ganze Nacht lang gemacht habe.« Aber das ist kein Problem, sondern ein Geschenk, besonders dann, wenn Sie früher Schwierigkeiten hatten, Ihre Ejakulation zu kontrollieren. Männer, die in jungen Jahren schnell ejakulierten, empfinden ihr Sexualleben als viel befriedigender, wenn Sie das Alter erreichen, in dem das Hinauszögern des Orgasmus keine Pflicht mehr, sondern ein natürlicher Ablauf ist. Ihre Partnerin wird mehr Vergnügen haben, weil es normalerweise leichter ist, eine Frau durch einen lang andauernden Liebesakt zum Orgasmus zu bringen, als durch eine schnelle Nummer. Und je befriedigter Ihre Partnerin ist, desto erregter werden wiederum *Sie*.

Der wichtigste Punkt ist, daß Sex mit dem Alter nicht weniger Lust bereitet oder in irgendeiner Weise schlechter wird. Er wird nur anders und kann sogar besser sein, wenn Sie die richtige Einstellung dazu haben. Sie haben nicht nur eine größere Kontrolle über Ihre Ejakulation – wenn Sie die Jahre über aufmerksam waren, haben Sie außerdem eine Menge über Frauen im allgemeinen und Ihre Partnerin im besonderen gelernt. Sie haben Tricks gelernt, um die Person, mit der Sie das Bett teilen, zu erregen und zu befriedigen – und umgekehrt.

Was Sie vielleicht bedenken müssen, wenn Sie älter werden – insbesondere, wenn Sie die Sechziger oder Siebziger erreichen –, ist eine Anpassung Ihres Liebesstils an die veränderten Bedingungen. Ihr Penis sieht vielleicht genauso jung aus wie immer, aber der Rest Ihres Körpers ist gealtert. Sie haben vielleicht mehr Kontrolle über Ihre Ejakulation, aber Ihre Arme sind möglicherweise nicht mehr stark genug, Sie lange genug zu stützen. Ihre Rücken- und Beinmuskeln ermüden vielleicht schneller. Ihre Gelenke und Bänder sind vielleicht nicht mehr so beweglich. All das bedeutet, daß Sie sich ab und zu ausruhen oder häufiger die Stellung wechseln müssen. Oder ganz neue Stellungen ausprobieren müssen. Wenn Sie demgegenüber immer positiv eingestellt bleiben, werden Sie es letztendlich als eine Herausforderung empfinden, und nicht als Fluch.

Jung im Herzen, jung im Penis

Die innere Einstellung ist der Schlüssel zur Funktionsfähigkeit Ihres Penis. Meine superpotenten Patienten sagen, daß der Sex ihnen mit siebzig Jahren noch ebensoviel gibt wie mit zwanzig. Manche sagen, er sei sogar besser.

Das Traurige ist nur, daß viele Männer den Sex aufgeben, sobald sie sich für »alt« halten – besonders, wenn sie in den Ruhestand gehen. Die Vorstellung, daß der Ruhestand das Nirvana bedeutet, ist einer der schlimmsten Mythen überhaupt. Aus meiner Praxis weiß ich, daß der Ruhestand zu Trägheit, Langeweile und Stagnation führen kann. Viele meiner älteren Patienten – selbst die gut betuchten – beschließen deshalb, nicht in den Ruhestand zu gehen. Sie arbeiten vielleicht etwas weniger und geben Verantwortung ab, aber sie bleiben aktiv. Diese Männer gehören zu meinen gesündesten und superpotentesten Patienten. Sie leben länger, und ihre Lebensqualität ist höher als bei Männern, die sich keinen Herausforderungen mehr stellen. Mein Rat als Urologe lautet also: Versetzen Sie Ihren Penis nicht in den Ruhestand, außer Sie werden von äußeren Umständen dazu gezwungen, wie etwa denen einer Krankheit. Bis vor kurzem wurde in unserer Gesellschaft der Sex im Alter vollkommen tabuisiert. Es galt als unschicklich für ältere Menschen, darüber zu sprechen, geschweige denn, es zu *tun.* Ich kenne ältere Menschen, die nur heimlich Sex haben konnten, ganz wie in der Pubertät, weil sie wußten, daß Gleichaltrige, und vor allem ihre Kinder, die Nase rümpfen würden. Andere hörten ganz mit dem Sex auf, weil sie dachten, daß man es von ihnen *erwartet.* Sie unterdrücken ihre Sexualität, weil es irgendwie unangemessen erscheint, sie offen zu zeigen.

Ich hoffe, daß die Generation, die jetzt ins fortgeschrittene Alter kommt, das alles verändern wird. Sie verdienen ein aktives, gesundes Sexualleben, solange Ihr Körper es verkraftet. Es wird Ihnen nicht schaden, sofern Sie nichts versuchen, was Ihre Muskeln, Gelenke oder den Kreislauf überanstrengt. Erwarten Sie nur nicht, mit fünfzig noch das zu schaffen, was Sie mit vierzig konnten, oder mit sechzig, was Sie mit fünfzig gemacht haben, und so weiter. Passen Sie Ihre sexuellen Aktivitäten den Veränderungen Ihres Körpers an, genauso wie sie es mit anderen Aktivitäten tun. Betrachten Sie diese Umstellung als Herausforderung. Machen Sie durch Phantasie und Kreativität wett, was Sie an körperlicher Kraft verlieren.

Aus meiner Erfahrung kann ich Ihnen versichern, daß, solange Sie atmen, Ihre Gliedmaßen bewegen, Ihre Körperfunktionen kontrollieren können, sich über den Wochentag und das Datum bewußt sind und eine positive Lebenseinstellung bewahren, Sie Ihre Penis-Power unbegrenzt einsetzen können.

Durch gesunde Gewohnheiten können Sie Ihre Superpotenz im Alter erhalten: Treiben Sie regelmäßig Sport, essen Sie möglichst wenig Fett und Cholesterin, achten Sie auf Ihr Gewicht, meiden Sie Nikotin und übermäßigen Alkoholgenuß, überwachen Sie Ihren Blutdruck, und gehen Sie regelmäßig zum Arzt. Wenn sie körperlich fit und geistig rege bleiben, können Sie solange sexuell aktiv sein, wie Sie es wünschen.

Das Wichtigste ist: *Denken sie nicht ans Alter!* Ihr Körper produziert vielleicht weniger Testosteron; Ihre Arterien sind vielleicht ein bißchen verkalkt und verringern die Blutzufuhr zu Ihrem Penis; Ihre Muskeln und Gelenke sind vielleicht schwächer geworden. Aber wenn Ihr Geist noch immer stark ist, kann Ihr Penis es auch sein. Sie dürfen nicht über das klagen, was Sie verloren haben, sondern sollen dankbar sein für das, was sie noch besitzen. Das Alter muß einen superpotenten Mann nicht abschrecken, es ist eine Herausforderung und Chance. Stellen Sie sich vor, Sie wären ein Sänger, dessen Stimme nicht mehr so kräftig ist, wie sie einmal war, der dies aber durch Phrasierung, Gefühl und Stimmung wettmacht. Stellen Sie sich vor, Sie wären ein Athlet oder Tänzer, dessen Beine nicht mehr so kräftig sind, der sich aber durch die Weisheit der Erfahrung viel eleganter bewegt als früher. Wenn Sie sich Ihren Enthusiasmus bewahren, können Sie den körperlichen Verfall kompensieren oder sogar verzögern.

Wenn Sie Penis-Power besitzen, dann sind Sie jung, egal wie alt Sie sind. Die eifrige Betätigung Ihres Penis wird Ihren Geist schärfen, Ihre Seele entzücken und Ihre Vitalität erhalten. Kurzum: Sie hören nicht mit dem Sex auf, weil Sie alt werden, sondern *Sie werden alt, weil Sie mit dem Sex aufhören.*

Tatsächlich können ihre späten Jahre die besten Jahre für Sex sein. Denken Sie doch mal darüber nach: Sie müssen nicht mehr jeden Morgen aufstehen und ins Büro gehen; Sie müssen sich kaum noch Sorgen über Kinder und unbezahlte Rechnungen machen; Sie haben täglich weniger Streß und Druck; Sie haben mehr Privatsphäre; Sie haben mehr Zeit; Sie können sich den Luxus der Geduld leisten. Das ist die beste Gelegenheit für einen superpotenten Mann, das meiste aus seiner Penis-Power herauszuholen.

Sex ist für ältere Männer nicht nur sicher, er ist auch gut für sie. Er hält sie jung. Ihr Penis ist für Sie da, von der Pubertät bis ins hohe Alter. Geben Sie ihn nicht auf, und er wird Sie nicht aufgeben.

Die Zukunft des Penis

Ein guter Grund, dem Erhalt Ihrer Penis-Power positiv gegenüberzustehen, ist die medizinische Wissenschaft, die Ihnen helfen kann, wenn das Alter Ihre körperlichen Fähigkeiten schmälert. Der meistverbreitete Grund für Erektionsversagen im Alter ist Arteriosklerose, die die Blutzufuhr in den Penis so weit vermindern kann, daß er nicht mehr hart genug für die Penetration ist. Für Patienten mit diesem Problem, die motiviert sind, haben wir viele Behandlungsmöglichkeiten, die ich in Kapitel 7 bereits dargestellt habe: Implantate oder Vakuumvorrichtungen, sowie selbstinjizierbare Medikamente wie Papaverin und Prostaglandin E.

Allerdings unterscheide ich sehr deutlich zwischen dem Typ von Patienten, dem ich diese Hilfsmittel empfehle, und jenem, dem ich sie nicht empfehle. Ein typischer Kandidat wäre ein Mann, der unter dem leidet, was ich das Palm-Springs-Syndrom oder Freizeitwelt-Syndom nenne. Er ist Witwer, Ende sechzig oder Anfang siebzig, und er fängt an, mit älteren Frauen auszugehen. Zu seiner Überraschung erwarten diese Frauen ein Ausmaß an sexueller Aktivität, mit dem er nicht gerechnet hat und nicht zurechtkommt. Typischerweise war er in seinen letzten Ehejahren sexuell nicht besonders aktiv, sei es durch die Krankheit seiner Frau, sei es aufgrund des verminderten Lustpegels in langjährigen Ehen. Daher ist er zum ersten Mal seit Jahren sexuell gefordert, aber er will seine neue Partnerin natürlich befriedigen und ist somit *über*fordert. Er fühlt sich nicht mehr als richtiger Mann. Wenn solch ein Patient ansonsten in guter körperlicher Verfassung ist, biete ich ihm natürlich gern Lösungsmöglichkeiten an und ermutige ihn, sie einzusetzen. Er ist ein echter Kandidat für eine Prothese oder vasoaktive Injektionen.

Der andere Typ ist ein alternder Mann, der seit vielen Jahren mit derselben Frau verheiratet ist. Das Paar hatte ein erfülltes Leben und liebt sich immer noch, auch wenn es mit der Zeit immer weniger Sex praktiziert und inzwischen möglicherweise vollkommen inaktiv ist. Wenn sie es versuchen, bekommt der Mann keine Erektion. Dann, in einem Anfall von verlorener Jugend, will er sein ehemaliges Sexualleben wiedergewinnen und kommt zu mir in die Praxis. Merke ich, daß er erwartet, ich könne ihm seine jugendliche Kraft und Männlichkeit wiedergeben, ermutige ich ihn keinesfalls zu Implantaten oder Injektionen. Haben sich die Eheleute bereits auf ein sexloses Leben eingestellt, so kann ich aus Erfahrung sagen, daß solche Hilfen dann nichts nützen. Diese Patienten nämlich setzen die Hilfsmittel nach der anfänglichen Neuheit nicht mehr ein. Viele Frauen erzählten mir, daß ihre Männer die Prothese oder Injektion ein paarmal benutzt, dann aber damit aufgehört hätten. Jeder Fall muß natürlich auf individueller Basis bewertet werden, und es ist immer gut, wenn die Frau in die Beratung mit einbezogen wird. Eine solche Behandlung hat schon mancher Ehe über viele Jahre hinweg Gutes getan.

Lassen Sie mich dieses Kapitel über das Alter mit einer Vorhersage beenden. Aufgrund meiner Erfahrung und meines Wissens über den momentanen Stand der Forschung bin ich überzeugt, daß die Zukunft für angehende ältere Menschen, und besonders für die, die sich jetzt im mittleren Alter befinden, sehr rosig aussieht. Ich begründe diese Vorhersage mit dem erstaunlichen Fortschritt, der zu immer größeren Fähigkeiten des Körpers beiträgt. Die Grenzen dessen, was ein Körper leisten kann, werden immer weiter. Im Sport werden heute die früher als unüberwindbar erachteten Grenzen – 100 Meter unter 10 Sekunden, Hochsprung über 2,20 Meter, und so weiter – routinemäßig überschritten. Außerdem wurden die leistungsfähigsten Jahre eines Athleten durch verbesserte Konditionsprogramme, fortschrittliche Ernährung und medizinische Erkenntnisse bedeutend verlängert. Ich sehe keinen Grund, warum die Jahre der sexuellen Aktivität nicht ebenso verlängert werden können.

11

FRAGEN UND ANTWORTEN

Da der Normalbürger so wenig über mein Spezialgebiet weiß, verbringe ich viel Zeit mit dem Beantworten von Fragen meiner Patienten, Freunde und manchmal auch von Fremden. In diesem Kapitel möchte ich mich Fragen widmen, die mir häufig gestellt werden und die ich in diesem Buch bisher noch gar nicht oder nicht ausreichend beantwortet habe.

Frage: Haben Frauen bestimmte Vorlieben in bezug auf den Penis?

Antwort: In über zwanzig Jahren urologischer Praxis habe ich mit Hunderten von Frauen über die intimsten Details ihres Lebens gesprochen. Sie erzählten mir Dinge, die sie niemandem sonst erzählten, einschließlich ihrer wildesten sexuellen Phantasien, Vorlieben und Praktiken. Keine Frau hat dabei jemals eine besondere Vorliebe für eine bestimmte Art von Penis geäußert. Und glauben Sie mir, ich habe nachgefragt. Länge, Breite, Aussehen, Farbe – all diese Faktoren scheinen keine Rolle zu spielen, nicht einmal für Frauen, die mir in aller Ausführlichkeit die Art von Oberkörper, Beinen oder Hintern beschrieben, die sie erregen. Wenn es um den Penis geht, interessieren sie hauptsächlich Härte und Aktivität, wobei manche auch den Wunsch nach Sauberkeit erwähnen. In den Augen der Frauen ist der Penis ein funktionelles Organ und nicht unbedingt ein ästhetisches Objekt. In dieser Hinsicht unterscheiden sich Frauen nicht von Männern; Männer sprechen von Form und Größe der Brüste, Beine und Hintern, selten aber von einer bevorzugten Form der Vagina.

Frage: Kann häufiger Sex meinem Penis schaden?

Antwort: Die Gefahr, daß Sie Ihren Penis verletzen, ist sehr gering, egal wie oft oder wie stark Sie Sex haben. Die Natur hat Ihren Penis so ausgestattet, daß er fest, widerstandsfähig und ausdauernd ist. Er kann weitaus mehr vertragen als die meisten anderen Körperteile. Versuchen Sie einmal, Ihr Ohr oder einen Finger so zu bearbeiten, wie Sie es mit Ihrem Penis tun können. Er kann sogar mehr Schläge vertragen als die meisten anderen Organe, wobei ich nicht empfehlen würde, das auszuprobieren.

Es gibt einige männliche Säugetiere, die einen Knochen im Penis haben, z.B. Hunde oder Affen. Beim Menschen ist das nicht so. Es gibt also nichts, was brechen kann. Außerdem hat ein Penis keine Bänder, Gelenke oder Muskeln, die zerren oder reißen können. Der Schwellkörper ist von einem so festen, fibrösen Gewebe umgeben, daß ich mich bei einer Operation sehr anstrengen muß, um es zu durchdringen. Ist der Penis erigiert, und der Schwellkörper mit Blut gefüllt, kann durch eine sehr schwere Verletzung dieser fibröse Schaft eingerissen werden, aber dies geschieht äußerst selten (und wird fälschlicherweise als »Penisbruch« bezeichnet). Möglich ist auch, daß die Oberflächenkapillaren reißen, was zu Verfärbung und leichten örtlichen Verdickungen führt, aber auch dies geschieht sehr selten, vor allem kaum beim Sex.

Gehen Sie doch von Ihrer eigenen Erfahrung aus: Wie viele Männer kennen Sie, die sich Ihren Penis verletzt haben, verglichen mit Verletzungen an Händen, Armen, Beinen oder Füßen? Falls Sie sich an einen Mann erinnern, der über eine Verletzung am Penis klagte, so betraf dies sicherlich die Haut. Sie kann durch Abschürfungen, Schnitte oder Prellungen leiden, aber solcherlei Verletzungen entstehen eher durch Unfälle – etwa wenn der Penis im Reißverschluß eingeklemmt wird – als durch Geschlechtsverkehr. Die vermutlich häufigste Verletzung, die durch Sex passieren kann, ist Hautreizung durch extreme Reibung. Und viele Männer hält dieser Zustand oder die Angst davor vom Geschlechtsverkehr ab, weshalb einer meiner Kollegen überzeugt ist, daß »Vaseline mehr Ehen gerettet hat als irgendeine Briefkastentante«. Außerdem besteht theoretisch die Gefahr, daß durch harte Stöße, zum Beispiel gegen das Schambein der Frau, die Eichel verletzt wird. Doch, wie schon gesagt, werden gröbere Verletzungen meist nicht durch normalen Geschlechtsverkehr hervorgerufen.

Bemerkenswerterweise waren die meisten der Penisverletzungen, die ich in meiner Praxis und in der Notaufnahme behandelte, selbst verursacht worden. Sie werden nicht glauben, was ich alles entfernen mußte – nicht nur Ringe und Clips, die die Haut verletzten, sondern auch lange, dünne Objekte, die in die Harnröhre eingeführt worden waren: Bleistifte, Nadeln, Drähte und sogar Cocktail-Rührstäbchen.

Sie brauchen Ihren Penis – mißbrauchen Sie ihn nicht!

Frage: Wenn ich häufig ejakuliere, nimmt meine Potenz dann mit zunehmendem Alter ab?

Antwort: Es gibt keine festgelegte Anzahl von Orgasmen, keine obere Grenze, die überschritten werden kann.

Auch werden Ihre Samenbläschen nicht austrocknen, wenn Sie zu oft ejakulieren. Die Natur hat den Sex nicht rationiert. Sicher, von häufigem Sex werden Sie müde, genauso wie von jeder anderen körperlichen Aktivität, aber Ihr Körper ist schlau: Wenn Sie *zu* müde werden, verlieren Sie auch die Lust am Sex. Sind Sie wieder ausgeruht, kehrt die Lust sofort zurück. Wenn Sie Ihren Penis oft und kräftig zum Einsatz bringen, wird das ihren übrigen Körper beleben und Ihren Geist jung und rege halten. Zuwenig Sex ist ein viel größeres Problem als zuviel Sex.

Frage: Ich hatte in der Vergangenheit medizinische Probleme mit dem Herzen. Muß ich den Sex einschränken?

Antwort: Das müssen Sie mit Ihrem Kardiologen besprechen. Jeder Herzpatient sollte seinen spezifischen Bedingungen entsprechend beraten werden. Allerdings möchte ich den Mythos zerschlagen, daß Sex schlecht fürs Herz ist. Früher sagte man Männern, die einen Herzinfarkt überlebten, sie dürften keinen Sex mehr haben, keinen Sport mehr treiben und müßten körperlich anstrengende Arbeit aufgeben. Diese Ansichten haben sich mittlerweile geändert. Wir wissen jetzt, daß Sport in Maßen gut für Herzpatienten ist. Und dasselbe gilt für Sex. Sex ist nicht nur eine wunderbare Form der körperlichen Betätigung, er belebt auch den Geist eines Mannes, der das Trauma einer Herzerkrankung erlebt hat. Wie ich aus Erfahrung weiß, werden Männer mit Herzstörungen häufig depressiv. Sie fühlen sich alt. Ihr Selbstbewußtsein leidet. Solche psychologischen Faktoren können ihre Potenz beeinträchtigen, und es gibt kein besseres Gegenmittel dafür als Sex.

Allerdings möchte ich gleichzeitig eine Warnung aussprechen. Wenn Sie medizinische Probleme mit dem Herzen hatten, sollten Sie nichts übertreiben, auch nicht den Sex. Wie bei jeder Form sportlicher Betätigung sollten Sie sofort aufhören und einen Arzt aufsuchen, sobald Sie Schmerzen in der Brust verspüren. Am anfälligsten sind ältere Männer mit Herzproblemen und verzögerter Ejakulation. Da sie länger brauchen, um zum Orgasmus zu kommen, müssen sie sich auch länger anstrengen. Für einen Mann mit guter Kondition ist das kein Problem, aber für jemanden mit Herzproblemen kann es gefährlich werden.

Seien Sie also nicht übervorsichtig, aber versuchen Sie auch nicht, ein Held zu sein. Sprechen Sie mit Ihrem Kardiologen über Ihr Sexualleben ebenso offen wie über Ihren Sport.

Frage: Kann man süchtig nach Sex werden?

Antwort: Aus rein medizinischer Sicht lautet die Antwort nein. Unser Kriterium für eine Sucht ist das Auftreten von Entzugserscheinungen bei Entzug. Wenn ein Süchtiger sein Suchtmittel nicht mehr bekommt, leidet er unter vorhersehbaren biochemischen Folgeerscheinungen, so wie es bei Alkohol, Nikotin oder Betäubungsmitteln der Fall ist. Sicher ist es kein schönes Gefühl, wenn einem der Sex versagt wird. Jeder Mann leidet dann in unterschiedlichem Ausmaß. Aber das bedeutet noch lange nicht, daß er süchtig nach Sex ist, ebensowenig, wie man körperlich süchtig nach Essen oder Sport sein kann. Wie die Nahrungsaufnahme und Bewegung gehört der Sex zu den natürlichen Bedürfnissen des Menschen.

Vielleicht ist es eher angebracht, von sexuellem Zwang oder sexueller Obsession zu sprechen. In Extremfällen kann sich so etwas nachteilig auf andere Aspekte des Lebens auswirken. Allerdings entsteht sexuelle Obsession nicht durch übermäßig starke sexuelle Aktivität. Es funktioniert nicht wie bei Kokain oder Heroin – bei häufigem Sex werden Sie nicht abhängig oder süchtig. Eine destruktive sexuelle Obsession ist vielmehr ein Ausdruck tief verwurzelter psychologischer Probleme. Männer, die darunter leiden, sollten einen qualifizierten Psychotherapeuten aufsuchen.

Frage: Werde ich ein besserer Liebhaber, wenn ich Testosteron nehme?

Antwort: Nur, wenn Ihr Testosteronspiegel unnormal niedrig ist. Liegt er im normalen Bereich, werden Injektionen dieses Hormons weder Ihre Erektionsfähigkeit noch irgendwelche anderen sexuellen Fähigkeiten verbessern. Tatsächlich kann es sogar schädlich sein. Bei einer Überdosis Testosteron landen Sie höchstwahrscheinlich wegen Hodenschrumpfung bei einem Urologen, so wie es mit Athleten und Bodybuildern passiert, wenn sie Anabolika einnehmen. Was Testosteron bewirken *könnte*, ist gesteigerte sexuelle Lust, aber das wird Ihre Fähigkeiten im Bett um keinen Deut verbessern.

Frage: Meine Freunde scheinen sich alle mehr für Sex zu interessieren als ich. Stimmt mit mir etwas nicht?

Antwort: Das Ausmaß an sexuellem Interesse ist bei Männern sehr unterschiedlich. Bei einer Studie unter Collegestudenten sollten die Testpersonen jedesmal auf einen Zähler drücken, wenn sie eine sexuelle Phantasie hatten oder überhaupt an Sex dachten. Einige Studenten drückten über 300mal am Tag den Zähler, während andere berichteten, sie würden nur selten an Sex denken. Wer kann also sagen, was normal ist und was nicht? Das wichtigste ist, daß Sie in der Lage sind, Ihr persönliches sexuelles Verlangen zu befriedigen.

Frage: Ich möchte gern eine Vasektomie vornehmen lassen. Wird dies meine Potenz beeinträchtigen?

Antwort: Die Vasektomie ist eine sichere und wirksame Methode der Sterilisation für Männer, die keine Kinder mehr zeugen möchten. Dabei wird der Samenleiter, durch den das Sperma von den Hoden zu den Samenbläschen gebracht wird, durchtrennt und abgebunden. Im Prinzip verhindert die Vasektomie also den Transport der Spermien vom Ursprungs- zum Lagerungsort, so daß in Ihrem Ejakulat kein Sperma mehr enthalten ist. Die Prozedur selbst wird in weniger als zehn Minuten unter örtlicher Betäubung (in einer Hautfalte der Hoden) vorgenommen. Nach dem Eingriff gibt es nur minimale Nachwirkungen, und selten werden Schmerzmittel benötigt.

Was die Potenz betrifft, so findet durch eine Vasektomie keinerlei Veränderung statt. Das Gefühl ist genauso stark, die Lust ebenso groß, das Testosteron nicht vermindert, die Erektionsfähigkeit nicht beeinträchtigt und der Genuß am Orgasmus nicht geringer. Die einzige Veränderung besteht darin, daß sie nach der Vasektomie keine Spermien mehr ejakulieren, aber diese bilden ohnehin nur einen kleinen Teil Ihres Spermas.

Es gibt Fälle, in denen die Potenz nach einer Vasektomie sogar gesteigert ist, weil der Mann sich nicht mehr um die Verhütung Sorgen machen muß. Langjährige Partner gehen manchmal spontaner mit Sex um, weil sie den Liebesakt nicht mehr unterbrechen müssen, um ein Diaphragma einzusetzen oder ein Kondom überzustreifen, und sie erleben den Verkehr intensiver, weil zwischen Penis und Vagina kein Latex mehr ist.

Einige Vasektomie-Patienten wollen unter Umständen doch noch Kinder haben und bitten darum, daß der Eingriff rückgängig gemacht wird. Bei der sogenannten Vasovavosostomie näht man den Samenleiter wieder zusammen, was ein weitaus komplizierterer Eingriff ist als der erste. Aber die Erfolgsrate liegt sehr hoch, so daß die meisten Patienten danach wieder Kinder zeugen können. Ebenso wie die Vasektomie verringert auch dieser Eingriff nicht die Potenz. Es besteht sogar ein potentieller Bonus: Da die Partner nun mit dem direkten Ziel des Kinder-Zeugens Liebe macht, empfinden sie es romantischer als je zuvor. Der typische Vasovasostomie-Patient hat die Vasektomie meist deshalb vornehmen lassen, weil er mit seiner ersten Frau keine Kinder wollte. Nun ist er zum zweitenmal verheiratet, für gewöhnlich mit einer jüngeren Frau, die Nachwuchs von ihm wünscht – und was kann einen Mann in mittlerem Alter mehr antörnen?

Frage: Ich habe gehört, daß ein Penisring mir helfen kann, die Ejakulation hinauszuzögern? Stimmt das?

Antwort: Nein. In der Hoffnung, daß es den Liebesakt verlängert, befestigen manche Männer einen Metallring um die Wurzel ihres erigierten Penis. Theoretisch verhindert dieser Ring den venösen Rückfluß des Blutes, so daß der Penis länger erigiert bleibt. Das klingt im Prinzip ganz gut, kann aber sehr gefährlich sein. Wird der Blutstrom nämlich künstlich unterbunden, besteht die Gefahr einer Embolie oder eines Risses der feinen Kavernen im Penis. Die Verletzung kann irreversibel sein und die zukünftige Erektionsfähigkeit verringern.

Einmal wurde ich um vier Uhr morgens in die Notaufnahme gerufen. Ein etwa 24jähriger Mann, der unter Drogen stand, trug einen dicken Messingring so eng um den Penis, daß er die Haut regelrecht einschnitt. Durch die Arterien wurde weiterhin Blut in seinen Penis gepumpt, der venöse Rückfluß war jedoch verhindert und der Penis abnormal vergrößert. Er litt unter fruchtbaren Schmerzen. Ich sagte ihm, wir müßten ihn betäuben und den Ring durchsägen. Dann verließ ich das Zimmer, um alles vorzubereiten, doch als ich zurückkehrte, war der Patient verschwunden. Wahrscheinlich war er bei dem Gedanken, daß man so dicht an seinem Penis eine Säge einsetzen würde, in Panik geraten. Ich weiß nicht, was aus ihm geworden ist. Aber wenn Sie Ihre Ejakulation verzögern wollen, halten Sie sich lieber an die Drück-Technik, die in Kapitel 13 noch beschrieben wird.

Frage: Seit meine Frau unser Kind zur Welt brachte, habe ich keine Lust mehr auf Sex. Was ist los?

Antwort: Traurig aber wahr: Wie Untersuchungen belegen, ist dies nicht ungewöhnlich. Eine Theorie besagt, daß die Frau aufgrund der körperlichen Veränderungen einer Geburt für den Mann möglicherweise weniger attraktiv erscheint. So bekommen manche Frauen Schwangerschaftsstreifen am Bauch, Besenreißer an den Beinen oder schlaffere Brüste. Eine anderen Theorie zufolge bewirken die neuen Anforderungen an die Eltern, daß die Mutter ausgezehrt und der Vater erschöpft ist. Für mich liegt der Grund hauptsächlich darin, daß nach der Geburt die Aufmerksamkeit der Mutter ganz drastisch vom Mann zum Kind verlagert wird. Das Kind nimmt sie voll und ganz in Anspruch, und all ihre Liebe richtet sich nun auf das Baby.

Für viele Frauen vermittelt die Geburt ein Gefühl der Erfüllung, wie sie es sonst durch nichts in ihrem Leben erfährt. Es ist ganz normal und natürlich, daß sie jetzt all ihre Energie dem Baby zukommen läßt. Unglücklicherweise fühlen sich selbst Männer, die stolz auf das Kind und die hingebungsvolle Fürsorge der Mutter sind, in gewisser Weise – vermutlich unbewußt – abgelehnt. Plötzlich stehen sie nur noch an zweiter Stelle.

Solche Veränderungen sind absehbar. Sie erfordern psychologische Unterstützung und möglicherweise eine Umstellung der Zeiten und Situationen für Ihren Liebesakt. Entscheidend ist, daß der superpotente Mann diese Vorgänge versteht und das Verhalten seiner Frau nicht als Ablehnung interpretiert.

Frage: Ich will mehr Sex als meine Frau. Was kann ich tun?

Antwort: Meine Erfahrung zeigt, daß etwa ein Drittel der Ehepaare deshalb zur Eheberatung gehen, weil die Partner unterschiedliche Einstellungen zur Häufigkeit von Sex haben. Es ist ein altbekanntes Problem, das auch der folgende Witz widerspiegelt: »Wie nennt man das Vorspiel in der Ehe? Antwort: Betteln.«

Kein Mann bekommt gern einen Korb, selbst wenn er sich der Liebe seiner Partnerin sicher ist und weiß, daß sie ihn bewundert. Und kein Mann bettelt gern um Sex. Aber es ist eine Tatsache: Im Durchschnitt haben Männer häufiger Lust auf Sex als Frauen. Leider kann sich das Problem verschlimmern, wenn Sie Ihre sexuelle Frustration unterdrücken. Sie riskieren, daß Sie Ihrer Partnerin gegenüber feindselige oder ablehnende Gefühle entwickeln und diese auf andere Weise abreagieren. Oder Sie verzichten aus Angst vor Ablehnung ganz auf Sex. Vielleicht scheuen Sie sich sogar vor allen Formen von Gefühlsäußerung, und schlimmstenfalls suchen Sie woanders nach der Erfüllung Ihrer Lust.

Generell bin ich der Meinung, ein superpotenter Mann sollte alles in seiner Macht Stehende tun, um seine sexuellen Bedürfnisse zu befriedigen. Natürlich ist es das Ideal eines jeden Mannes, daß seine Partnerin immer freudig auf ihn eingeht, wenn er sie begehrt. In der Realität müssen aber vielleicht auch Schmeicheleien, Überredungs- und Verführungskünste eingesetzt werden, manchmal sogar leichte Formen der Bestechung (Juweliere und Floristen können das bestätigen). Niemand sollte dabei zum Bettler werden, obwohl ich eine überraschend hohe Anzahl an Patienten habe, die sich auch dafür nicht zu schade sind. Wenn es humorvoll geschieht, ist vielleicht auch das gerechtfertigt. Superpotente Männer sind pragmatisch: Sie tun, was nötig ist.

Der beste Ansatz ist allerdings Kommunikation. Mein Rat ist: Brechen Sie das Schweigen. Sprechen Sie offen und ehrlich über Ihre unterschiedlichen Bedürfnisse. Vielleicht weiß Ihre Partnerin gar nicht, wie frustriert Sie sind, weil sie sich nicht vorstellen kann, wie erniedrigend Sie es empfinden, abgelehnt zu werden. Vielleicht möchte sie gern für Sie da sein, will aber auf andere Weise angesprochen werden. Sie müssen auch ihr zuhören, ihre Bedürfnisse verstehen und sich auf etwas einigen, das Sie beide glücklich macht. Möglicherweise müssen auch Sie sich in irgendeiner Weise umstellen, etwa auf andere Zeiten für die Liebe oder neue Formen der Annäherung. Was auch immer notwendig ist – wenn zwei Menschen einander genügend bedeuten, können sie solche Schwierigkeiten überwinden. Und wenn Sie es nicht allein schaffen, gehen Sie zu einer Beratung.

Frage: Wie kommt es, daß ich im Sommer mehr Penis-Power zu haben scheine?

Antwort: Wenn es um Superpotenz geht, ist heiß besser als kalt. Deshalb verbringen Paare ihre Flitterwochen auf Hawaii und nicht in Alaska. Es ist nicht nur das verführerische Ambiente tropischer Blumen, würziger Luft und von Hula-Tänzern, sondern auch die Auswirkung des Klimas auf den Körper. Was passiert mit Ihrem Hodensack, wenn Sie in einen kalten Pool springen? Die Haut zieht sich stark zusammen, der Hodensack schrumpft auf Walnußgröße, und die Hoden selbst ziehen sich in den Leistenkanal zurück. Außerdem bewirkt die Kälte eine Kontraktion der Blutgefäße. Nichts von alledem ist der Penis-Power besonders zuträglich.

So ist es auch verständlich, daß nach einem kalten Tag auf der Skipiste eine feuchtfröhliche Après-ski-Party am Kamin, ein heißes Bad oder eine dicke Daunendecke gefragt sind.

Frage: Meine Orgasmen sind nicht mehr so stark wie früher, und ich ejakuliere weniger Sperma. Stimmt da etwas nicht?

Antwort: Diese Frage wird mir immer wieder gestellt, meistens von Männern in den Vierzigern (wenn sie älter sind, schleppen sie diese Sorge normalerweise schon eine Weile mit sich herum). Wird ein Mann älter, produziert sein Körper weniger Samenflüssigkeit, so daß das Volumen des Ejakulats abnimmt. Das ist ganz normal und natürlich. Ich versichere Ihnen, daß das Vergnügen und die Befriedigung bei einem Orgasmus nichts mit der *Menge* Ihres Spermas zu tun haben.

Warum wird der Orgasmus weniger intensiv? Nun ja, Sie essen sicher auch immer noch gern Ihre Lieblingsspeise, aber beim hundertsten Mal schmeckt sie wahrscheinlich nicht mehr so aufregend wie am Anfang. Sie genießen noch immer ein gutes Fußballspiel oder ein Konzert, aber die Spannung dabei ist nicht mehr so groß wie damals, als Sie noch ein Kind oder Jugendlicher waren. Ein wesentlicher Grund liegt in Ihrer Einstellung. Zu mir kamen auch Männer in die Praxis, die vom einen zum anderen Ohr grinsten, weil sie mit ihrer neuen Freundin intensivere Orgasmen erlebten als je zuvor. Glauben Sie mir, der Ejakulationsreflex hat sich nicht geändert. Der Unterschied liegt allein in Ihrem Kopf und in Ihrem Herzen, dort, wo der Orgasmus in Wahrheit stattfindet.

Frage: Gibt es eine Möglichkeit, den Orgasmus zu verlängern?

Antwort: Das ist eine Sache, um die Männer die Frauen beneiden. Nennen Sie es Venusneid. Aus welchem Grund auch immer – die Natur hat den Menschen so angelegt, daß Frauen lange, wellenartige Orgasmen erleben können, während der Orgasmus der Männer kurz und heftig ist, etwa fünf bis sieben Sekunden. Wäre es nicht phantastisch, so träumen Männer, könnte man dieses ekstatische Gefühl eine ganze Minute lang erleben? Fünf Minuten? Eine Stunde? Nun, bislang ist es noch niemandem gelungen, eine Methode dafür zu entwickeln. Wir wissen, wie wir den Orgasmus *hinauszögern*, aber nicht, wie wir ihn verlängern können. (Ich habe gehört, daß es im indischen Tantra esoterische

Techniken gibt, um sexuelle Ekstase zu verlängern, aber dafür kann ich nicht garantieren.)

Allerdings wage ich zu behaupten, daß wir es eines Tages können. Die Sexualität wird von immer mehr Wissenschaftlern studiert, so daß bestimmt irgendwann eine Methode gefunden wird, durch die wir Männer einen längeren Orgasmus erleben.

Frage: Masturbieren superpotente Männer?
Antwort: Masturbation ist etwas ganz Normales. Es sollte weder Scham noch Peinlichkeit hervorrufen. Aber ich sehe es als eine Art letzten Strohhalm, an den ein superpotenter Mann sich klammert. Natürlich gibt es Zeiten, in denen ein Mann allein ist, ohne Partnerin. Unter diesen Umständen ist Masturbation sicher besser als überhaupt kein Sex. Aber auf Dauer ist sie kein Ersatz. Und durch seinen negativen Ruf kann zu häufiges Masturbieren bei Männern Selbstzweifel hervorrufen; sie fühlen sich minderwertig, wenn sie immer allein tun müssen, was sie lieber zu zweit täten.

Gemeinsames Masturbieren ist da etwas anderes. Paare, die ihre Hände und Finger so geschickt einzusetzen wissen wie Geigenvirtuosen, können das Schlafzimmer in einen Konzertsaal voll erotischer Musik verwandeln.

Frage: Beeinträchtigt Beschneidung die Penis-Power?
Antwort: Es gibt keinen wissenschaftlichen Vergleich über die sexuellen Empfindungen beschnittener und unbeschnittener Männer. Anhand meiner Erfahrung als Arzt sehe ich keinen Unterschied. Manche Leute meinen, der beschnittene Mann würde stärker empfinden, weil keine Vorhaut die Eichel bedeckt; andere meinen, er würde gerade deshalb weniger stark empfin-

den. Keine der Theorien ist richtig. Tatsache ist, daß die Vorhaut sich bei der Erektion zurückzieht – im erigierten Zustand ist der Penis also gleich.

Ist es sinnvoll, ein Neugeborenes zu beschneiden? Als Urologe stimme ich dafür. Unbeschnittene Männer haben ein höheres Risiko, an einem Peniskarzinom zu erkanken, was eine sehr seltene Krebsart ist, die bei beschnittenen Männern noch nie nachgewiesen wurde. Auch die Sauberkeit ist bei beschnittenen Männern größer. Zieht ein unbeschnittener Mann nicht regelmäßig seine Vorhaut zurück und reinigt den darunterliegenden Bereich, können die natürlichen Sekrete der Haut eine übelriechende, käsige Substanz bilden. Mangelnde Sauberkeit kann zu Hautreizungen, Schmerzen und sogar Infektionen führen. Außerdem beklagen sich die Frauen über den Geruch, der durch unregelmäßige Reinigung unter der Vorhaut entsteht. Im allgemeinen ist die Beschneidung also gesünder, und sie hat sehr wahrscheinlich keine Auswirkung auf die Penis-Power. Allerdings empfehle ich es meinen erwachsenen Patienten nicht, außer es besteht ein medizinisches Problem, das eine Beschneidung erforderlich macht, etwa eine chronische Hautreizung, Infektion, Wundsein oder eine zu enge Vorhaut, die zur Reinigung nicht zurückgezogen werden kann. Ein weiterer Grund wäre etwa der Wunsch der Partnerin.

Frage: Mein Arzt sagt, ich müsse mich wegen Prostatakrebs operieren lassen, aber ich habe Angst, daß ich dadurch impotent werde. Gibt es eine Alternative?

Antwort: Lassen Sie mich die Geschichte eines Patienten namens Morton erzählen. Er war ein Witwer in den Sechzigern und heiratete eine vierzigjährige Frau, die sowohl hübsch als auch schlau war: ein ehemaliges

Showgirl, das Rechtsanwältin geworden war. Morton erlebte die schönste Zeit seines Lebens. Es war, als hätte er den Jungbrunnen gefunden. Dann entdeckten wir einen bösartigen Tumor in seiner Prostata. Bei seinem Alter und der Art und Größe des Krebsgeschwürs wäre die operative Entfernung der Prostata die Behandlung mit den größten Heilungschancen gewesen. Ich empfahl Morton also eine Operation und sagte ihm auch, daß wir sehr wahrscheinlich seinen Krebs heilen, ihm aber keine hundertprozentige Erektionsfähigkeit mehr garantieren könnten.

Morton war so entsetzt bei dem Gedanken, sein Sexualleben aufzugeben, daß er auf einer alternativen Behandlung bestand. Statt der Prostatektomie entschied er sich für eine weniger effektive Methode, die den Erhalt seiner Penis-Power garantierte. Ich flehte ihn an, meinem Rat zu folgen. Doch er lehnte ab.

Fünf Jahre später erfuhr ich, daß Morton mit schwerem Krebs im Sterben lag. Von der Prostata aus hatten sich weitere Metastasen gebildet. Morton war ein intelligenter, erfolgreicher Mann mit dem Ruf, kluge Entscheidungen zu treffen. Aber er opferte buchstäblich sein Leben, weil er mit dem Penis anstatt mit dem Kopf gedacht hatte.

Wenn Sie vor einer solchen Entscheidung stehen, hören Sie auf Ihren Urologen. Er hat genug medizinische Ausbildung und Erfahrung, um alle Möglichkeiten zu erörtern. Lassen Sie sich Ihren Zustand und die Vor- und Nachteile *jedes* möglichen Eingriffs genau erklären. Holen Sie eine zweite Meinung, oder noch eine dritte oder vierte ein, aber setzen Sie wegen Sex nicht Ihr Leben aufs Spiel. Wenn die gesunden Nerven für die vollständige Entfernung des Tumors geopfert werden müssen, können Sie sich immer noch ein

Implantat einsetzen lassen oder es mit Injektionen versuchen. Als Chirurg ist es meine oberste Pflicht, Ihren Krebs zu heilen. Ich werde das Bestmögliche tun, um Ihre Penis-Power zu erhalten, aber nicht mit dem Risiko, daß es Ihr Leben verkürzt.

Frage: Wie kann ich meinem Sohn helfen, zu einem superpotenten Mann heranzuwachsen?

Antwort: Sie selbst sind das beste Vorbild für Ihren Sohn. Die kleinste Botschaft von Ihnen – ein Nicken, ein Knurren, ein Schulterzucken, eine beiläufige Bemerkung – prägt sich tiefer in sein Gedächtnis ein als alles, was er im Sexualkundeunterricht oder auf dem Schulhof hört. Gehen Sie also mit einer superpotenten Einstellung als gutes Beispiel voran. Ein Vater, der seine Genitalien ständig versteckt, nie das Wort »Penis« benutzt oder den Fragen seines Sohnes darüber ausweicht, wird sehr wahrscheinlich einen unsicheren und von Zweifeln geplagten Mann heranziehen. Wenn Sie aber stolz auf Ihren Penis sind, wird Ihr Sohn Ihrem guten Beispiel folgen, ohne daß Sie viel dazu tun müssen.

Sie können Ihre Vorbildfunktion dadurch verstärken, daß Sie offen und ehrlich über alle Dinge reden, die den Penis betreffen, ohne aber viel Aufhebens darum zu machen. Behandeln Sie den Penis wie eine Tatsache des Lebens und nicht wie etwas Schmutziges, das versteckt werden muß, oder etwas so Mysteriöses, daß man in der Öffentlichkeit nicht darüber reden darf. Vergewissern Sie sich, daß Sie seine Hauptinformationsquelle sind. Jungen sind sehr neugierig, was ihre Penes betrifft. Wenn sie diese Neugier unterdrücken, weil die Eltern das Thema vermeiden, werden sie unwissend heranreifen oder falsche Informationen von Gleichaltrigen erhalten. Machen Sie keine Witze oder verstecken sich hinter Verniedlichungen. Seien Sie geradeheraus und unverkrampft.

Lassen Sie mich ein Beispiel geben: Als mein Sohn neun wurde, fragte er mich: »Wann wird mein Penis so groß sein wie deiner?« Ich antwortete: »Leg deine Hand in meine. Wenn deine Finger so lang sind wie meine, was sie irgendwann bestimmt sein werden, dann wird auch dein Penis so lang sein wie meiner.« Natürlich wußte ich, daß der Penis für ihn etwas Besonderes war (er wäre nie auf die Idee gekommen zu fragen, wann seine Hände so groß wären wie meine), aber ich behandelte ihn wie etwas ganz Normales, wie die Finger oder Zehen. Allein die Tatsache, daß mein Sohn so etwas fragte, zeigt natürlich, daß er in einer offenen Atmosphäre aufwuchs und seinen Vater auch mal nackt sah.

Wenn Ihr Sohn heranwächst, achten Sie darauf, daß er seinen Penis auf dem Niveau begreift, das seinem Alter entspricht. Lassen Sie ihn wissen, daß Sie immer für ihn da sind, wenn er einmal Fragen hat. In der Pubertät fragen sich *alle* Jungen, ob dieses Organ normal ist. Lassen Sie ihn wissen, daß sein Penis eine Kostbarkeit ist, ein wundersames, freudenspendendes Anhängsel, das er achten sollte. Finden Sie vor allem einen Weg, das Vertrauen in seinen Penis zu stärken. Dazu gebe ich Ihnen noch ein persönliches Beispiel: Als Teenager war ich sehr gehemmt, weil ich kleiner war als viele Mädchen meiner Schule. Einmal kam ich von einer Party nach Hause und fühlte mich schrecklich. »Ich bin beliebt, ich tanze gut, aber die Hälfte der Mädchen ist größer als ich, und es ist mir peinlich, mit ihnen zu tanzen., beklagte ich mich bei meinem Vater. Er lächelte mich an, um mir zu zeigen, daß ich ein guter Junge sei. Dann sagte er: »Weißt du, mein Sohn, alle Mädchen sind gleich groß, wenn sie liegen.«

Es war einfach eine Mann-zu-Mann-Bemerkung, aber sie machte auf mich großen Eindruck. Auf subtile Weise vermittelte sie mir genug Selbstvertrauen, um jedes Mädchen anzusprechen. (Später stellte ich übrigens fest, daß mein Vater anatomisch gesehen recht hatte: Es gibt relativ wenig Größenunterschiede, wenn man Menschen vom Schambein bis zum Hals vermißt. Das meiste machen die Beine aus. Wenn Sie also in der Horizontalen sind, wird die Größe irrelevant.)

Aber Vorsicht: Sexuelle Offenheit bedeutet nicht, daß Sie Ihrem Sohn hinterherspionieren. Teenager brauchen ihre Intimsphäre. Wenn Sie zu eifrig und mitteilsam sind, könnten Sie Ihren Sohn einschüchtern. Aber Sie wollen ihn ja nicht unter Druck setzen. Manche Väter denken, daß sie eine positive sexuelle Einstellung vermitteln, wenn sie mit Ihrem Sohn Sexhefte oder -filme ansehen oder von ihren Eroberungen schwärmen. Machen Sie Ihre guten Absichten nicht dadurch zunichte, daß Sie Maßstäbe errichten, die Ihrem Sohn Furcht einflößen und ihn unsicher machen. Er sollte die Botschaft erhalten, daß er und sein Penis in Ordnung sind.

Lassen Sie ihn dies auf jede mögliche Art spüren. Superpotenz ist eine Sache der Einstellung dem Penis gegenüber, und die wiederum spiegelt direkt die Selbsteinschätzung wider. Tun Sie alles in Ihrer Macht Stehende, um das Selbstwertgefühl Ihres Sohnes zu heben. Lassen Sie ihn wissen, daß Sie ihn bedingungslos lieben und anerkennen, so wie er ist, ohne Rücksicht auf seine Leistungen in der Schule, beim Sport oder bei den Mädchen. Bringen Sie ihm bei, daß er sich an seinen eigenen Maßstäben mißt und nicht an denen anderer.

Frage: Können sexuell übertragbare Krankheiten die Penis-Power verringern?

Antwort: Lassen wir zunächst einmal beiseite, was Ihr Hauptanliegen sein sollte – nämlich Aids –, und sprechen über Geschlechtskrankheiten, die nicht mehr so im Rampenlicht stehen, die es aber immer noch gibt. In Los Angeles County gab es zum Beispiel in einem der letzten Jahre einen Anstieg von 57 Prozent bei primärer und sekundärer Syphilis, einen Anstieg von 55 Prozent bei penicillinresistenter Gonorrhöe und einen Anstieg von 149 Prozent bei weichem Schanker. In den gesamten Vereinigten Staaten ist immer noch eine hohe Rate an Herpes genitalis und Chlamydien zu verzeichnen. Die gute Nachricht ist allerdings, daß all diese Krankheiten bei frühzeitiger Diagnose geheilt werden können, und sobald die Symptome verschwunden sind, gibt es keine nachhaltigen Auswirkungen mehr auf die Penis-Power. Hier eine Übersicht über die verschiedenen Geschlechtskrankheiten:

Syphilis beginnt normalerweise mit einem wunden Penis. Wenn sie früh erkannt und mit Antibiotika behandelt wird, verschwinden diese wunden Stellen im Normalfall bald. Wird die Diagnose jedoch nicht rechtzeitig gestellt, dauert die Infektion ohne weitere Symptome an und kann sich zu *sekundärer* Syphilis weiterentwickeln, bei der sich schmerzhafte und hochansteckende offene Wunden zeigen. Eine unbehandelte Syphilis infiziert schließlich das Nervensystem und verursacht Lähmung, Geisteskrankheit, Blindheit oder Tod. Heutzutage geschieht so etwas sehr selten.

Viel häufiger sehe ich **Gonorrhöe** oder »Tripper« in meiner Praxis. Der Patient klagt normalerweise über einen gelblichen Ausfluß aus dem Penis. Wenn diese Krankheit nicht sofort behandelt wird, kann die Infektion andere Teile des Genitalbereichs in Mitleidenschaft ziehen, wie etwa Harnröhre und Prostata, was zu problematischen Vernarbungen und Verengungen führen kann. Gonorrhöe wird für gewöhnlich mit oralen oder injizierbaren Antibiotika geheilt. Noch häufiger ist **Herpes genitalis**. Etwa 20 Millionen Menschen allein in Amerika sind mit diesem Virus infiziert. Es kann sich über eine lange Zeit hinweg im Körper befinden und dann plötzlich als Infektion mit blasenähnlichen Wunden am Penis ausbrechen, besonders bei Streß, Erschöpfung oder Krankheit. Symptome können außerdem Fieber, Kopfschmerzen, Brennen beim Wasserlassen und Ausfluß sein. Solange die Bläschen da sind, ist die Infektion äußerst ansteckend. Für einen gesunden Mann (d. h. mit normaler Immunabwehr) sind diese Bläschen zwar unangenehm, aber relativ harmlos. Sie können mit Salben oder Tabletten behandelt werden und verschwinden normalerweise innerhalb von fünf bis sieben Tagen. Herpes ist *nicht* die Geißel der Neunziger. Sie bedeutet eine kleine Einschränkung für einen sexuell aktiven Mann, nicht viel schlimmer als Lippenherpes, und keinen Grund zur Panik. Obwohl Herpes nicht heilbar oder zu verhindern ist, stellt es sich fast immer als vorübergehendes, wenn auch lästiges Ärgernis dar.

Chlamydien sind eine der häufigsten Geschlechtskrankheiten des Landes; einige Gynäkologen sagen, es sei der Hauptgrund für Unfruchtbarkeit bei Frauen. Diese Organismen sind für 40 Prozent aller wiederkehrenden vaginalen Infektionen verantwortlich, die auf herkömmliche Behandlung nicht ansprechen, und sie können unspezifische Harnröhrenentzündung hervorrufen. Oft gibt es keine Symptome, während die Infektion dennoch übertragen werden kann. Symptome können ein wässriger Ausfluß, geschwollene Hoden sowie Jucken und Brennen beim Wasserlassen sein. Werden sie diagnostiziert, kann man Chlamydien wirkungsvoll mit Antibiotika behandeln.

Ich behandle einige Männer, die das menschliche **Papillom-Virus** haben, das blumenkohlähnliche kleine Warzen an den Genitalien verursacht. Die Warzen sind nicht nur unansehnlich (und beeinträchtigen somit die Penis-Power), das Virus ist auch sehr leicht übertragbar. Die Warzen werden durch Oberflächenbehandlung entfernt; manchmal ist Elektrokaustik, Einfrieren durch flüssigen Stickstoff oder Laserbehandlung nötig.

Was die Penis-Power betrifft, so ist sie durch Geschlechtskrankheiten definitiv eingeschränkt. Sie haben nicht nur Schmerzen und Unannehmlichkeiten, sondern vermeiden als verantwortungsbewußter Mann auch die Ansteckung Ihrer Partnerin. Möglicherweise verlieren Sie auch vorübergehend Ihre Libido und spüren eine Erektionsschwäche. Nach richtiger Behandlung jedoch gehen diese Probleme schnell vorbei; alle sexuell übertragbaren Krankheiten, mit Ausnahme von Aids, können vollständig geheilt werden oder treten nur vorübergehend in Erscheinung.

Mit **Aids** ist das natürlich etwas ganz anderes. Das HI-Virus, das Aids verursacht, befindet sich in den Körperflüssigkeiten und greift die Zellen des Immunsystems an, so daß der Körper keine Abwehr gegen Bakterien und Parasiten mehr hat und letztendlich stirbt. Bislang gibt es noch kein Heilmittel für Aids.

Während die Hauptrisikogruppen noch immer Homosexuelle und Drogenabhängige sind, steigt auch die Infektionsrate unter Heterosexuellen ständig an. Obwohl Heterosexuelle rein statistisch ein höheres Risiko haben, bei einem Autounfall durch Trunkenheit am Steuer oder Nicht-Anschnallen verletzt zu werden, als sich durch Aids anzustecken, dürfen Sie dennoch die Gefahr nicht unterschätzen. Wie der Basketball-Spieler Magic Johnson es in seiner dramatischen Ansprache 1991 formulierte, ist dies nicht die Zeit für ungeschützten Sex mit Fremden. Superpotente Männer ohne feste Beziehung müssen sich auf diese neue Realität einstellen. Wenn Sie Sex mit jemanden haben, schlafen Sie in gewissem Sinne auch mit all ihren (oder seinen) vorigen Partnern der letzten zehn Jahre.

Das Zentrum für Seuchenbekämpfung in Atlanta empfiehlt allen Heterosexuellen, sexuelle Kontakte nur mit Partnern einzugehen, deren Risiko einer Aids-Erkrankung sehr gering ist. Leider wird es immer schwieriger, Menschen mit geringem von solchen mit hohem Risiko zu unterscheiden, da sich die Aids-Epidemie mit rasanter Geschwindigkeit ausbreitet. Die Zahl der HIV-positiven Heterosexuellen, die zu Beginn noch sehr gering war, ist mittlerweile fast genauso hoch wie die Zahl der HIV-positiven Homosexuellen. Die höchste Infektionsrate findet man heute bei heterosexuellen Teenagern (mit häufig wechselnden Geschlechtspartnern), die niedrigste hingegen bei homosexuellen Weißen.

Die Ansteckungsrate steigt auch bei schwulen Farbigen, in Gefängnissen, bei Personen, die verunreinigte Nadeln benutzen, sowie in allen heterosexuellen Minoritäten, insbesondere unter Schwarzen und Spaniern, drastisch an. Es wird immer schwieriger zu bestimmen, wann ein Aids-Risiko vorliegt. So kann zum Beispiel eine Frau, die selbst keine Drogen spritzt, durch einen Sexualpartner infiziert worden sein. Dann kann sie das Virus auf ihre nachfolgenden Partner übertragen und so weiter ... Es eskaliert sozusagen im Schneeballsystem.

Wenn Sie sich einen Sexualpartner wählen, denken Sie daran, daß Sie unter Umständen die Konsequenzen ihres oder seines vorigen Sexuallebens tragen müssen. In Kulturen oder Subkulturen, die zu zahlreichen Sexualpartnern ermutigen (etwa bei jungen Männern in Badehäusern oder Teenagern, die ihre Sexualität entdecken), wird die Verbreitung des HI-Virus natürlich begünstigt. Die Verbindung von Anal- und Oralverkehr gilt als die klassische Infektionsquelle (abgesehen von infizierten Nadeln und Bluttransfusionen), aber schon Fellatio allein kann HIV übertragen. Das tödliche Virus kann durch jede noch so kleine Verletzung der Haut oder Schleimhaut seinen Weg in Ihren Blutkreislauf finden.

Information ist im Kampf gegen Aids die beste Waffe. Da es keine Heilung gibt, ist extreme Vorsicht sowohl bei der Wahl der Sexpartnerin als auch der Art und Weise des Verkehrs geboten. Wenn Sie irgendwelche Zweifel hegen, sagen Sie lieber nein. Es reicht nicht aus, daß Ihre Partnerin Ihnen einen negativen Aids-Test zeigt; das Virus kann übertragen werden, noch bevor es durch Tests nachgewiesen wird. Außerdem sollten Sie sich an den allgemeinen Rat zur Kondombenutzung und Vermeidung von Analverkehr halten. Ich weiß, daß Kondome Sie beim Liebesakt beeinträchtigen (manche Patienten vergleichen es mit Duschen in Socken); ohne sie fühlt es sich einfach viel besser an. Aber hier steht Ihr Leben auf dem Spiel. Sie können Sex auch mit Latex genießen. Wenn Sie sich an die neuen Grundregeln halten, können Sie Ihre Penis-Power immer noch nach Herzenslust ausleben.

Frage: Was kann ich tun, um medizinischen Problemen meiner Seuxualorgane vorzubeugen?

Antwort: Leider werden die Genitalien und Sexualorgane von normalen Ärzten sehr vernachlässigt. Die meisten medizinischen Untersuchungen beinhalten nicht einmal eine flüchtige Untersuchung dieses Bereichs. Meistens stellen Ärzte auch keinerlei Fragen über das Sexualleben des Patienten, was ihnen Aufschluß über mögliche körperliche Störungen vermitteln könnte.

Das bei weitem größte urologische Problem ist die Vergrößerung der Prostata. Aus diesem Grund sollte jeder Mann über vierzig bei seiner Routineuntersuchung auf einer digitalen Prostata-Untersuchung bestehen. Ich weiß, daß dies unangenehm und peinlich sein kann, aber das ist ein kleiner Preis für die Erkennung früher Warnzeichen. Außerdem sollten Sie einen Urologen aufsuchen, wenn Sie eines oder mehrere der folgenden Symptome entdecken:

- schwacher oder unterbrochener Harnfluß;
- Schwierigkeiten, den Harnfluß zu starten;
- häufiges Urinieren, vor allem in der Nacht;
- Blut im Urin;
- ein Tröpfeln, nachdem Sie die Blase vollständig geleert haben;
- Schmerzen oder Brennen beim Wasserlassen (Dysurie);
- ständige Schmerzen im unteren Rücken, Becken oder Unterbauch.

Denken Sie daran, daß es heutzutage viele fortschrittliche, nichtinvasive Testmethoden gibt, um Prostataerkrankungen festzustellen. Die transrektale Ultraschalluntersuchung beispielsweise ist höchstens so unangenehm wie rektales Fiebermessen. Durch Schallwellen, wie beim Sonargerät eines U-Boots, können Gewicht und Volumen der Prostata und ihre innere Struktur festgestellt werden. Die Ultraschallfotos werden dem Patientenbericht beigelegt und dienen bei nachfolgenden Untersuchungen als Vergleich. Wir werden rechtzeitig auf abnormale Veränderungen hingewiesen, die Anzeichen einer Krankheit – einschließlich Krebs – sein könnten. Es gibt noch eine weitere, fast wichtigere neue Methode der Frühdiagnose von Prostatakrebs. Sie heißt prostataspezifischer Antigenbluttest, kurz PSA, und ist für den Mann das, was für die Frau der Abstrich und die Mammographie bedeuten: eine schmerzlose Routinemethode zur Früherkennung und wirksamen Behandlung von Krebs. Bei Prostatakrebs produziert der Körper ein spezifisches Antigen, und der Test stellt fest, ob dieses Antigen in abnormalen Mengen vorhanden ist. Falls ja, wird der Tumor durch Ultraschall lokalisiert und eine genaue Biopsie dieses Bereichs durchgeführt. Das dauert etwa eine Minute, die Haut wird dabei nicht verletzt. Ich empfehle jedem Mann über fünfzig den PSA ganz dringend als einen Teil der jährlichen Routineuntersuchung, wobei es auch kein Fehler ist, damit schon ab vierzig zu beginnen.

Neue Technologien verschaffen uns auch die Möglichkeit, Tumore in der Harnblase oder den Hoden sowie Verstopfungen der Harnröhre zu erkennen. Ich möchte darauf hinweisen, daß die Behandlung von Hodenkrebs sehr verbessert wurde. Noch vor zehn

Jahren waren 90 Prozent der Patienten mit einer Form des Hodenkrebses zum Tod binnen fünf Jahren verdammt; heute stehen die Heilungschancen bei über 95 Prozent.

Anders als Prostatakrebs tritt Hodenkrebs hauptsächlich bei Männern unter vierzig auf. Egal wie alt Sie sind, ich empfehle Ihnen, Ihre Hoden selbst von Zeit zu Zeit abzutasten und auf verdächtige Knoten zu achten. Die beste Zeit dafür ist während eines warmen Bades oder beim Duschen, wenn der Hodensack entspannt ist. Ihre Hoden sollten sich wie hartgekochte Eier ohne Schale anfühlen: glatt und ohne Knoten. Über jeden Knoten, auch einen, der nicht schmerzt, sollten Sie sofort Ihren Arzt informieren. Manchmal spürt ihn auch die Partnerin zuerst. (Wenn Sie übrigens bemerken, daß einer Ihrer Hoden tiefer hängt als der andere, geraten Sie bitte nicht in Panik. Das ist *immer* so. Auf diese Weise sorgt die Natur dafür, daß diese zwei kostbaren Lebensspender nicht zusammenstoßen.)

Um Prostataproblemen vorzubeugen, kann ich Ihnen – abgesehen von regelmäßigen Arztbesuchen – vor allem häufigen Sex empfehlen. Wie alle Organe profitiert auch die Prostata vom Training, und das beste Training ist die Ejakulation. Wenn Sie ejakulieren, zieht sich Ihre Perinealmuskulatur heftig zusammen, was in gewisser Weise eine Massage für Ihre Prostata darstellt. Dadurch bleiben die Kanäle offen und werden mit Flüssigkeit durchgespült.

Wenn Sie einmal einen *plötzlichen* Verlust Ihrer Penis-Power erleben sollten, gehen Sie bitte auch sofort zum Arzt. Versuchen Sie, einen Urologen zu finden, der die Sexualorgane nicht nur als biologische Dienstleistungsmaschinen betrachtet, sondern der sie in ihrem psychologischen und seelischen Kontext als Quelle Ihres Vergnügens und Wohlbefindens sieht. Achten Sie darauf, daß Sie Ihrem Arzt ohne Unbehagen die intimen Details Ihres Lebens offenbaren können.

Sollen Sie zu einem Sextherapeuten oder Psychiater gehen? Meiner Meinung nach sollten Sie zunächst alle möglichen *körperlichen* Ursachen für Ihre Potenzschwäche ausschließen. Wenn Sie dann Hilfe brauchen, sollte Ihr Urologe Ihnen eine passende Anlaufstelle nennen können.

12

EINIGE WORTE AN DIE WEISEN: FRAUEN

Der Weg zum Herzen eines Mannes mag durch seinen Magen führen, aber der Weg zu seiner *Seele* führt über den Penis.

Dies ist die Botschaft, die ich allen Frauen vermitteln möchte. Wenn es nach mir ginge, wäre jede Frau eine Penis-Expertin, ein wandelndes Lexikon zu Penisfragen, eine Zauberin zum Steigern der Penis-Power. Mein Rat: Helfen Sie ihrem Mann, superpotent zu werden. Bringen Sie möglichst alles über den Penis in Erfahrung – wie er funktioniert, warum, wann und wo. Finden Sie heraus, was sein Penis braucht, was er mag, was ihn erregt, was ihn in Fahrt bringt.

Ich sage dies ohne Zögern, auch wenn ich weiß, daß manche Frauen es für überholt oder sexistisch erachten. Ich versichere Ihnen, daß meine Botschaft nichts von all dem ist. Ich bin für Gleichberechtigung – im Haus, bei der Arbeit und im Schlafzimmer. Ich bin dafür, daß Frauen sich auf jede mögliche Art selbst verwirklichen. Ich erwarte ja nicht, daß Sie zur Sexsklavin, zum Flittchen oder zur Hure werden. Ich bin nicht dafür, daß Sie sich unterordnen oder ausnutzen lassen. Ich rate nur, daß Sie sich die Befriedigung Ihres Mannes zum Ziel setzen – *aus ganz egoistischen Gründen, für Sie selbst.* Machen Sie ihn glücklich, und er wird Sie glücklich machen. Geben Sie ihm etwas, und Sie haben die größten Chancen, von ihm das zu bekommen, was Sie wollen. Quid pro quo. Es ist eine simple Tatsache des Lebens, ein Grundprinzip menschlicher Interaktion: Wir machen uns bei anderen beliebt, damit die anderen uns Gutes tun. Und diese goldene Regel gilt am stärksten beim Penis. Tun Sie ihm Gutes, und er wird Ihnen Gutes tun.

Das funktioniert natürlich wechselseitig; ich rate auch Männern zu lernen, wie sie ihre Frauen befriedigen. Aber Frauen begreifen dieses Prinzip besser; ich glaube, sie verstehen es instinktiv. Hunderte von Frauen haben mich beiseite genommen, ob nun in meiner Praxis oder auf einer Party, und mich gefragt, was sie tun könnten, um die Penis-Power ihres Partners zu steigern. Sie sagen es vielleicht nicht mit diesen Worten; vielleicht reden sie um den heißen Brei herum und versuchen es mit Anspielungen, aber die Botschaft ist eindeutig – und zwar nicht, weil sie vor selbstloser Großzügigkeit strotzen, sondern weil sie an ihre eigene Befriedigung denken. Ich habe noch nie eine Frau getroffen, die nicht lieber einen superpotenten Mann wollte.

Am Anfang ist das Wort

Wenn ein Patient sich bei mir über einen anderen Arzt beschwert, heißt es meistens: »Er hat nicht mit mir gesprochen.« Und ich bin sicher, daß Eheberater und Sexualtherapeuten dieselbe Beschwerde hören. Man kann die Wichtigkeit von Kommunikation gar nicht oft genug betonen. Wenn der Mann Ihres Lebens Ihnen nicht erzählt, was er sexuell mag, haben Sie drei Möglichkeiten: Sie vergessen es, Sie probieren es aus, oder Sie fragen nach. Die erste Möglichkeit empfehle ich Ihnen nicht. Zu lernen, was ihn antörnt, und dies zu tun, ist der beste Weg, seine Penis-Power zu verbessern. Sie können herumexperimentieren, verschiedene Dinge ausprobieren und sehen, was am besten wirkt; wenn Ihr Mann aber ein verschlossener Typ ist, sind die Antworten vielleicht nicht so offensichtlich. Probieren Sie also nach Herzenslust aus und bereichern Sie Ihren Schatz an Erfahrungen, aber ich rate außerdem, daß Sie über seine Bedürfnisse, Wünsche und Phantasien mit ihm sprechen. Vermitteln Sie ihm, daß es Ihnen wichtig ist. Lassen Sie ihn wissen, daß Sie ihn glücklich machen wollen.

Manche Männer fühlen sich beim offenen Gespräch über Sex unwohl. Wenn das in Ihrem Fall so ist, seien Sie geduldig. Holen Sie sich soviel Information, wie Sie bekommen können, und warten Sie dann auf die nächste Gelegenheit. Sie können auch ein Buch oder einen Zeitschriftenartikel als Ausgangspunkt wählen. »Ich habe gelesen, daß manche Männer dieses und jenes mögen.« Und natürlich lernen Sie viel während des Liebesakts. Fragen Sie ruhig »Magst du dies?« oder »Willst du, daß ich jenes tue?« oder »War das gut?«. Er muß zur Antwort ja nur knurren, und Sie haben eine wichtige Information erhalten.

Natürlich geht Kommunikation in zwei Richtungen. Sie wollen, daß er auch *Ihre* Wünsche und Vorlieben kennt, weil diese Information seine Penis-Power erhöht. Sie können aber nicht erwarten, daß er Ihre Gedanken liest, also müssen auch Sie offen über alles sprechen. Gehen Sie unter Umständen mit dem nötigen diplomatischen Geschick an die Sache heran.

Männer haben ein sehr empfindliches Ego, vor allem, wenn es um ihren Penis geht. Wenn Sie wollen, daß Ihr Mann seine Liebesfähigkeit steigert, müssen Sie so viel positive Verstärkung wie möglich geben. Versuchen Sie, jede Äußerung zu vermeiden, die als Ablehnung gedeutet werden könnte, besonders während Sie sich lieben. Wenn Sie sein Verhalten korrigieren wollen, tun

Sie das mit Fingerspitzengefühl, wie bei einem Kind. Wenn er sich unsicher fühlt, wird es seine Penis-Power verringern, obwohl Sie sie ja steigern wollten. Seien Sie ehrlich und geradeheraus, aber konzentrieren Sie sich auf das, was er tun *soll*, und nicht das, was er falsch macht. Wenn Ihnen seine Technik nicht gefällt, sagen Sie ihm das nicht so, sondern lieber, was er statt dessen tun soll. Anstatt also zu sagen »Ich mag es nicht, wenn du meine Brüste auf diese Weise anfaßt«, sagen Sie lieber »Ich glaube, es wäre sehr schön, wenn du mich so oder anders berührst.«

Selbst delikate Angelegenheiten wie frühzeitige Ejakulation können auf diese Weise behandelt werden. Anstatt zu sagen »Ich glaube, du hast ein Problem!« oder »Kannst du dich nicht besser unter Kontrolle halten?«, könnten Sie es so formulieren: »Liebe machen ist so schön mit dir. Wäre es nicht toll, wenn wir das noch länger könnten? Laß uns doch zusammen daran arbeiten.« Der Unterschied ist offensichtlich. Auch wenn Sie meinen, Sie sagen etwas Lustiges, oder wenn Sie ganz unbedarft auf ein Problem hinweisen, könnte sein Ego darunter leiden. Und Sie wissen ja, wozu das führt.

Versuchen Sie ebenfalls nicht, zuviel von ihm zu verlangen. Nichts schüchtert einen Mann mehr ein als eine Frau, die unrealistische Erwartungen an seinen Penis hat oder Ultimaten stellt. Wenn Sie sagen oder auch nur andeuten »Streng dich an, sonst passiert etwas!«, so könnte das auf ein superpotenten Mann eine positive Wirkung haben. Im Normalfall aber wird ein Mann, der so etwas hört, sich aus dem Staub machen oder so nervös werden, daß sein Penis versagt.

Wenn Ihr Mann etwas tut, was Ihnen gefällt, oder wenn er sich bemüht, auf Ihre Wünsche einzugehen, geben Sie ihm sofort positives Feedback. Lassen Sie ihn wissen, daß es Ihnen gefällt. Auch wenn Sie übertreiben müssen, bringen Sie die Botschaft an den Mann. Das kleinste Zeichen der Lust, die er Ihnen gibt, wird ihn um dreißig Zentimeter wachsen lassen. Es stärkt sein Selbstvertrauen, das wiederum seine Penis-Power steigert. Vielleicht denken Sie, daß Sie einen erwachsenen Mann dadurch wie ein Kind behandeln. Nun, in gewissem Sinne ist das auch so. Ein Mann mit einer Erektion ist viel mehr Kind als Erwachsener. Aber wenn es einen superpotenten Mann aus ihm macht, was kann da schon an ein bißchen Kinderpsychologie falsch sein?

Allgemeine Beschwerden

Abgesehen von den ganz offensichtlichen Problemen, »Er verliert im ungünstigsten Moment seine Erektion« und »Er kommt zu früh«, die beide ausführlich in diesem Buch behandelt werden, höre ich von Frauen wiederholt noch einige andere Beschwerden. Hier sind die wichtigsten:

1. »Er will Sex, wenn ich nicht in der Stimmung bin.« Typischerweise wollen Männer häufiger Sex als Frauen, und viele erwarten, daß ihre Frau auf Kommando bereit ist. Bis zu einem gewissen Grad stimme ich dem auch zu. Wenn eine Beziehung in allen anderen Bereichen funktioniert, wird eine kluge Frau alles tun – außer ihre Gesundheit riskieren –, um ihrem Mann die Umsetzung seiner Penis-Power zu ermöglichen. Natürlich gibt es auch Momente, wo sie nein sagen kann, und nur ein Neandertaler würde das nicht verstehen. Gleichermaßen ist es manchmal angebracht, ja zu sagen, auch wenn Ihnen nicht danach ist. In einer

guten Beziehung sind Kompromisse essentiell, und das gilt für den Sex genauso wie für andere Bereiche. Wenn er in Dingen nachgibt, die Ihnen wichtig sind, warum sollten Sie es dann als Sexismus oder Ausnutzung empfinden, wenn Sie hin und wieder in sexuellen Dingen nachgeben?

Jedes Paar muß seine eigenen Grundregeln ausarbeiten. Im allgemeinen aber habe ich den Eindruck, daß eine Frau, die einen glücklichen, gesunden Mann will, immer für ihn da zu sein versucht, wenn er sie begehrt. Der Nutznießer Ihrer Großzügigkeit werden am Ende Sie selbst sein.

2. »Manchmal lehnt er mich ab, wenn ich Lust habe.« Meine Erfahrung zeigt, daß die meisten Männer sexuell aggressive Frauen begehrenswert finden. Sie lieben es, wenn eine Frau die Initiative ergreift. Sie lieben es, verführt zu werden. Andererseits fühlen Männer sich durch *übermäßig* aggressive Frauen bedroht. Sie müssen also die goldene Mitte finden: Lassen Sie ihn wissen, daß Sie ihn wollen, aber stürzen Sie sich nicht derart auf ihn, daß er eingeschüchtert wird.

Natürlich gibt es auch Männer, die es hassen, wenn die Frau die Initiative ergreift. Die konservativen unter ihnen sind der Meinung, daß es Sache des Mannes ist, den Stein ins Rollen zu bringen. Andere interpretieren es als Forderung. Versuchen Sie es mit allen Tricks, und wenn er immer noch ein widerspenstiger Liebhaber ist, liegen die Probleme vielleicht tiefer in ihrer Beziehung verborgen.

Seine Zurückhaltung könnte aber auch einen anderen Grund haben als Ihre Initiative oder die Beziehung. Vielleicht arbeitet er zuviel. Diese Klage höre ich oft von Managerehefrauen. Ich finde, kein Mann sollte so viel arbeiten, daß er nicht mehr mit seiner Frau schlafen kann. Mein Vorschlag ist: Treffen Sie eine Verabredung. Sagen Sie ihm, daß Sie eine bestimmte Zeit mit ihm verbringen wollen, die nur der Liebe gewidmet sein soll. Mieten Sie sich ein Hotelzimmer in der Nähe seines Büros, wenn es sein muß. Was für eine wunderbare Methode, um die Romantik neu zu beleben!

3. »Er ist so sachlich, wenn wir uns lieben!«
Es heißt allgemein, daß ein Mann mit hartem Penis einen gewissen Punkt der Erregung erreicht, an dem er nicht nur seinen Verstand, sondern auch seinen Sinn für Humor, seine Stimme und jegliche Manieren verliert. Der Mann wird zum Tier. Alles, was in diesem Moment zählt, ist das Ejakulieren in ein warmes Loch. Vorbei ist das Spiel, die Leidenschaft, die süßen Worte, der Anstand und der Charme. Wenn Sie also nach der Eleganz eines Gary Grant oder der Anmut eines Fred Astaire suchen, müssen Sie Ihre Erwartungen vielleicht neu überdenken. Wenn Sie einen spielerischen Mann suchen, der lacht und Späße macht, während Sie sich lieben, anstatt alles so ernst zu nehmen, haben Sie ganz gute Chancen. Viele Männer werden übermäßig ernst, weil sie sich über ihre Leistung Gedanken machen. Sie haben Angst, daß Sie durch Gelassenheit ihre Lust oder ihre Erektion verlieren. Möglicherweise können Sie ihm den richtigen Weg weisen, indem Sie die Initiative ergreifen, aber ihm so wenig Druck wie möglich vermitteln. Wenn es darum geht, daß er liebe Worte in Ihr Ohr flüstern soll, so tun Sie es zuerst, und wenn er nicht gleich darauf eingeht, reden Sie mit ihm – *nach* dem Liebesakt. Es ist schwer, Leidenschaft zu lehren, aber ein befrie-

digter Mann arbeitet vermutlich bereitwilliger an seinen Manieren als ein unbefriedigter.

Im großen und ganzen müssen es die Frauen wohl akzeptieren, daß Männer sachlich werden, wenn sie erregt sind. Sex ist das Höchstmaß an zielorientiertem Verhalten. Sie müssen selbst beurteilen, welche Eigenschaften Ihres Mannes Sie vielleicht ändern können und welche Sie akzeptieren müssen.

4. »Manchmal tut er mir weh.«
Sex sollte beiden Partnern Vergnügen bereiten, keine Schmerzen. In dieser Hinsicht höre ich immer wieder zwei Arten von Beschwerden:
Die erste hat mit unbeholfenem oder grobem Verhalten während des Vorspiels zu tun: Er beißt in ihre Brustwarzen, als wären es Gummibärchen, er stößt seine Finger wie einen Rammbock in ihre Vagina, er reibt ihre Klitoris, als wolle er den Wagen polieren. Vermutlich verliert er mit der Lust den Kopf und wird unsensibel gegenüber den Gefühlen seiner Partnerin. Vielleicht hat er sich zu Beginn seiner sexuellen Karriere ein paar grobe und ungeschickte Dinge angewöhnt, und niemand hat ihn je darauf hingewiesen. Oder vielleicht weiß er es einfach nicht besser. Möglicherweise denkt er, daß Ihnen *gefällt*, was er tut. Vielleicht kannte er Frauen, bei denen es so war. Sie müssen ihm einfach sagen, daß er Ihnen weh tut. Aber vermeiden Sie es möglichst, zu jammern oder zu schimpfen. Sagen Sie es ihm, so liebevoll es geht, damit er es nicht als Kritik oder ein Zeichen seines Versagens auffaßt.

Die andere Art von Schmerz tritt während des Geschlechtsverkehrs auf: zuviel innere Reibung (was durch ein Gleitmittel verhindert werden kann); zu hartes Stoßen gegen das Schambein; ein unangenehmes Verdrehen ihres Körpers; Verlagerung seines Körpergewichts auf eine empfindliche Stelle. In solchen Fällen müssen Sie ihm helfen, seine Gewohnheiten zu ändern. Eine Art von Schmerz hat allerdings biologische Ursachen: Sein Penis ist zu groß. Wie ich bereits erwähnte, habe ich viel mehr Anfragen, den Penis eines Ehemannes zu verkleinern, als ihn zu vergrößern. Leider gibt es für dieses Problem keine medizinische Lösung. In diesem Fall müssen Sie den Winkel und die Tiefe des Eindringens so oft variieren, bis Sie die optimale Stellung für beide finden. Denken Sie daran: Es gibt kein Gesetz darüber, daß ein Penis mit seiner vollen Länge in die Vagina eindringen muß.

5. »Er verlangt Dinge von mir, die mich anekeln.«
Falls es sich dabei nicht um Dinge handelt, die gefährlich oder schmerzhaft sind, sollten Sie überlegen, ob Sie nicht vielleicht zu prüde sind.

In einem vorigen Kapitel erwähnte ich bereits, daß viele Frauen sich beklagen, weil ihre Männer oralen Sex von ihnen erwarten, der sie aber anwidert. Wenn Sie zu diesen Frauen gehören, sollten Sie sich wegen Ihres Widerwillens nicht schämen. Aber Sie sollten der Ursache Ihres Widerstands auf den Grund gehen; oraler Sex ist weder gefährlich noch schmutzig oder sündig. Viele Frauen finden es sogar besonders stimulierend, gerade wenn sie sehr in ihren Partner verliebt sind und ihm gern Lust bereiten.

Vielleicht ist das Problem ja nicht direkt der Penis in Ihrem Mund, sondern die Vorstellung, das Sperma schlucken zu müssen. In diesem Fall könnten Sie mit Ihrem Mann verhandeln. Bieten Sie ihm an, es solange zu tun, bis er kurz vor dem Orgasmus steht. Viele Männer genießen es natürlich, in den Mund ihrer Partnerin zu ejakulieren, aber vielleicht gelingt Ihnen ein Kompromiß. Sie sollten aber auch wissen, daß aus medizinischer Sicht nichts dagegen spricht, das Sperma zu schlucken – es sei denn, es ist durch Krankheitserreger infiziert. Sperma ist kein Abfallprodukt wie Urin. Ganz im Gegenteil: Ohne es würden die Menschen aussterben. Manchen Frauen wird schlecht, wenn sie Sperma schlucken, aber meiner Meinung nach ist das ein psychologischer Effekt und kein medizinischer. In erster Linie ist es eine Geschmacksfrage. Vielleicht findet die Wissenschaft ja eines Tages Mittel und Wege, den Geschmack des Spermas zu beeinflussen, damit es den Frauen besser schmeckt.

6. »Mein Mann ist ein Rauf-runter-fertig-Typ. Und er kennt nur die Missionarsstellung.«
Unterrichten Sie ihn. Lassen Sie ihn auf liebevolle Weise wissen, daß Sie die Intimität mit ihm so sehr genießen, daß Sie es gern länger auskosten würden. Warum die Eile? Ein paar zusätzliche Minuten Vorspiel oder ein leidenschaftlicher Hauptgang bereitet Ihnen beiden mehr Vergnügen. Denken Sie aber gleichzeitig daran, daß es jeden Mann einmal überkommen kann, so daß er nur noch auf seine Ejakulation hinsteuert. Manchmal spürt er einfach ein so starkes körperliches Bedürfnis danach, daß sein Instinkt ihn lenkt, selbst wenn sein Verstand ruft: »Mach langsam!« Wenn das aber die Ausnahme von der Regel ist, sollten Sie es ab und zu hinnehmen können, auch wenn Sie dabei etwas zu kurz kommen. Das bedeutet aber nicht, daß Sie grobes oder gedankenloses Verhalten hinnehmen sollen.

Wenn es um neue Dinge geht und er keine Phantasie besitzt, so leihen Sie ihm Ihre. Machen Sie gezielte Vorschläge. Falls das nichts hilft, versuchen Sie es mit nonverbaler Kommunikation – packen Sie den Stier bei den Hörnern und seien Sie so kreativ, bis er schließlich ein Angebot bekommt, das er nicht ablehnen kann.

7. »Mein Liebhaber will nicht, daß ich seinen Penis berühre.«
Dies ist zwar kein weit verbreitetes Problem, aber ein sehr trauriges. Für eine Frau, die ihre Zuneigung durch das liebevolle Streicheln der »Männlichkeit« ihres Geliebten ausdrücken möchte, ist es sehr unangenehm, wenn er ihre Hand wegschiebt. Es geschieht am häufigsten in jungen Beziehungen und hat normalerweise einen der folgenden zwei Gründe: Der Mann hat Angst vor frühzeitiger Ejakulation und spürt, daß die direkte Berührung ihn zu sehr erregt; oder er hat eine anormale, tief verwurzelte Angst davor, berührt zu werden. Der erste Fall stellt noch kein allzu großes Problem dar, und meistens bessert sich die Situation, wenn der Mann sich sicherer fühlt; der zweite Fall ist hartnäckiger und kann viel Zeit und Geduld erfordern. Ich empfehle eine schrittweise Annäherung, um ihn mit dem Gedanken vertraut zu machen, berührt zu werden. Auch die längste Reise beginnt mit dem ersten Schritt. Anstatt also nach seinem Penis zu greifen, streicheln Sie kurz mit dem Finger darüber oder berühren ihn mit dem Oberschenkel oder Arm und arbeiten sich dann nach und nach zu manueller Stimulation vor. Fassen Sie seinen Penis sozusagen mit Samthandschuhen an, bis seine Angst nachläßt.

8. »Manchmal ärgert er mich so sehr, daß ich es nicht über mich bringe, mit ihm zu schlafen, auch wenn ich Lust dazu habe.«
Um offen zu sein: Vergessen Sie's. Wenn Ihre Beziehung ernsthaft gestört ist, arbeiten Sie mit allen Mitteln daran, entweder allein oder mit Hilfe eines Eheberaters. Wenn es aber um alltägliche Streitereien geht, die in jeder Partnerschaft vorkommen, lassen Sie sich davon nicht Ihr Sexualleben vergiften. Sonst sind Sie am Ende beide frustriert und nehmen sich außerdem die beste Möglichkeit, Probleme zu lösen. Denken Sie an Suttons Gesetz: Als der berüchtigte Bankräuber Willie Sutton gefragt wurde, warum er Banken ausraube, erwiderte er: »Weil da das Geld liegt.« Ich sage nun: *Befriedigen Sie den Penis Ihres Mannes, weil dort seine Seele liegt.* Nach einem netten Schäferstündchen wird er Ihnen viel besser zuhören können.
9. »Wenn mein Mann etwas getrunken hat, will er Sex, aber ich kann ihn in diesem Zustand nicht ertragen.«
Falls Ihr Mann einen kleinen Drink braucht, um seine Hemmschwelle zu senken oder die beruflichen Sorgen zu vertreiben, ist nichts dagegen einzuwenden. Leider höre ich von vielen Frauen, daß zuviel Alkohol ihre Männer in tolpatschige, unsensible Rohlinge verwandelt. Außerdem beeinträchtigt Alkohol das Erektionsvermögen. Wie bei allen anderen Problemen ist hier ein Gespräch das Wichtigste. Sie müssen ihm sagen, warum Sie lieber mit ihm ins Bett gehen, wenn er nichts getrunken hat – und wenn Sie sichergehen wollen, daß er versteht, was Sie sagen, reden Sie mit ihm, wenn er nüchtern ist.

10. »Ich bin alleinerziehende Mutter. Wie kann ich meinen Sohn zur Penis-Power erziehen?«
Das Wichtigste ist, daß Sie Ihren Sohn bedingungslos lieben und ihm bei jeder Gelegenheit vermitteln, daß er stolz auf sich sein kann. Wenn Sie ihn zu einem gesunden, selbstbewußten Sohn heranziehen, stehen die Chancen gut, daß er auch eine selbstsichere Einstellung zu seinem Penis entwickelt. Was detaillierte Informationen betrifft, so können Sie ihn ebenso wie ein Mann mit allen Fakten vertraut machen – abgesehen davon, daß Sie nicht aus eigener Erfahrung sprechen können. Es wäre schön, wenn Sie einen guten Freund oder Bekannten hätten, der Ihren Sohn in dieser Hinsicht unter seine Fittiche nimmt. Falls dieser »Ersatzvater« ein superpotenter Mann ist, so ist Ihr Sohn bei ihm tatsächlich besser aufgehoben als bei einem Vater ohne Penis-Power.

Penisorientierte Frauen haben mehr Spaß

Sie haben nicht nur mehr Spaß, sondern auch bessere Ehen, treuere Ehemänner, glücklichere Familien und größere persönliche Erfüllung in allen Bereichen ihres Lebens. Ich versichere Ihnen, daß eine Frau, die dem Penis ihres Mannes ebensoviel Aufmerksamkeit schenkt wie ihrer Frisur, ihrem Make-up und ihrer Garderobe, mehr von dem bekommt, was sie will und eine befriedigendere Beziehung hat. Wenn Sie die Tatsache akzeptieren, daß Männer großenteils von ihrem Penis beherrscht werden, und wenn Sie daran glauben, daß jeder Partner die Bedürfnisse des anderen befriedigen sollte, so folgt daraus, daß Sie Ihren Teil der Abmachung bestens erfüllen, wenn Sie seinen Penis zu Ihrer ersten Priorität ernennen.

Penisorientiert zu sein bedeutet nicht, daß Sie Ihre Seele dem Teufel verkaufen. Es macht Sie nicht weniger feministisch oder weniger gleichberechtigt, und Sie müssen weder Ihre Intelligenz noch Ihre Selbstachtung aufgeben. Es bedeutet schlichtweg, daß Sie die Bedürfnisse Ihres Mannes verstehen, sich danach richten und diese Aufgabe mit dem Stolz und Geschick angehen, die Sie auch anderen Aufgaben entgegenbringen. Ich versichere Ihnen anhand meiner medizinischen Erfahrung, daß Sie und Ihr Mann auf eine Weise belohnt werden, die Sie sich nie hätten träumen lassen.

13

WIE MAN EIN SUPERPOTENTER MANN WIRD

Jeder Mann kann superpotent sein. *Sie* können superpotent sein. In diesem Kapitel werde ich einige praktische Tips geben, wie Sie Ihre Penis-Power maximieren können. Vorher aber möchte ich eines betonen: Das Wichtigste ist, daß Sie sich immer um körperliche Fitneß bemühen und dem Leben gegenüber eine glückliche, positive Einstellung kultivieren. Superpotenz ist nichts weiter als durch Penis-Power ausgelebte Lebensenergie. Glückliche, gesunde Männer haben ein glückliches, gesundes Sexualleben und umgekehrt.

Im einzelnen sollten Sie in sich die Eigenschaften eines superpotenten Mannes herausarbeiten. Das wird Ihnen helfen, ihre Penis-Power effektiver zu steigern.

Erziehen Sie sich selbst

Ich muß noch einmal sagen, daß ich immer wieder erstaunt darüber bin, wie wenig die Männer von Sex und Frauen verstehen. Ich kenne intelligente Männer mit reichen Erfahrungen und ausgezeichneter Bildung, die nicht das Geringste über die Sexualität der Frauen oder speziell die ihrer eigenen Partnerin wissen. Sie können eine Klitoris nicht von einer Hautfalte unterscheiden. Nicht, weil sie sich nicht für Sex interessieren. Im Gegenteil, sie sind *sehr* interessiert und beklagen sich, daß sie die Frauen nicht verstehen. Aber sie machen sich nicht die Mühe, etwas zu lernen. Ich habe die Erfahrung gemacht, daß solche Männer sich meist mehr für ihre eigene Befriedigung interessieren als für die ihrer Partnerin.

Für einen superpotenten Mann ist dies die grundsätzlich falsche Einstellung. Sie sollten sich intensiv um die Befriedigung der Bedürfnisse und Wünsche Ihrer Partnerin kümmern, nicht nur aus Gründen der Gleichberechtigung und Großzügigkeit, sondern aus eigenem Interesse. Ich weiß natürlich nicht, wie das in Ihrem übrigen Leben aussieht, aber beim Sex ernten Sie tatsächlich, was Sie säen. Es ist besser zu geben als zu nehmen, weil nichts einen Penis mehr erregt als eine erregte Frau. Befriedigen Sie sie, und sie wird darauf antworten, indem sie Sie auf schönste Weise verwöhnt.

Wir wissen alle, daß Frauen anders sind als Männer, aber ein Mann mit Penis-Power weiß auch genau, *worin* sie sich unterscheiden. Hier ist allerdings nicht der richtige Platz, um dieses Thema zu erörtern; es gibt genug Bücher, die sich allein der Sexualität der Frau widmen. Einen wichtigen Punkt möchte ich aber dennoch erwähnen: Aus physiologischen Gründen brauchen Frauen länger als Männer, um erregt zu werden. Deshalb beklagen sich Frauen häufig, daß ihre Männer das Vorspiel vernachlässigen, und die Männer beklagen sich, daß ihre Frauen zuviel »Firlefanz« wollen, bis es endlich zur Sache geht.

Ich finde, daß jeder Partner lernen muß, auf den anderen einzugehen. Wenn ein Mann hin und wieder so erregt ist, daß er keine Zeit für ein Spielchen vorab hat, sollte eine Frau das verstehen. Und ein Mann sollte auf das Bedürfnis seiner Frau nach sinnlicher Einstimmung eingehen und lernen, sie liebevoll und geduldig zu stimulieren. Wenn Sie beim Vorspiel ungeduldig werden, entgeht Ihnen eines der schönsten Vergnügen des Lebens. Und

Sie nehmen sich selbst das beglückende Gefühl, Ihre Partnerin verwöhnt und befriedigt zu haben. Ich habe sogar die Erfahrung gemacht, daß Männer, die die Bedürfnisse einer Frau vor dem Geschlechtsverkehr befriedigen, einen deutlichen Anstieg ihrer Penis-Power bemerken.

Wichtiger noch, als die Sexualität der Frau zu kennen, ist es zu wissen, daß alle Frauen verschieden sind. Lernen Sie die speziellen Bedürfnisse und Vorlieben Ihrer Partnerin kennen. Dazu sind offene Gespräche unerläßlich. Viele Männer reden nicht gern mit einer Frau über Sex, auch wenn sie schon lange mit ihr zusammen sind. Wenn Sie aber ein superpotenter Mann sein wollen, müssen Sie das Eis brechen. Finden Sie heraus, was ihr am besten gefällt. Finden Sie heraus, was sie sich wünscht, was sie sich vorstellt, was Sie ihrer Meinung nach häufiger und was seltener tun sollten. Eine ehrliche Frau ist die beste Verbündete, die ein Penis haben kann.

Ebenso wichtig ist eine Frau, die auf *Ihre* Bedürfnisse eingeht. Es ist erstaunlich, wie viele Männer sich darüber beklagen, daß ihre Frauen nicht oft genug dies oder zu oft jenes tun, obwohl sie sich gar nicht die Mühe machen, mit ihnen darüber zu reden. Sie sollten Ihre Vorlieben offen aussprechen. Teilen Sie sie auf liebevolle Weise mit, ohne Druck, Kritik oder Ultimaten. Wenn sie bereit ist, darauf einzugehen, wird es auf Ihre Penis-Power Wunder wirken. Wenn sie nicht dazu bereit ist, befinden Sie sich möglicherweise in einer sexuell unharmonischen Partnerschaft oder Sie müssen nach den tieferen Gründen für ihren Widerstand forschen. Falls Sie nicht gerade gesundheitsgefährdende Sexwünsche haben, sollten sie Ihnen erfüllt werden, aber Sie müssen auch bereit sein, Ihrer Partnerin auf halbem Weg entgegenzukommen.

Ein letztes Wort über das Erlernen sexueller Feinheiten: Übertreiben Sie's nicht. Wenn Sie es zu intellektuell angehen, schaffen Sie womöglich neue Hindernisse. Wenn Sie sich zu sehr auf Fakten, Diagramme und psychologische Theorien stürzen, sind Sie am Ende vielleicht unsicherer und gehemmter, als Sie es vorher waren. Sie denken zuviel und verlieren die Spontanität und Leidenschaft, die den Sex so wunderbar machen. Ihr Penis wird verkünden: »Weck mich auf, wenn du nicht mehr so viel nachdenkst.«

Gesundheit bedeutet Penis-Power

Der Allgemeinzustand Ihres Geistes und Körpers hat Einfluß auf Ihre Penis-Power. Also ist es für einen superpotenten Mann unerläßlich, daß er sowohl geistig als auch körperlich um größtes Wohlbefinden bemüht ist. Hier sind ein paar Tips:

Werden Sie fit, und bleiben Sie es. Ein gutes Sportprogramm ist für sexuelle Fitneß unabdingbar. Zum einen erfordert der Liebesakt Kraft und Energie. Ihre Arm-, Bein-, Rücken- und Bauchmuskulatur ist beteiligt; wenn sie erschlafft, riskieren Sie, daß Ihr Penis ebenso erschlafft. Trainieren Sie also mit Gewichten, Liegestützen, Sit-ups oder wie es Ihnen gefällt. Sie müssen nicht ausgesprochen muskulös sein, nur kräftig und gelenkig.

Noch wichtiger ist ein Training Ihres Kreislaufsystems. Eine halbe Stunde intensiver aerobischer Sport, etwa vier- bis fünfmal die Woche, wäre wünschenswert. Körperliche Inaktivität führt zur Schwächung Ihres Körpers und auch Ihres Penis. Wenn Sie während des Liebesakts anfangen zu keuchen, wird Ihr Penis die Botschaft erhalten, daß Sie sich ausruhen müssen und entsprechend reagieren.

Achten Sie auch darauf, was Sie essen. Wenig Fett und viele Ballaststoffe fördern Ihre Superpotenz. Wir haben die Bedeutung der Blutzufuhr für eine Erektion bereits erörtert, also ist es logisch, daß Superpotenz auch von gesunden Arterien und Venen abhängt. Machen Sie Ihre Bemühungen nicht durch gesättigte Fettsäuren und Cholesterin zunichte. Und wenn Sie jemals mit Blähungen oder Verstopfung Liebe gemacht haben, wissen Sie, wieviel schöner es ist, wenn Ihr Verdauungssystem nicht überlastet wird. Essen Sie also nicht zuviel, und sorgen Sie für ausreichende Zufuhr von Ballaststoffen. Ein schönes Essen kann sehr romantisch sein, aber die Romantik leidet, wenn Sie es übertreiben: Zuviel Alkohol (oder jedes andere Rauschmittel) mag Ihre Lust steigern, wird Ihre Penis-Power aber mit Sicherheit verringern; zuviel Essen wird Sie schwerfällig und müde machen.

Ein weiterer Vorteil einer gesunden Lebensweise durch Sport und richtige Ernährung ist die Gewichtskontrolle. Seien wir ehrlich: Es ist um vieles leichter, im Bett beweglich und leidenschaftlich zu sein, wenn Sie keine zwanzig Pfund Fett um Ihren Bauch hängen haben. Außerdem finden die meisten Frauen einen schlanker Körper viel attraktiver. Aber noch wichtiger ist *Ihre* Einstellung zu Ihrem Körper. Wenn Sie übergewichtig sind und Ihren Penis kaum unter dem dicken Bauch erkennen können, halten Sie ihn vielleicht für kleiner als er ist. Und das wird auch Ihre Penis-Power verringern.

Im allgemeinen konnte ich feststellen, daß Männer mit schwachem Körperbewußtsein auch in gewissem Maße an Erektionsschwäche leiden, wohingegen Männer, die sich in ihrem Körper wohl fühlen und mit ihrem Aussehen zufrieden sind, ein hohes Maß an Superpotenz haben. Und Sie mögen es glauben oder nicht: Männer, die ihren Körper gut finden, sind nicht unbedingt Prachtkerle. Tatsächlich haben manche gutaussehende, gut gebaute Männer ein weitaus schlechteres Bild von sich selbst als Männer mit normalem Körperbau. Es hängt nur davon ab, wie Sie selbst sich sehen.

Lassen Sie Ihre Penis-Power nicht dem Jugendkult zum Opfer fallen, der in den Medien propagiert wird. Bilder von sehnigen oder muskulösen Männerkörpern an der Seite atemberaubender Frauen, die für alles, vom Deo bis hin zum Autoreifen, werben, sind der Penis-Power nicht besonders zuträglich. Wessen Selbstbild kann diesen Standards schon gerecht werden? Wenn Sie sich richtig ernähren, Sport treiben und Ihr Gewicht in einem vemünftigen Rahmen halten, werden Sie ein gutes Gefühl für das Organ haben, das Ihre Penis-Power verkörpert.

Gönnen Sie sich außerdem genügend Ruhe. Superpotente Männer führen ein ausgeglichenes Leben. Sie stecken voller Energie, sind fleißig und produktiv, aber sie sind keine Workaholics. Nach meiner Erfahrung scheinen alle Workaholics vor etwas wegzulaufen. Wenn sie sich nicht mit Arbeit überhäufen, um ein tief sitzendes Gefühl der Unzulänglichkeit auszugleichen, dann würden sie vermutlich eine gute Beziehung mit ihrer Freundin oder Ehefrau aufs Spiel setzen. Superpotente Männer hingegen sind meistens genauso *produktiv* wie Workaholics und arbeiten ebenso hart, aber sie sind auch *schlau*; sie wissen, wann und wie sie sich entspannen müssen, und ihre Fähigkeit, Spaß zu haben, ist genauso groß wie ihre Fähigkeit zu arbeiten. Sie können eben alles in Kisten packen.

Abgesehen von körperlicher Gesundheit erfordert Penis-Power auch geistige Fitneß. Daß Sie Streß, Druck, Ärger, Depressionen und andere Feinde der Penis-Power reduzieren müssen, erwähnte ich bereits, aber ich wiederhole es an dieser Stelle noch einmal: Streß kann Sie körperlich schwächen, die für die Erektion benötigten biochemischen Prozesse beeinträchtigen und möglicherweise Ihre Selbstachtung soweit vermindern, daß Sie sich nicht mehr als richtiger Mann fühlen.

Zahlreiche Studien haben bewiesen, daß Menschen, die ein schweres Trauma durchleben, etwa den Verlust eines geliebten Menschen oder einen Unfall, anfälliger für Krankheiten sind. Ich füge hinzu, daß sie auch eher zu Erektionsschwäche neigen. Viele meiner Patienten leiden an posttraumatischen Symptomen, und ich kann Ihnen sagen, daß ihre Penes ebenso reagieren: verwirrt, verängstigt und hilflos. Auf meine superpotenten Patienten hingegen scheinen Traumata keinen so starken Einfluß zu haben. Sie können besser mit Krisen umgehen, und wenn sie vorüber sind, lassen sie sie hinter sich und vergessen bald diese streßreiche Phase. Wenn Sie nicht lernen, ebenso zu reagieren, werden größere und kleinere Traumata alle Bereiche Ihres Lebens beeinträchtigen, vor allem Ihre Penis-Power.

Übungen zur Penis-Power

Eine spezielle Form der Übung ist für Superpotenz am besten: Sex. Übung macht auch im Bett den Meister. Je mehr Sie Ihren Penis einsetzen, desto mehr Kontrolle gewinnen Sie über ihn und desto mehr lernen Sie.

Außerdem ist der Liebesakt eine großartige Form des körperlichen Trainings. Heftiger Sex vergrößert die Sauerstoffaufnahme über Ihre Lungen, beschleunigt Ihren Puls und erhöht die Blutzirkulation, was Ihrer allgemeinen Gesundheit zugute kommt. Sex kann Ihnen auch helfen, potentiell gefährliche Gewohnheiten abzubauen. Wenn Sie sexuell befriedigt sind, fühlen Sie sich so gut, daß Sie weniger zu übermäßigem Genuß von Alkohol, Drogen oder Junk-Food neigen. Und schließlich ist Sex ein wunderbares Gegenmittel gegen Streß. Wenn Sie ängstlich oder besorgt sind, wenn Sie sich ablenken oder Spannungen abbauen müssen, denken Sie an Ihren Penis als Helden mit roter Kappe, der zu Ihrer Hilfe eilt.

Ebenso wie es spezielle Übungen gibt, die Ihnen bei der Verbesserung in bestimmten Sportarten helfen, gibt es Möglichkeiten, Ihre Penis-Power zu verbessern, indem Sie die beim Sex benötigten Muskeln trainieren. Es hat keinen Sinn, den Penis selbst zu trainieren, weil er – rein physikalisch gesprochen – ein passives Organ ist. Aber Sie können die anderen Körperteile trainieren, die Ihren Penis in seiner Rolle als Sexkapitän unterstützen. Dadurch können Sie Ihre Bewegungen besser kontrollieren und haben größeres Durchhaltevermögen, mehr Kraft und Gelenkigkeit. Außerdem werden Sie ein gesteigertes Vertrauen in Ihre Penis-Power bemerken.

Eine Möglichkeit besteht darin, Liegestütze oder Gewichthebeübungen zu machen, die einen ähnlichen Bewegungsablauf haben – Drücken und Ziehen mit den Oberarmen und Brustmuskeln. Wenn Sie Ihren Körper beim Liebesakt lange genug mit den Armen abstützen können, hat Ihr Penis keinen Grund zu dem Gedanken: »Beeil dich, und bring's hinter dich!« Skitraining, Kniebeugen und andere Übungen für die Oberschenkel stärken ebenfalls indirekt Ihre Penis-Power, da Sie auch diese Muskeln bei verschiedenen Stellungen benötigen.

Vielleicht hatte Elvis etwas bestimmtes im Sinn

Noch wichtiger ist das Trainieren der Beckenmuskulatur. Aus naheliegenden Gründen wird Ihr Penis kreativer und dynamischer funktionieren, wenn Sie Ihr Becken gut kontrollieren können. Dazu empfehle ich ein Training der Bauch- und unteren Rückenmuskeln. Sit-ups, Klappmesser, Beinheben und ähnliche Übungen sind geeignet. Außerdem empfehle ich Übungen zur Erhöhung der Gelenkigkeit des Beckens.

Es mag komisch klingen, aber eine der wirkungsvollsten Übungen ist das Kreisen eines Hula-Hoop-Reifens um die Hüften. Schon wenige Minuten täglich tragen zu einer größeren Beweglichkeit Ihres Beckens bei, und dadurch haben Sie mehr Kontrolle über Ihre Bewegungen beim Geschlechtsakt. Zusätzlich verbessert es die Durchblutung des Beckens. Wenn Sie keinen Reifen auftreiben können, wackeln Sie täglich ein paar Minuten mit den Hüften und lassen das Becken kreisen wie ein Hula-Tänzer. Mit Musik macht es natürlich noch mehr Spaß, besonders wenn Sie schon einmal mit dem Gedanken gespielt haben, als Stripper aufzutreten. Ich meine es ernst. Es wirkt!

Beckenkontrolle

Eine systematischere Form des Beckentrainings entwickelte ein Kollege von mir, Dr. Lucien Martin, Chiropraktiker in Santa Monica, Kalifornien. Dr. Martin überlegte sich eine Reihe von Übungen, um bei Patienten mit Rückenbeschwerden die Muskulatur des unteren Rükkens und des Bauches zu stärken. Zu seiner Überraschung berichteten die Patienten über eine dramatische Verbesserung ihres Sexuallebens. Mein Kollege arbeitete die Übungen noch weiter aus und erhielt immer wieder die gleichen Reaktionen. Die Übungen stärken die Muskeln und Sehnen des Beckens, des unteren Rückens und des Abdomens und scheinen gleichzeitig die Sensibilität der Nerven in diesem Bereich zu verbessern. Hier sind seine Anweisungen zur Verbesserung der Beckenkontrolle:

Legen Sie sich auf dem Boden oder einem harten Bett auf den Rücken, die Arme an der Seite ausgestreckt. Legen Sie ein fest zusammengerolltes Handtuch von etwa zehn Zentimetern Durchmesser unter Ihren Hals, nicht den Kopf. Unter Ihre Knie legen Sie ein dickes Kissen, damit Ihr unterer Rücken flach auf der Unterlage liegt. Nun heben Sie das Schambein in Richtung Ihres Brustkorbs, ohne ein Hohlkreuz zu machen oder den Rücken anzuheben. Ziehen Sie nicht den Bauch ein. Heben Sie das Becken, indem Sie Ihre Bauchmuskeln wie ein Akkordeon zusammenpressen.

Halten Sie das Becken eine Sekunde lang in dieser Position und entspannen Sie dann. Wiederholen Sie diese Übung mehrere Male. Um sicherzugehen, daß Sie es richtig machen, drücken Sie Ihre Finger auf den Bauch. Sie sollten spüren, daß die Muskeln kontrahieren. Oder Sie heben beim Anspannen der Bauchmuskeln leicht den Kopf und die Beine; dann spüren Sie, daß die benutzten Muskeln noch stärker belastet werden.

Wichtig dabei ist, daß Sie richtig atmen. Bleiben Sie an Hals und Mund entspannt, und lassen Sie sich durch die Bewegung des Beckens die Luft aus den Lungen drücken. Atmen Sie nicht mit Gewalt aus, und halten Sie nicht die Luft an. Atmen Sie ruhig aus, wenn Sie die Muskelkontraktion spüren, und ein, während Sie sich entspannen.

Die Übung sollte kurz und kraftvoll durchgeführt werden. Halten Sie jedesmal etwa eine Sekunde lang die Spannung, und wiederholen Sie das Ganze zwei oder drei Minuten lang. Sobald Sie merken, daß sich Ihre Kontrolle verbessert, können Sie sich ein Ziel von 100 Wiederholungen pro Tag setzen. Eine Warnung: Falls Sie akute Probleme mit dem Rücken haben, halten Sie vorher Rücksprache mit Ihrem Orthopäden.

Wer kommt, der kommt

Superpotenz bedeutet nicht nur, zur richtigen Zeit eine Erektion zu bekommen. Es bedeutet auch, den Zeitpunkt Ihres Orgasmus bestimmen zu können, um für Sie und Ihre Partnerin ein Höchstmaß an Befriedigung zu erreichen. Wie ich bereits erwähnte, gibt es zwei grundlegende Kategorien von Ejakulationsproblemen: zu früh und zu spät.

Letzteres, das wir verspätete Ejakulation nennen, kann durch medizinische Ursachen ausgelöst werden, etwa Rückenmarksverletzungen oder Diabetes, durch Alkohol- oder Medikamentenmißbrauch sowie durch die Nebenwirkungen einiger Medikamente. In seltenen Fällen ist das Problem so schlimm, daß der Mann überhaupt nicht ejakulieren kann. Bei alledem bedarf es der Hilfe eines Urologen. In anderen Fällen ist das Problem psychologischen Ursprungs. Manche Männer können beim Masturbieren zum Orgasmus kommen, nicht aber in einer Vagina. Die Ursachen, die meistens in Selbstzweifeln, unterdrückten Traumata, Angst vor Schwangerschaft oder Bindungsangst begründet liegen, sollten am besten mit Hilfe eines Psychotherapeuten erforscht und behandelt werden. Der weitaus häufigste Grund für verspätete Ejakulation ist der normale Alterungsprozeß. In einem vorigen Kapitel empfahl ich bereits, daß kluge Männer dies als positiv werten sollten. Das einzig echte Problem dabei sind die möglichen Begleiterscheinungen: ein Paar, insbesondere im hohen Alter, kann sich bis zur Erschöpfung strapazieren, um zum Orgasmus zu gelangen, und die Vagina könnte übermäßig gereizt werden. Geduld und ein wenig Kreativität reichen normalerweise schon aus, um dieses Problem zu lösen. Ich schlage vor, daß Sie häufiger die Stellungen und die Art Ihrer Aktivitäten wechseln. Steigern Sie sich nur langsam, wählen Sie weniger ermüdende Formen der Stimulation und scheuen Sie sich nicht, aufzuhören und sich auszuruhen, wenn Ihnen danach ist. Experimentieren Sie auch mit verschiedenen Ölen und Lotionen; durch das Einreiben kann die Empfindlichkeit soweit gesteigert werden, daß der Orgasmus leichter zustande kommt.

Das ernstere Problem von beiden ist natürlich die frühzeitige Ejakulation – zwei der gefürchtetsten Wörter eines jedes Mannes. Sie beschwören Bilder der Beschämung und des Versagens hervor sowie frustrierter Frauen, die nach ihrem Vibrator greifen. Niemand weiß genau, wie man frühzeitige Ejakulation definieren soll. Einige Sexualtherapeuten sagen, es sei die Unfähigkeit, die Ejakulation mindestens fünf Minuten lang hinauszuzögern. Andere sehen darin die Unfähigkeit, eine Ejakulation solange hinauszuzögern, daß die Frau bei mindestens der Hälfte aller sexuellen Begegnungen befriedigt wird. Dieser Ansatz berücksichtigt, daß die Zeit bis zur Ejakulation normalerweise variiert und manchmal auch weit unter dem Ideal liegen kann.

Meiner Meinung nach ist es unmöglich, eine allgemeingültige Definition zu formulieren, weil es so viele Unterschiede zwischen den individuellen Fällen gibt. Ich kenne Frauen, die mit einem zwei- oder dreiminütigen Liebesakt durchaus zufrieden sind, während es andere frustriert, wenn ihr Mann nicht länger als fünfzehn oder zwanzig Minuten durchhält. Letztendlich müssen Sie und Ihre Partnerin selbst beurteilen, ob Sie zu früh zum Orgasmus kommen. Falls ja, bestehen mehrere Möglichkeiten, dieses Problem zu lösen.

Tatsächlich sind die folgenden Vorschläge auch dann interessant für Sie, wenn Sie in dieser Hinsicht *kein* Problem haben; sie werden Ihre Penis-Power steigern, indem sie Ihre Kontrolle über die Ejakulation verbessern und zusätzlich Ihre Orgasmen intensiver werden lassen.

Zunächst möchte ich ein paar grundlegende Dinge sagen. Die häufigste Ursache für frühzeitige Ejakulation ist ziemlich banal: sexuelle Inaktivität. Es ist ganz logisch: Wenn die Samenbläschen prall gefüllt sind, bedarf es nur wenig Stimulation, um den Ejakulationsreflex auszulösen; das Sperma muß einfach nur losgelassen werden. Aus diesem Grund erlebt jeder Mann unter bestimmten Umständen schon mal eine schnelle Ejakulation. Und dies ist auch der Grund, warum es jüngeren Männern häufiger passiert als älteren. Sie produzieren mehr Samenflüssigkeit, und der Ejakulationsreflex hängt vom Volumen ab.

Seltener Sex ist allerdings nicht die einzige Ursache. Wenn frühzeitige Ejakulation chronisch auftritt, liegt es meistens an früh festgelegten Gewohnheiten. Für manchen jungen Mann sind die ersten sexuellen Begegnungen nicht nur von Angst und Aufregung begleitet, sondern auch von Zeitdruck. Er bringt sein Mädchen heimlich ins Haus, während die Eltern weg sind. Er parkt an einem abgelegenen Ort, wo jederzeit ein anderes Auto vorbeikommen könnte oder gar die Polizei. Er und seine Freundin verstecken sich hinter einem Baum oder auf einer Party im Schlafzimmer. Oder er nimmt die Dienste einer Prostituierten in Anspruch, die auf eine schnelle Abfertigung ihrer Kunden bedacht ist. Sex in der Jugend kann auch eine sehr einsame Angelegenheit sein: Teenager masturbieren im Badezimmer oder unter der Bettdecke, mit der ständigen Angst vor Entdeckung; ihr Ziel ist es nicht, die Ejakulation zu verzögern, sondern sie so schnell wie möglich zu erreichen.

Solcherlei frühe Erfahrungen sorgen für eine niedrige Erregungsschwelle. Die Männer werden darauf konditioniert, schnell zu kommen. Wenn sie sich nicht bewußt anstrengen, dieses Muster zu ändern, kann die frühzeitige Ejakulation chronisch werden. Darüber hinaus sind viele junge Männer so beschämt über ihr vermeintliches »Versagen«, daß sie sich ganz und gar vom Sex fernhalten. Häufig kompensieren sie ihr Problem durch zusätzliche Erektionsschwäche.

Was immer der Auslöser war, Sie dürfen frühzeitige Ejakulation auf keinen Fall als persönliches Versagen betrachten. Wenn es gelegentlich vorkommt, liegt der Grund wahrscheinlich in den langen Abständen zwischen Ihren Orgasmen. Oder in Nervosität; die neue, leidenschaftliche Liebesaffäre kann so aufregend sein, daß Ihre Erregungsschwelle weit herabgesetzt ist. Selbst wenn das Problem chronisch ist, kann ich Ihnen versichern, daß es kein Anzeichen von Unfähigkeit oder versiegender Männlichkeit ist, sondern einfach eine Sache schlechter Gewohnheiten, die durch Übung und Geduld verändert werden können.

Die gute Nachricht: Egal, von welchem Punkt aus Sie beginnen – Sie können die Kontrolle über Ihre Ejakulation stark verbessern. Mit den nachfolgend beschriebenen Übungen habe ich Patienten geholfen, die in weniger als zwei Minuten zum Orgasmus kamen, so daß sie nach ein paar Wochen oder Monaten länger als eine halbe Stunde durchhielten.

Wenn Sie sich in einer Partnerschaft befinden, so ist es ganz wichtig, daß Sie die Unterstützung Ihrer Partnerin gewinnen. Frühzeitige Ejakulation kann für eine Frau sehr frustrierend sein, und wenn sie über längere Zeit hinweg auftritt, kann sie sogar zu Ablehnung führen. Von vielen Frauen hörte ich, daß sie das Gefühl hätten, ihre Männer würden nicht einmal *versuchen* es zu ändern, weil sie zu sehr mit ihren eigenen Bedürfnissen beschäftigt seien. Die Frauen fühlen sich infolgedessen benutzt. Sie müssen Ihre Partnerin überzeugen, daß Sie es ernst meinen mit Ihrem Versuch, die Ejakulation hinauszuzögern. Sagen Sie ihr, daß Sie ihr für ihre Geduld und Unterstützung dankbar sind. Das Ziel liegt darin, die Ejakulation soweit hinauszuzögern, daß es für Sie *beide* befriedigend ist.

Üben, üben, üben

Die folgende Übung, die der des Gynäkologen Arnold Kegel für weibliche Patienten mit Inkontinenz ähnlich ist, wird Ihnen helfen, Ihre Ejakulation besser zu steuern, und außerdem die Intensität Ihres Orgasmus steigern.

Wir haben bereits gesehen, daß die Muskeln im Perineum, dem Bereich zwischen Hodensack und Anus, an der Ejakulation beteiligt sind. Wenn Sie während der Ejakulation einen Finger auf diesen Punkt legen würden, könnten Sie die Muskelkontraktionen spüren; wenn Sie einen Spiegel davorstellen würden, könnten Sie sehen, daß sich der ganze Bereich wie ein beugender Bizeps zusammenzieht. Anatomisch gesehen arbeiten hier drei Muskelgruppen zusammen: die der Peniswurzel, der

Harnröhre sowie der anale Schließmuskel. Wenn Sie das nächste Mal urinieren, versuchen Sie, den Harnfluß zu stoppen, indem sie diese Muskeln zusammenziehen. Durch Kräftigung der perinealen Muskeln sorgen Sie für bessere Durchblutung dieses Bereichs, erhalten so eine bessere Kontrolle über Ihre Ejakulation und steigern die Intensität Ihrer Orgasmen.

Die Grundidee besteht darin, die Muskeln immer wieder zusammenzuziehen und zu entspannen, wie bei jedem anderen Muskeltrainingsprogramm. Sie können es im Stehen oder im Sitzen tun. Wenn Sie es beim Urinieren ein paarmal geübt haben, spüren Sie die entsprechenden Muskeln. Vielleicht werden Sie sogar merken, daß Sie den Muskel um Ihre Harnröhre von dem um Ihren Anus unterscheiden können. Stellen Sie sich vor, Sie hätten ein Thermometer im After und müßten nun versuchen, es in Ihren Körper zu ziehen, bis hinauf zum Adamsapfel. Ziehen Sie aber nicht die Schultern hoch oder kneifen den Hintern zusammen; die beteiligten Muskeln liegen alle im Innern Ihres Körpers. Dann stellen Sie sich vor, Sie müßten den Harnfluß stoppen. Dies ist der entscheidende Muskel. Im Zweifelsfall trainieren Sie alle Muskeln, die Sie dort zusammenziehen können.

Wie bei allen neuen Übungen werden die Muskeln am Anfang schnell ermüden. Treiben Sie es nicht bis zur Erschöpfung, sondern steigern Sie die Anzahl der Wiederholungen, bis Sie schließlich hundert am Tag bequem schaffen. Üben Sie regelmäßig, und Sie werden nach einer gewissen Zeit die versprochenen Ergebnisse spüren. Ich schlage vor, daß Sie auch dann noch weitertrainieren, beim Autofahren, Spazierengehen, Schlangestehen, Fernsehen, was auch immer. Wenn Sie es richtig machen, wird niemand etwas davon merken. Wenn es jemand merkt, machen Sie etwas falsch.

Eine Änderung der Gewohnheiten

Der beste Weg zum längeren Liebesakt liegt darin, Ihren Körper so gut kennenlernen, daß Sie rechtzeitig merken, *wann* Sie die Ejakulation hinauszögern müssen. Denken Sie daran, daß die Ejakulation im Prinzip aus zwei Schritten besteht. Die Erregung steigt, und dann erreichen Sie unweigerlich den Punkt, von dem aus es kein Zurück mehr gibt – genannt »Unvermeidbarkeit der Ejakulation«. Das ist der Moment, an dem Sie spüren, daß Sie einen Orgasmus bekommen, und Sie können nichts mehr daran ändern. Wenn Sie diesen Punkt erreichen, wird der Ejakulationsreflex ausgelöst; Ihre perinealen Muskeln kontrahieren, und das Sperma ist auf dem Weg. Innerhalb von Sekunden wird der Ausstoß ausgelöst. Um die Ejakulation hinauszuzögern, müssen Sie vor diesem Punkt der Unvermeidbarkeit etwas unternehmen.

Der erste Schritt ist höchste Aufmerksamkeit, während Sie auf die Ejakulation zusteuern. Ebenso wie Sie gelernt haben, Ihren Wagen zu bremsen, wenn Sie auf ein Stoppschild zufahren, so können Sie auch lernen, wann Sie dem Punkt der Unvermeidbarkeit zu nahe kommen. Manche Männer versuchen, sich durch andere Dinge abzulenken – sie denken an Fußball, planen den nächsten Arbeitstag oder lösen Rechenaufgaben. Aus meiner Erfahrung ist dies wenig effektiv, und selbst wenn es die Ejakulation verzögert, lenkt es vom vollen Genuß dieses Moments ab. Viel wirkungsvoller und auch angenehmer ist es, wenn Sie in diesem Moment Ihre Stöße verändern; ändern Sie den Winkel, die Geschwindigkeit oder die Tiefe Ihres Eindringens und zögern Sie durch die Verlagerung des Gefühlsschwerpunkts, der jetzt nicht mehr auf der Eichel liegt, die Ejakulation hinaus. Der Liebesakt muß nicht nur aus harten, schnellen Stößen bestehen. Sie können es auch langsam tun, Sie können Drehbewegungen machen oder nur zur Hälfte eindringen.

Eine andere Variante ist, sich ganz zurückzuziehen. Diese Start-und-Stopp-Methode wird häufig von Sexualtherapeuten empfohlen. Wenn Sie den gewissen Punkt kommen spüren, ziehen Sie den Penis aus der Vagina und pausieren. In einer guten Beziehung ist Ihre Partnerin verständnisvoll und begrüßt diese Gelegenheit, andere erotische Dinge zu tun und zu genießen. Jetzt können Sie Ihre Hände, Lippen, Zunge und andere Körperteile einsetzen, während Ihrem Penis eine kleine Pause von der direkten Stimulation gegönnt wird. Wenn Sie erneut eindringen, wird das Gefühl stärker sein und die Dauer der Penetration länger. Haben Sie keine Angst davor, Ihre Erektion zu verlieren, wenn Sie mit der Bewegung innehalten. Wenn es passiert, was soll's? Bei entsprechender Stimulation wird sie zurückkehren.

Drück mich

Meiner Erfahrung nach ist eine der besten Methoden, die Ejakulation hinauszuzögern, die »Drück-Technik«. Wenn Sie kurz vor der Ejakulation stehen, ziehen Sie sich zurück. Dann umfassen Sie die Spitze und drücken mit dem Daumen auf das sogenannte Frenulum – das Bändchen am Übergang zwischen Eichel und Schaft auf der Unterseite Ihres Penis. Das wird Ihren Drang zu ejakulieren verzögern. Der benötigte Druck kann von Mann zu Mann variieren, aber haben Sie keine Angst, zu fest zu drücken. Ihr erigierter Penis hält eine Menge aus. Wenn der Ejakulationsdrang vorüber ist, warten Sie einen Augenblick, bevor Sie wieder eindringen. Es ist möglich, daß Sie Ihre Erektion teilweise verlieren, aber das ist *nor-*

malerweise kein Problem. Wenn es passiert, geraten Sie nicht in Panik! Bleiben Sie entspannt und vertrauensvoll, und Ihre Erektion wird bald zurückkehren, vor allem, wenn Ihr Penis neu stimuliert wird.

Diese Technik ist nur zu einer bestimmten Zeit wirksam. Sie können Sie immer dann anwenden, wenn Sie kurz vor der Ejakulation stehen. Ziehen Sie sich zurück, drücken Sie, und dringen Sie wieder ein. Diesen Rat gebe ich meinen Patienten am häufigsten.

Einige meiner Patienten sagen, daß sie lieber die Frau drücken lassen. Ich halte es für verläßlicher, wenn der Mann es selbst tut, weil sein Penis ihm vertrauter ist, aber es spricht nichts dagegen, daß eine Frau es lernt. Sie können es auch unabhängig vom Geschlechtsverkehr versuchen; dabei stimuliert die Frau den Mann durch Masturbation und hört auf und drückt, sobald der Mann signalisiert, daß er kurz vor der Ejakulation steht. Diese Methode empfehlen Sexualtherapeuten Männern, die schon lange unter frühzeitiger Ejakulation leiden.

Das Valsava-Manöver

Diese Technik zum Hinauszögern der Ejakulation erfordert keinen Rückzug. Sie halten den Atem an und pressen in Ihren Unterleib, als wollten Sie eine Verstopfung lösen. Natürlich pressen Sie gleichzeitig den Schließmuskel zusammen, damit Sie nicht tatsächlich Ihren Darm entleeren. Dies bewirkt einen Anstieg des Drucks in Ihrem Abdomen, was den Ejakulationsmechanismus hinauszögert. Wie bei der Drück-Technik ist auch hier die Zeit entscheidend. Tun Sie es zu früh, bleibt die Wirkung aus; warten Sie zu lange, könnten Sie den unausweichlichen Punkt erreichen und alles Atemanhalten und

Drücken der Welt werden vergebens sein. Einige Männer können während dieser Technik weiter eindringen, während andere es bequemer finden, einen Augenblick innezuhalten.

Wenn Sie die Ratschläge in diesem Kapitel befolgen, sollten Sie Ihre Penis-Power bedeutend verbessern können. Denken Sie aber bitte daran, daß es trotz aller Bemühungen um Selbstkontrolle immer Situationen geben wird, in denen Sie früher ejakulieren, als Sie eigentlich wollen. Nehmen Sie sich das nicht zu Herzen. Es gibt keinen Grund, sich dafür zu schämen. Und auch nicht, sich zu entschuldigen; wenn Ihr Partnerin unbefriedigt bleibt, machen Sie es das nächste Mal wieder gut. Und wenn Sie in den Bereich rutschen, wo Sie jegliche Kontrolle verlieren, wehren Sie sich nicht gegen das Unvermeidliche; entspannen Sie sich und genießen es.

Eine Änderung der Einstellung

Ob es um Ihre Sexualität geht oder einen anderen Aspekt Ihres Lebens – *Selbstzweifel* können Ihre Penis-Power verwelken lassen wie der Frost ein Blütenblatt. Daher sollte es Ihr höchstes Ziel sein, Selbstzweifel zu vertreiben.

Vertreiben Sie negative Gedanken und Selbstzweifel

Ein Mann, der nach Superpotenz strebt, sollte sich keiner Art von negativen Gedanken hingeben. Natürlich sind Sie nicht perfekt. Natürlich machen Sie Fehler. Natürlich haben Sie Schwachpunkte und Unsicherheiten. Allen

Menschen geht das so. Ich erwarte nicht, daß Sie das leugnen. Im Gegenteil: Ein superpotenter Mann tritt seinen Schwächen mit Ehrlichkeit und Humor gegenüber und läßt sich die grundlegende, uneingeschränkte Anerkennung seiner selbst durch nichts schmälern.

Wenn Sie das sprichwörtliche Glas als halbvoll statt als halbleer betrachten, wird Ihr Penis entsprechend Ihrer positiven Haltung voll einsatzbereit sein. Wenn Sie sich jedoch Zynismus, negativen Gedanken und Verzweiflung hingeben, wird Ihr Penis wie eine leere Hülle schlappmachen. Jede Situation, ob in sexuellem oder anderem Kontext, kann auf verschiedene Weise betrachtet werden. Es liegt an Ihnen, die Realität so zu interpretieren, daß Sie Ihr Selbstwertgefühl stärken.

Benehmen Sie sich im Leben wie ein Gewinner, und Sie werden auch im Bett ein Gewinner sein. Holen Sie sich jedes Quentchen Vergnügen, das das Leben Ihnen bietet, und Ihr Penis wird Sie doppelt glücklich machen.

Es mag etwas Zeit und Mühe kosten, die postiven Eigenschaften zu kultivieren, die zur Superpotenz nötig sind. Alte Gewohnheiten sind schwer abzulegen, und negatives Denken *ist* eine Gewohnheit. Vielleicht haben Sie es sich angewöhnt, besonders auf das Schlechte zu achten, weil Sie Angst haben, enttäuscht zu werden. Viele von uns haben früh gelernt, daß zu hohe Erwartungen in negativen Erlebnissen enden können. Wir haben gelernt, das Negative aus einer Art Selbstschutz heraus zu suchen. Aber nur zu allzu oft habe ich erlebt, daß eine negative Einstellung zu einer Art Omen wurde. Der Trick ist, die Realität so zu sehen, wie sie ist, sich aber auf die positiven Aspekte und die eignen Fähigkeiten zu konzentrieren und darauf zu vertrauen, daß Sie aus jeder Situation das beste herausholen können. Ich garantiere Ihnen, daß mit dieser Einstellung Ihre Penis-Power wachsen wird.

Sehen Sie Sex nicht als Aufgabe

Wie ich bereits betonte, löst Versagensangst vor dem Geschlechtsakt häufig Erektionsschwäche aus. Wenn Sie aufhören, Sex als eine Aufgabe zu betrachten, die Sie bestehen müssen, werden Sie diese Versagensangst verlieren. Denken Sie nicht darüber nach, was Sie im Bett alles tun müssen. Stellen Sie sich einfach vor, daß Sie jeden Moment des vor Ihnen liegenden sexuellen Ereignisses genießen werden. Erwarten Sie nichts anderes, als Lust zu empfinden und Ihrer Partnerin Lust zu bereiten. Schwitzen Sie nicht über dem Gedanken, ob Sie alles richtig machen oder wie Sie im Vergleich zu anderen abschneiden. Nehmen Sie es hin, wie es kommt.

Das »Ergebnis« ist nicht so wichtig. Wichtig ist Ihre Fähigkeit, sich zu *entspannen* und den Augenblick zu *genießen.* Ihre Einstellung Ihrem Penis gegenüber sollte so sein wie gegenüber einem Kind, das Fußball gespielt oder eine Schulaufgabe geschrieben hat: »Es ist mir egal, ob du gewinnst oder verlierst. Wichtig ist nur, daß du dein Bestes zu geben versuchst.«

Und lassen Sie sich nie von Ihrer Partnerin einschüchtern. Wenn Sie zuviel von Ihnen fordert, wenn ihre Erwartungen unrealistisch sind, wenn sie Sie mit anderen Männern vergleicht, ist das *ihr* Problem und nicht Ihres. Lassen Sie sich durch solch eine Haltung nicht verunsichern. Ja, Sie haben die Verantwortung, Ihr Bestes zu geben und Ihre Partnerin zu befriedigen, aber mehr als das können Sie auch nicht tun. Wenn Sie sich tatsächlich bemühen, haben Sie keinen Grund, sich schuldig oder beschämt zu fühlen; solche Gefühle gehören nicht in das Leben eines superpotenten Mannes.

Schließen Sie Freundschaft mit Ihrem Penis

Ebenso wie jeder andere Teil Ihres Körpers spiegelt Ihr Penis Ihre Persönlichkeit wieder – was Sie über sich selbst und die Welt denken. Lieben Sie Ihren Penis. Respektieren Sie ihn, behandeln Sie ihn gut, seien Sie stolz auf ihn. Vor allem aber, vertrauen Sie ihm! Ihr Penis ist Ihr Freund; behandeln Sie ihn dementsprechend.

Es ist mir egal, wie groß oder wie klein er ist, wie er aussieht oder wie er Ihnen in der Vergangenheit gedient hat. Wenn Ihr Penis Sie irgendwann einmal enttäuscht hat und Sie ihm nun nicht mehr vertrauen, vergeben Sie ihm, vergessen Sie es, und machen Sie von hier aus weiter. Übernehmen Sie selbst die Verantwortung für früheres Versagen, und schieben Sie es nicht auf Ihren Penis ab. Er richtet sich nur nach dem, was Sie denken. Wenn Sie sich um ihn kümmern und an ihn glauben, wird Ihr Penis sich so verhalten, wie Sie es wünschen.

Ich kann es gar nicht oft genug betonen: Nichts wird Ihren Penis mehr beleben als eine euphorische Grundhaltung. Wenn Sie Zweifel haben, stellen Sie sie in Frage. Sagen Sie sich selbst: »Mein Penis hat mein absolutes Vertrauen und meine volle Unterstützung. Er ist mein Freund. Er wird mir treu dienen.«

Kümmern Sie sich um Ihren Penis. Ich meine damit nicht unbedingt, daß Sie masturbieren müssen, ich meine, daß Sie ihn sich im Spiegel ansehen sollten und ihn als das schöne und launische Organ annehmen, das er ist. Er ist Hofnarr und Weiser in einem. Er will Ihnen nur Freude bereiten. Berühren Sie ihn, cremen Sie ihn ein, besprühen Sie ihn mit Duft. Es gibt keinen Grund, warum ein Mann sich wegen solcher Dinge schämen sollte. Wir kümmern uns um unser Gesicht und alle anderen

Teile des Körpers, warum also nicht um unsere Genitalien? Es wird Ihnen helfen, das Band zwischen Ihnen und Ihrem Penis zu stärken. Behandeln Sie Ihren Penis mit Respekt, und er wird Ihnen mit Würde und Größe dienen.

Ein letztes Wort an die Frauen

Der letzte Satz gilt ebenso für Frauen: Behandeln Sie seinen Penis mit Respekt, und er wird Ihnen mit Würde und Größe dienen. Dieses Kapitel war an Männer gerichtet, aber ich hoffe sehr, daß auch Frauen es aufmerksam lesen und die Informationen nutzen, um ihren Partnern zur Superpotenz zu verhelfen. Wie ich bereits sagte, haben Frauen, die sich aufmerksam und liebevoll um den Penis ihres Partners kümmern, bessere Beziehungen und mehr Freude am Sex. Wenn Sie einen Teil der Zeit, die Sie darauf verwenden, für Ihren Mann attraktiv zu sein, direkt seinem Penis widmen, so glaube ich fest daran, daß Sie mehr Befriedigung verspüren werden. Da ich weiß, wie leicht solche Aussagen fehlinterpretiert werden, und wie delikat diese Angelegenheit heutzutage zwischen den Geschlechtern ist, möchte ich noch einmal betonen: Als penisorientierte Frau sind Sie den Männern gegenüber nicht weniger gleichberechtigt. Wenn Sie sich die Mühe machen, herauszufinden, was Ihren Mann antörnt, und lernen, wie Sie seine Bedürfnisse befriedigen, macht Sie das in keiner Weise zu einer minderwertigen Dienerin. Es bedeutet schlichtweg, daß sie Ihren Teil der Abmachung einhalten, so daß *Ihre* Bedürfnisse ebenfalls erfüllt werden. Indem Sie die Initiative ergreifen, schaffen Sie die Voraussetzung für den nächsten Schritt Ihres Mannes – *quid pro quo.*

Über zwanzig Jahre Erfahrung auf diesem Gebiet haben mich überzeugt: Eine intelligente Frau weiß, daß der beste Weg zum Herzen und zur Seele ihres Mannes über den Penis verläuft.

Ein letztes Wort an die Männer

Penis-Power hat nichts mit Größe, Blutgefäßen oder Nerven zu tun. Penis-Power entsteht durch eine größere Aufmerksamkeit sich selbst gegenüber. Sie entsteht durch Bewunderung und Respekt gegenüber einem Körperteil, das niemals unmodern, abgenutzt oder überbeansprucht sein kann. Sie entsteht, wenn Sie Ihren Penis Ihre Gedanken lesen lassen und in Gedanken hinausschreien: »Mein Penis ist *großartig*, und wenn *er* großartig ist, bin auch *ich* großartig!«

Penis-Power ist ein unbezahlbarer Luxus, der jedem Mann jederzeit zur Verfügung steht, den er ein ganzes Leben lang voller Leidenschaft und Intimität mit einer Frau teilen kann. Penis-Power ist keine Sache der Dominanz, sondern der Kommunikation und Sinnlichkeit zwischen Liebenden. Es geht darum, das Mysterium des rätselhaftesten männlichen Körperteils mit einer verständnisvollen, begeisterten Partnerin zu teilen. Penis-Power bedeutet Geben und Teilen – nicht, weil Sie ein Heiliger sein wollen, sondern, weil Sie ein weises Selbstinteresse besitzen. Je mehr Sie geben, desto mehr bekommen Sie zurück.

Penis-Power entsteht durch Abbau von Angst und Verbesserung Ihrer allgemeinen Lebensqualität. Es bedarf dazu einer guten Gesundheit, sportlicher Übung, Diät und der richtigen Einstellung. Sie müssen den Penis schätzen, den Sie haben, anstatt einen Penis zu haben, den Sie nicht schätzen. Sie müssen erkennen, daß Ihr Penis Gottes Geschenk an Sie, Ihre Penis-Power jedoch Ihr eigener Verdienst ist – den Sie mit Ihrer Partnerin teilen, damit Sie gemeinsam die Höhen der Lust, Erfüllung und Intimität erklimmen können.

Als Urologe empfehle ich Ihnen, daß Sie so jung wie Ihr Penis bleiben sollten. Entwickeln Sie dieselbe Kommunikationsfähigkeit. Verlieren Sie nicht das Vertrauen in die Perfektion Ihres Penis. Lieben Sie, so gut Sie können, weil gutes Lieben auch gutes Leben bedeutet. Teilen Sie die Freuden Ihres Penis so offen und ehrlich, wie Sie können, und Sie und Ihre Partnerin werden davon profitieren. Das Leben ist mehr als Essen und Trinken, Geldverdienen und ausgeben. Man muß auch einen gesunden Körper und einen gesunden Geist kultivieren.

Das ist der Schlüssel zur Superpotenz.

Ich glaube ernsthaft, daß ein weiser Mann lieber ein Bettler ist, der seinen Penis wie einen König sieht, als ein König, der sein gottgegebenes Recht auf Penis-Power nicht ausüben und teilen kann.